高等职业教育大数据与会计专业数智化教学改革教材

数字化管理会计

SHUZIHUA GUANLI KUAIJI

赵威 ◎ 主编

立信会计出版社
LIXIN ACCOUNTING PUBLISHING HOUSE

图书在版编目(CIP)数据

数字化管理会计 / 赵威主编. —上海：立信会计出版社，2023.9
ISBN 978-7-5429-7374-0

Ⅰ.①数… Ⅱ.①赵… Ⅲ.①管理会计—高等学校—教材 Ⅳ.①F234.3

中国国家版本馆 CIP 数据核字(2023)第 142399 号

策划编辑	赵志梅
责任编辑	赵志梅
美术编辑	吴博闻

数字化管理会计
SHUZIHUA GUANLI KUAIJI

出版发行	立信会计出版社
地　　址	上海市中山西路 2230 号　　邮政编码　200235
电　　话	(021)64411389　　传　　真　(021)64411325
网　　址	www.lixinaph.com　　电子邮箱　lixinaph2019@126.com
网上书店	http://lixin.jd.com　　http://lxkjcbs.tmall.com
经　　销	各地新华书店
印　　刷	上海华业装潢印刷有限公司
开　　本	787 毫米×1092 毫米　　1/16
印　　张	17
字　　数	435 千字
版　　次	2023 年 9 月第 1 版
印　　次	2023 年 9 月第 1 次
书　　号	ISBN 978-7-5429-7374-0/F
定　　价	49.00 元

如有印订差错，请与本社联系调换

前　言

党的二十大报告在"实施科教兴国战略,强化现代化建设人才支撑"中明确提出"我们要坚持教育优先发展、科技自立自强、人才引领驱动,加快建设教育强国、科技强国、人才强国,坚持为党育人、为国育才,全面提高人才自主培养质量,着力造就拔尖创新人才,聚天下英才而用之"。这为办好新时代职业教育作出了顶层设计,提供了施工蓝图。教材是育人的载体,本教材全面贯彻党的二十大精神,全面落实《中华人民共和国职业教育法》和全国职教大会具体部署,坚持立德树人、育训结合,培养数字经济发展需要的高素质财务数字化人才。

"数字化管理会计"课程是财会类专业核心课程。为实现高素质、高技能人才培养目标,笔者依据《管理会计基本指引》和《管理会计应用指引》,以管理会计工作过程为导向,按岗位划分学习领域,对接数字化管理会计1+X证书、会计相关竞赛,精心编写了本教材。

本教材共8章,主要包括管理会计认知、战略管理、预算管理、成本管理、营运管理、投资管理、绩效管理、管理会计信息系统与管理会计报告等内容。本教材在编写过程中按照管理会计工作内容梳理知识点,遵循学生认知规律对内容进行必要整合,主要有以下特点。

1. 融入思政内容,以立德树人为根本落脚点

本教材以高素质、高技能人才培养为目标,在管理会计理论认知中注重培养"爱岗敬业、诚实守信"的职业道德,在岗位技能训练中注重对学生劳动精神的培养。

2. 培养学生利用大数据进行计算、信息分析和管理决策能力

在"互联网+财务"的大趋势下,大数据、人工智能、云计算等新技术在财务领域得到广泛应用,对会计专业学生素质提出了更高要求。本教材在"岗位·1+X证书·职称考试训练"和"技能过关"中增加岗位仿真案例,帮助学生完成数据查找、数据计算、信息分析、管理决策等工作任务。

3. 岗、课、赛、证融通

本教材按照管理会计预算、成本、营运、绩效等岗位分析典型工作任务,安排教材内容,实现岗、课融通;在"岗位·1+X证书·职称考试训练"中融入数字化管理会计1+X证书内容,实现课、证融通;在"技能过关"中提供会计相关竞赛资料,做到以赛促学,实现课、赛融通。

4. 符合学生认知规律

学习内容以案例导入,有明确的"知识目标""思政目标""典型工作任务";为便于学生自学,教材内容增加必要的"知识链接"和"小思考",重点内容配套视频资源讲解;为了强化学生实操能力,在学习内容中安排了"做中学";为提升学习效果,在每章后整理了数字化管理会计1+X证书和会计相关竞赛等资源,进一步帮助学习者通过练习巩固所学知识。

5. 校企合作开发教材,力争做到教学内容贴近实际

与企业专家研讨教材编写方案,邀请中教畅享(北京)科技有限公司张超参加教材内容设计,汲取数字化管理会计1+X证书案例,使教材内容实务性更强,力求培养满足实际工作岗位需求的毕业生。

本教材由赵威任主编,王正兵、吴诗怡任副主编,魏标文任主审。本教材的具体编写分工如下:赵威编写第五章;王正兵编写第六章和第八章;吴诗怡编写第七章;曹春嫚编写第四章;章卓君编写第一章和第二章;徐佳琦编写第三章;张超参与了企业财务数据整理与数字化管理会计1+X证书案例收集。

本教材可作为财经专业学生的教材使用,也可作为实务工作者的参考用书。授课教师如需课件和答案等配套资源,可扫本页二维码索取。

教材中如有不妥之处,恳请各位读者提出宝贵意见,以便再版时修订。

编　者

2023 年 9 月

配套资源

目 录

第一章　管理会计认知 ··· 1
　　第一节　管理会计概述 ·· 2
　　第二节　管理会计的要素 ·· 7
　　本章小结 ·· 12
　　岗位·1＋X证书·职称考试训练 ··· 13
　　技能过关 ·· 15

第二章　战略管理 ·· 22
　　第一节　战略管理概述 ·· 24
　　第二节　战略地图 ·· 34
　　本章小结 ·· 42
　　岗位·1＋X证书·职称考试训练 ··· 43

第三章　预算管理 ·· 49
　　第一节　预算管理概述 ·· 51
　　第二节　全面预算编制 ·· 55
　　本章小结 ·· 66
　　岗位·1＋X证书·职称考试训练 ··· 67
　　技能过关 ·· 71

第四章　成本管理 ·· 76
　　第一节　成本管理概述 ·· 78
　　第二节　成本性态分析 ·· 80
　　第三节　变动成本法 ·· 89
　　第四节　标准成本法 ·· 99
　　第五节　作业成本法 ·· 109
　　本章小结 ·· 120
　　岗位·1＋X证书·职称考试训练 ··· 122
　　技能过关 ·· 126

第五章　营运管理 — 130
- 第一节　营运管理概述 — 131
- 第二节　本量利分析 — 133
- 第三节　敏感性分析 — 143
- 第四节　短期经营决策 — 147
- 本章小结 — 163
- 岗位·1＋X证书·职称考试训练 — 164
- 技能过关 — 170

第六章　投资管理 — 172
- 第一节　投资管理概述 — 174
- 第二节　投资决策基础 — 176
- 第三节　项目投资决策 — 185
- 本章小结 — 197
- 岗位·1＋X证书·职称考试训练 — 198
- 技能过关 — 204

第七章　绩效管理 — 206
- 第一节　绩效管理概述 — 208
- 第二节　平衡计分卡 — 215
- 第三节　关键绩效指标法 — 224
- 本章小结 — 228
- 岗位·1＋X证书·职称考试训练 — 229
- 技能过关 — 234

第八章　管理会计信息系统与管理会计报告 — 242
- 第一节　管理会计信息系统 — 244
- 第二节　管理会计报告 — 246
- 本章小结 — 256
- 岗位·1＋X证书·职称考试训练 — 257

附录 — 259

主要参考文献 — 263

第一章　管理会计认知

案例导入

某集团公司拟组织本系统员工进行管理会计知识培训。为了使培训工作更具针对性，该集团公司财会部就管理会计和管理会计职业道德规范的相关内容，分别与会计人员甲、乙、丙、丁4人进行了座谈。4人的主要观点如下：

（1）关于管理会计的应用环境。甲认为，我国管理会计刚刚起步，很多应用环境达不到西方国家的要求，只能采取"摸着石头过河"策略，边学、边做、边总结。

（2）关于管理会计方法的适用范围。乙认为，管理会计的方法只能在大中型制造业使用，其他单位和行业无法使用这些方法，而且这些方法晦涩难懂，不容易理解和应用。

（3）关于管理会计职业道德规范与会计法律制度的关系。丙认为，管理会计职业道德规范与会计法律制度两者在性质和表现形式上都一致。

（4）关于管理会计职业道德规范的内容。丁认为，管理会计职业道德规范的全部内容归纳起来就是两条：一是廉洁自律，二是客观公正。管理会计人员经常与钱、财、物打交道，因此，必须做到"常在河边走，就是不湿鞋"。

资料来源　自编案例。

请思考　管理会计是如何产生与发展的？我国管理会计的应用环境如何？我国管理会计的实践状况如何？管理会计人员需要遵循哪些职业道德规范？带着这些问题，让我们开始本章节的学习。

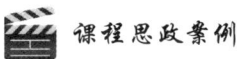

扁鹊兄弟的故事与管理会计的运用

在一次君臣"医学研讨会"上，魏文王亲切地询问扁鹊："你家三兄弟均精于医术，哪一位最高明呢？"扁鹊回答："长兄最高明，中兄次之，我最差。"魏文王疑惑了，又问："既然如此，为何你名气最大？"

扁鹊答："长兄治病是治病于病情发作之前。一般人不知道他事先能铲除病因，所以他的名气无法传出去。中兄治病，是治病于病情初起时。一般人以为他只能治轻微的小病，所以他的名气只及本乡里。而我治病于病情严重之时，一般人都看到我在经脉上穿针管放血、在皮肤上敷药等大手术，以为我的医术高明，因此我的名气响遍全国。"

这个故事告诉我们，很多事情，事后控制不如事中控制，事中控制不如事前控制，这就是所谓公司需要管理会计人才具备的内控能力。

资料来源　华领国际CMA.管理会计何其重要，扁鹊在2000多年前就意识到了[EB/

OL].(2017-08-31)[2023-07-02]. https://www.sohu.com/a/168631528_768760.

请思考 请结合该案例,讨论现在管理会计火爆的原因。

知识目标

1. 了解管理会计产生与发展的过程。
2. 理解管理会计的概念和内涵。
3. 理解管理会计与财务会计的区别。
4. 理解管理会计的目标、原则和要素。

思政目标

1. 培养学生的服务意识和节约意识。
2. 培养学生自强自立的品质,理解强国梦的重要意义。
3. 培养学生树立正确的职业道德观,为以后从事管理会计工作奠定素质基础。

典型工作任务

1. 能理解经济发展对管理的影响。
2. 能明白管理会计的应用环境及要求。

第一节 管理会计概述

1.1 管理会计的发展与内涵

一、管理会计的定义

现代会计由两大分支组成,即财务会计和管理会计。财务会计又称对外会计,主要是对单位已经发生的经济业务采用专门的方法进行确认、计量和报告,为单位信息使用者提供决策有用信息,并如实反映受托责任的履行情况。管理会计又称内部会计,是会计的重要分支,主要服务于单位内部。管理会计是通过利用财务会计提供的相关信息和非财务信息,进行事前的分析和预测、事中的控制与事后的评价,为单位管理者提供决策依据和建议的管理活动。关于管理会计的概念,国内外学者及相关组织有不同的解释。

(一) 美国管理会计师协会给出的定义

美国管理会计师协会(Institute of Management Accountants,简称IMA)在1981年的管理会计公告《管理会计定义》中给出的管理会计定义为,管理会计是指向管理当局提供用于企业内部计划、评价、控制以及确保企业资源的合理使用和经管责任的履行所需财务信息的确认、计量、归集、分析、编报、解释和传递的过程。2008年,IMA将管理会计进一步定义为,管理会计是一种参与企业的决策、计划和业绩管理系统的职业,以财务报告形式提供专业知识,从而帮助管理当局制定和实施组织的战略。

IMA1981年给出的管理会计定义,主要指的是20世纪80年代的决策性管理会计,

2008年管理会计的定义,则融入了战略管理会计的内容。受到管理会计方法变革的影响,2008年的管理会计,已经从记录经济业务,为管理者提供信息的辅助支持系统,转为参与战略决策的管理活动,即通过企业业绩管理、计划预算、提供风险管理、内部控制、财务报告(又称财务会计报告)、成本管理等活动,帮助分配资源,提高企业的竞争力,促进企业成功,并最终为企业的价值创造作出贡献。

(二)国际会计师联合会给出的定义

国际会计师联合会(International Federation of Accountants,简称IFAC)在1989年发布的《管理会计概念框架》中指出,管理会计是帮助管理层在组织内部进行计划、评价和控制,以及履行对企业资源的经管责任,而对信息(包括财务和经营信息)进行确认、计量、归集、分析、编报、解释和传递的过程。该定义与美国管理会计师协会的定义大同小异,都侧重于其信息加工整理的内涵。1998年,国际会计师联合会对上述公告进行了修订,对管理会计的定义作了较大的调整。国际会计师联合会指出,管理会计的发展经历了不同的阶段,过去人们强调管理会计提供信息的职能,而从20世纪后期开始,企业的经营环境发生了较大的变化,突出展现的是其为资源管理(表现为削减废物和创造价值)服务的职能。此时,管理会计指的是管理活动的组成部分,关注在动态竞争环境中运用各种技术有效地利用资源,来增加组织价值。管理会计作为管理流程不可分割的一个组成部分,通过持续地探索组织的资源是否得到有效利用,从而为股东、顾客和其他利益关系人增加价值。

(三)加拿大管理会计师协会给出的定义

加拿大管理会计师协会(The Society of Management Accountants of Canada,简称SMAC)认为,管理会计是会计专业的一个分支,可提供企业管理计划、指挥、决策所需要的信息,帮助企业各个管理层级有效利用信息进行最有效的决策。该定义强调的是管理会计可为组织实现创造价值和决策服务。

(四)我国财政部给出的定义

我国财政部于2014年10月印发的《财政部关于全面推进管理会计体系建设的指导意见》(财会〔2014〕27号)指出,管理会计是会计的重要分支,主要服务于单位(包括企业和行政事业单位,下同)内部管理需要,是通过利用相关信息,有机融合财务与业务活动,在单位规划、决策、控制和评价等方面发挥重要作用的管理活动。

从以上管理会计的定义不难看出,管理会计的服务对象是单位内部管理者;管理会计的服务功能是帮助单位实现"向管理要效益";管理会计的服务方式是提供信息、利用信息和参与管理活动;管理会计的服务载体是管理过程,即预测经营前景、参与经营决策、规划经营目标、控制经营过程和评价经营业绩。

二、管理会计的产生与发展

(一)管理会计在西方的产生与发展

在西方,管理会计萌芽于20世纪初,随着经济社会环境、企业生产经营模式、管理科学和科技水平的不断发展而逐步演进,至今大致经历了三个阶段。

1. 标准成本会计阶段(20世纪20年代至50年代)

20世纪初,由于生产专业化、社会化程度的提高以及竞争的日益激烈,企业强烈地意识到,要想在竞争中生存和发展,必须加强内部管理,提高生产效率,以降低成本和费用,获取最大限度的利润。为了适应该阶段社会经济发展的客观要求,泰勒的科学管理理论产生了。1921年,美国《预算与会计法案》颁布,推动了将"预算控制"引入管理会计。1922年,奎因坦斯在其《管理会计:财务管理入门》一书中首次提出"管理会计"的名称。其后,"标准成本控制""预算控制"和"差异分析"等旨在提高企业生产效率和经济效益的管理方法被引入内部会计实务。至此,管理会计的雏形已经形成。

2. 决策性管理会计阶段(20世纪50年代至80年代)

第二次世界大战之后,科学技术突飞猛进,并被运用于生产之中,使生产力获得迅速发展,企业规模扩大,国内外市场竞争日益激烈。在这种形势下,要战胜对手,提高竞争能力,仅从内部进行科学、合理的管理是不够的,更重要的是要提高决策能力。1952年,国际会计师联合会正式通过"管理会计"这一专业术语,标志着会计正式划分为"财务会计"和"管理会计"两大领域。财务会计侧重于为外部的报表使用者提供信息,而管理会计则侧重于为管理当局提供经营决策所需的相关信息。管理会计独立之后,从20世纪60年代到80年代,企业的管理理论出现了过程学派、经验学派、人类行为学派、数量学派、决策理论学派等多种学派,管理会计体系得以逐步完善和建立。

3. 现代管理会计阶段(20世纪80年代至今)

随着经济的发展,世界各国经济联系和依赖程度日益增强,企业之间分工合作日趋频繁,准确把握市场定位、客户需求等变得尤为重要。许多管理会计的创新方法开始出现,这些方法更加注重价值创造和业绩评价。与战略控制相适应的方法包括以作业或战略为基础的责任会计、平衡计分卡等;控制未来成本的方法包括寿命周期成本计算法、目标成本计算法等。

(二) 管理会计在我国的发展

尽管我国对管理会计应用作了大量成功的探索和有益的尝试,但管理会计总体发展滞后。20世纪70年代末到80年代,我国开始经济体制改革,强调企业改制,要求用现代科学管理方法管理企业。在经营机制转换的同时,现代管理方法,包括本量利分析、价值工程、目标管理、全面质量管理、决策技术等在我国得到应用。20世纪80年代初,西方管理会计开始引入中国。2002年,财政部印发《关于企业实行财务预算管理的指导意见》的通知之后,我国企业全面推广全面预算管理制度,将管理会计又向前推进了一步。随着我国社会主义市场经济的深入发展、财政体制的改革和经济全球化战略的推进,大量企业集团已经实现了多元化、国际化,企业的经营风险加大,需要进行精细化管理以降低风险和提高效益,而互联网的广泛应用和大数据、云计算、区块链等技术的推广应用,为我国全面推进管理会计在企业、行政事业单位的应用提供了良好的环境。2014年,财政部颁布了《财政部关于全面推进管理会计体系建设的指导意见》(财会〔2014〕27号),提出了培养管理会计人才、建立管理会计理论体系的目标。2016年,财政部颁布了《管理会计基本指引》(以下简称《基本指引》),明确了我国管理会计的目标、原则和要素,构建了我国管理会计的概念框架。2017年起,财政部陆续颁布了34项《管理会计应用指引》和管理会计案例,全面指导和推动了我国企事业单位管理会计工具和方法的广泛应用,为企事业单位加强管理和提高效益发挥了重要作用。

> **小思考**
>
> 我国在改革开放以后,为什么逐步提出要全面推进管理会计体系建设?

三、管理会计与财务会计的区别

根据信息使用者的不同,会计分为财务会计和管理会计。要了解管理会计,可从管理会计和财务会计的对比入手。

管理会计与财务会计主要有以下区别。

(一)服务对象不同

财务会计报告以企业整体为主体,提供企业过去一段时间是否赚了钱,赚了多少钱或亏了多少钱的信息。外部使用者身处企业之外,不直接参与企业的经营管理,需要通过财务会计报告的信息作出是否参与或继续参与企业活动的决策。从这个角度看,财务会计侧重于对外服务。

管理会计为企业的管理当局服务,可以强化单位内部经营管理、提高经济效益。管理会计的工作主体可以是多个层次,既可以是整个企业,又可以是企业中的某个部门,甚至是某个岗位,主要目的是提供企业赚钱的思路和方法。从这个角度看,管理会计侧重于对内服务。

(二)前提条件不同

财务会计的前提条件为四个会计假设,即会计主体假设、持续经营假设、会计分期假设和货币计量假设,是财务会计必须严格遵循的规则。

管理会计的前提条件通常认为也是四个假设,即多层主体假设、合理预期假设、理性行为假设和充分信息假设,但这些假设条件并不具备权威性,只具有指导作用。

多层主体假设是指管理会计假定其主体不仅包括企业整体,而且包括企业内部各个层次的所有责任单位。合理预期假设是指管理会计可灵活确定时间范围或进行会计分期,可跨越过去、现在和未来,不受财务会计的会计年度约束。理性行为假设是指假定管理会计师目标的提出是理性的,为实现管理会计目标而采取的行为也是理性的。充分信息假设是指管理会计包括企业内部和外部的价值量信息和非价值量信息,而且可采用多种计量单位。

(三)信息特征和信息载体不同

财务会计必须严格遵守一定的规范和依据,以统一的标准即公认会计准则为依据,定期向社会公开披露主体的全部财务会计信息,其信息首先必须具有客观性,要求精准,财务会计的信息载体是国家统一规定的财务会计报告,以货币为主要计量单位。

管理会计是企业内部管理个性化需求的产物,强调为特定的信息使用者提供相关的信息,所产生的信息面向未来,货币性和非货币性信息并重,甚至可能大量依赖非货币信息,不受公认会计准则的约束,并且是不定期提供的。管理会计涉及未来的信息不要求精确,其信息特征主要满足相关性和客观性要求。管理会计信息不向社会公开发表,只对单位内部管理具有参考价值,不具有社会法律效力。管理会计信息载体主要是内部会计报告,不存在统一的标准或固定的规范或依据。

(四)工作重点不同

财务会计侧重于反映过去已经发生的经济业务,通过确认、计量、记录和报告等程序提供并解释历史信息,是"报账型会计";而管理会计不但要分析过去,而且要根据已知的资料与信息预测和规划未来,同时控制现在,横跨过去、现在和未来,属于"经营管理型会计"。

(五)程序方法不同

财务会计有设置账户、复式记账、填制和审核凭证、登记账簿、成本计算、财产清查及编制报表七种较固定的、标准的程序与方法;而管理会计的程序与方法灵活多样,各单位需要根据自己的管理意图进行选择,而且要根据环境的变化适时进行调整。

(六)报告主体不同

财务会计报告反映的是企业作为一个整体的财务状况和经营成果。企业所从事的经营业务可能跨越不同的领域,甚至可能属于不同的法律主体,但是,在编制财务会计报告时必须反映其作为单一主体的情况,所以企业甚至有可能要编制合并报表。而管理会计更关心的是组织内各个组成部分的情况,必须反映个别产品、个别作业、个别部门、个别员工或其他责任单位的情况。

(七)参与的人员范围不同

财务会计的参与人员一般仅限于单位的会计人员,由会计人员按照会计标准和程序,对单位人财物、供产销情况进行反映,也不过多考虑核算的结果对单位员工心理和行为的影响。而管理会计是财务和业务的高度融合,单位的每一位员工都是财富和效益的创造者,因此,必须十分注重管理过程及其结果对单位内部各方面人员心理和行为的影响,应采取科学的方法,千方百计调动全体员工的积极性,使每一位员工都能了解管理会计的目的和方法对自己产生的影响,积极参与到管理中来。

尽管管理会计与财务会计之间存在如此多的差异,它们之间仍存在一定的联系:

(1)它们共同为管理者履行资源的托管责任服务。财务会计具有反映和控制的职能,其基本方法包括凭证的审核,复式记账法、账表、账账、账实的核对等。财务会计同时也是一种内部控制的方法,提供对外财务会计报告的目的在于解除管理者的托管责任。财务会计在取信于外部利益关系集团的同时,也使得企业的各种经济契约关系得以维持,从而使企业的持续经营成为可能。而管理会计直接为企业的经营管理服务,以保证资源的合理有效利用。

(2)财务会计和管理会计同属于企业会计系统的两个子系统,都必须为使用者提供决策所需的信息。它们的信息来源相同,可能使用相同的原始凭证。财务会计提供的大量信息是管理会计进行预测、决策、分析、控制、考核和评价的基础,同时又根据管理的需要,创立自己独特的理论与方法,以提供面向未来的信息资料。从这一点看,管理会计与财务会计也是同源而分流的。

(3)财务会计与管理会计都为单位加强管理、科学决策和最终提高效益服务,其管理目标是一致的。

四、管理会计的职能

管理会计为企业的计划和控制活动提供信息,从而发挥其职能。计划是设立目标和制订方案的过程。计划的实施通过控制来完成,包括计量和评估各种行动、流程和结果,并加以反馈。

管理会计的主要职能体现在以下两方面。

(一)提供决策的相关信息

管理会计必须能定期或不定期地提供决策需要的各种相关信息,以帮助管理者更好地决策,从而解决企业的问题。管理会计所提供的定期信息既包括企业不同部门、生产线、顾客的盈利能力分析报告,企业资源配置、产品组合的信息,也包括营销方案选择所需要的各类成本和利润变化的信息。这类定期的信息主要用于经营决策。此外,管理会计还需要提供战略决策所需要的信息,这类信息往往不是在固定期间提供的,而是在企业面临战略决策机会时提供的。这类决策包括了新产品的开发和推广、长期投资方案的选择和顾客或供应商的长期合同的签订等。此时,管理会计关心的不是成本的多少,而是决策对成本和收入的影响有多少,即相关成本和收入的信息。

（二）提供计划和控制的信息

企业在管理控制过程中,需要制订计划,包括长期计划和短期计划。在制订计划（又称预算）的过程中,管理会计帮助将企业的战略目标和经营目标转化为各种具体的行动方案和资源的消耗信息,协助制定各种行动标准,并将实际业绩和标准进行对比,为控制提供反馈信息,以提醒管理者执行中存在的各种问题,从而加以控制,确保目标实现。

公司战略转型,离不开会计信息的支持。新的战略目标,需要有新的分权模式相配合。而组织结构变革了,财务控制模式就相应发生改变。管理会计利用数据分析,推行透明管控,为经营提供深度支持,并建立了适应新战略的成本管理模式。这是管理会计发挥职能的表现。

 小思考

在实际生活或工作中,管理会计的职能是如何体现的?

五、管理会计的目标与原则

管理会计的目标是通过运用管理会计工具方法,参与单位规划、决策、控制、评价活动并为之提供有用信息,推动单位实现战略规划。

单位应用管理会计应遵循下列原则:

(1) 战略导向原则。管理会计的应用应以战略规划为导向,以持续创造价值为核心,促进单位可持续发展。

(2) 融合性原则。管理会计应嵌入单位相关领域、层次、环节,以业务流程为基础,利用管理会计工具方法,将财务和业务等进行有机融合。

(3) 适应性原则。管理会计的应用应与单位应用环境和自身特征相适应。单位自身特征包括单位性质、规模、发展阶段、管理模式、治理水平等。

(4) 成本效益原则。管理会计的应用应权衡实施成本和预期效益,合理、有效地推进管理会计应用。

第二节 | 管理会计的要素

《管理会计基本指引》第六条规定,单位应用管理会计,应包括应用环境、管理会计活动、工具方法、信息与报告四要素,这四要素构成了管理会计应用的有机体系。单位应在分析管理会计应用环境的基础上,合理运用管理会计工具方法,全面开展管理会计活动,并提供有用信息,生成管理会计报告,支持单位决策,推动单位实现战略规划。

一、应用环境

应用环境是指单位管理会计工具和方法的应用必须具备的内部环境和外部环境,这是单位应用管理会计的基础。只有充分了解和分析应用环境,才能因地制宜,保证管理会计工作的顺利开展。应用环境的内部环境主要包括与管理会计建设和实施相关的价值创造模式、组织架构、管理模式、资源保障、信息系统等因素;外部环境主要包括国内外经济、市场、法律、行业等因素。

基于管理会计的应用环境,单位应该:

(1) 以企业的价值创造模式推动业财融合。单位应准确分析和把握价值创造模式,推动财务和业务的有机融合。

(2) 根据企业的组织架构建立健全管理会计组织体系。单位应根据组织架构特点,建立健全能够满足管理会计活动所需的,由财务、业务等相关人员组成的管理会计组织体系。有条件的单位可以设置管理会计机构,组织开展管理会计工作。

(3) 根据企业的管理模式确定责任主体及其责任权限。单位应根据管理模式确定责任主体,明确各层级以及各层级内的部门岗位之间的管理会计责任权限,制订管理会计实施方案,以落实管理会计责任。

(4) 做好资源保障工作。单位应从人力、财力、物力等方面做好资源保障工作,加强资源整合,提高资源利用效率效果,确保管理会计工作顺利开展。需要强调的是,只有单位的全体员工理解并认可管理会计理念,管理会计才能得到有效的实施。因此,单位应注重管理会计理念、知识培训,加强管理会计人才培养。

(5) 建设和整合信息系统。单位应将管理会计信息化需求纳入信息系统规划,通过信息系统整合改造或新建等途径,及时、高效地提供管理相关信息,推进管理会计实施。

在现阶段,我国管理会计不但在广度上没有得到合理应用,在深度上也没有被充分应用,究其原因,是环境受限。深入研究我国管理会计目前的应用环境,探究合理的管理会计方法,可以促进我国管理会计的应用向深度和广度拓展。

管理会计应用环境非常复杂,各因素既密切联系,又互相制约。从我国目前管理会计应用环境的现状来看,优化的主要途径就是优化企业行为、管理制度、监督机制以及提升会计人员的自身素质等。我们可以从宏观和微观环境两个角度进行分析。在宏观环境上,管理会计的应用受国家一定时期的政治、法律、经济、技术等因素影响;在微观环境上,管理会计的应用在某一时期会受企业管理水平、企业经济结构、企业领导对管理会计应用的重视程度、企业所具备的管理会计制度的完善程度,以及会计人员的专业素质等企业内部环境的影响。从整体上来看,影响管理会计应用环境的最主要的因素还是科学技术、文化、教育、政治、法律等。因此,我们可以通过制定管理会计应用的环境标准来推动管理会计的广泛应用,使管理会计达到行为成本最小化与信息效用最大化,以此来优化管理会计的应用环境。这样不但可保障企业中多个契约间的关系,而且可促进各会计关系的协调发展。

结合我国目前的情况,我们应从如下几方面优化管理会计的应用环境:一是优化企业行为,包括组织行为和业务行为等。要健全三位一体的企业内部组织架构,规范企业业务流程,将财务和业务融为一体,实施流程化、标准化、碎片化、规范化的业务处理模式。二是优化管理制度,包括经营业务管理制度、岗位职责管理制度、会计业务处理制度等,以此来明确各岗位考核标准和评价制度。三是优化会计人员的专业素质,加强对会计人员进行管理会计知识与技能的培养。四是优化监督机制与奖惩机制,建立对日常事务的监督机构和监督制度,严格执行各岗位考核标准和奖惩办法。五是优化法律环境和经济环境。目前,我国法律法规的相关规定都是建立在传统财务会计基础上的,只有部分法律法规规定对推动管理会计产生了一定的影响,所以为了给管理会计的实施创造良好的法律环境,需要从国家层面上修订相关法规,同时,在经济环境上需要相关管理部门和企业进一步规范企业行为,如对合同签订、发票开具、资金结算、广告宣传、售后服务等进行规范,为管理会计的实施打下良好的基础。六是转变观念,提高认识。目前,单位领导和一般员工对管理会计的知识了解甚少,对管理会计应用的认识不足,因此,需要政府主管部门加大培训和宣传力度,强化单位领导和员工对管理会计的认识。只有领导把握好大方向,员工积极配合,管理会计才可能在我国企事业单位生根发芽,开花结果。当然,在优化环境的同时,我们还需要不断进行创新,例如,改变目前的管理方式、创建新的价值观念、丰富管理会计的内容、构建完善的管理会计体系等。

> **小思考**
> 从管理会计的应用环境要素来看实事求是的品质和知己知彼、百战不殆的境界。

二、管理会计活动

管理会计活动是单位利用管理会计信息,运用管理会计工具方法,在了解和分析其应用环境的基础上,在规划、决策、控制、评价等方面服务于单位管理需要的相关活动。

(1)在规划环节,单位应用管理会计,应做好相关信息支持,参与战略规划拟定,从支持其定位、目标设定、实施方案选择等方面,为单位合理制定战略规划提供支撑。

(2)在决策环节,单位应用管理会计,应融合财务和业务等活动,及时充分提供和利用相关信息,支持单位各层级根据战略规划作出决策。

(3)在控制环节,单位应用管理会计,应设定定量定性标准,强化分析、沟通、协调、反馈等控制机制,支持和引导单位持续高质高效地实施单位战略规划。

(4)在评价环节,单位应用管理会计,应合理设计评价体系,基于管理会计信息等,评价单位战略规划实施情况,并以此为基础进行考核,完善激励机制;同时,对管理会计活动进行评估和完善,以持续改进管理会计应用。

三、工具方法

为了实现管理会计目标,开展管理会计活动,单位必须借助管理会计工具方法。管理会计工具方法是实现管理会计目标的具体手段。常见的管理会计工具方法包括单位应用管理会计时所采用的战略地图、滚动预算管理、作业成本管理、本量利分析、平衡计分卡等模型、技术和流程。

我国《管理会计基本指引》第二十条明确指出,管理会计工具方法主要应用于战略管理、预算管理、成本管理、营运管理、投融资管理、绩效管理、风险管理等领域。

(1)战略管理领域应用的管理会计工具方法包括但不限于战略地图、价值链管理等。

（2）预算管理领域应用的管理会计工具方法包括但不限于全面预算管理、滚动预算管理、作业预算管理、零基预算管理、弹性预算管理等。

（3）成本管理领域应用的管理会计工具方法包括但不限于目标成本管理、标准成本管理、变动成本管理、作业成本管理、生命周期成本管理等。

（4）营运管理领域应用的管理会计工具方法包括但不限于本量利分析、敏感性分析、边际分析、标杆管理等。

（5）投融资管理领域应用的管理会计工具方法包括但不限于贴现现金流法、项目管理、资本成本分析等。

（6）绩效管理领域应用的管理会计工具方法包括但不限于关键指标法、经济增加值法、平衡计分卡等。

（7）风险管理领域应用的管理会计工具方法包括但不限于单位风险管理框架、风险矩阵模型等。

值得注意的是，管理会计工具方法具有开放性，随着实践发展而不断丰富完善。单位应用管理会计，应结合自身实际情况，根据管理特点和实践需要选择适用的管理会计工具方法，并加强管理会计工具方法的系统化、集成化应用。

四、信息与报告

管理会计信息是管理会计的基本产物，而管理会计报告则是管理会计提供信息的重要载体，也是管理会计活动成果的重要表现形式。

管理会计信息包括管理会计应用过程中使用和生成的财务信息和非财务信息。管理会计信息的基本特征是相关性、可靠性、及时性和可理解性。单位应充分利用内外部各种渠道，通过采集、转换等多种方式，获得相关、可靠的管理会计基础信息，并有效利用现代信息技术，对管理会计基础信息进行加工、整理、分析和传递，以满足管理会计应用的需要。

管理会计报告是管理会计活动成果的重要表现形式，旨在为报告使用者提供满足管理需要的信息。按照期间的不同，管理会计报告可以分为定期报告和不定期报告。按照内容的不同，管理会计报告可以分为综合性报告和专项报告等。单位可以根据管理需要和管理会计活动性质设定报告期间，一般应以公历期间作为报告期间，也可以根据特定需要设定报告期间。

> **视野拓展** 管理会计师行为准则

随着经济社会的发展以及对管理会计需求的日益增强，注册管理会计师（CMA）逐渐发展起来。CMA 已成为全球范围内很多组织内的专业会计人员重要的资质证明，CMA 考试也已成为相关人员提升专业技能和扩展专业视野的一种重要途径。

在美国，应试者通过 CMA 考试后，还需要同时符合如下条件才能成为 CMA：①为美国管理会计师协会（IMA）会员；②具备大学学历；③符合工作经历要求；④遵守道德规范准则。在美国，取得 CMA 资格后，必须满足下列要求才能保持资格：①达到持续进修的要求；②遵守道德规范准则；③保持 IMA 会员资格。

CMA 自 2009 年进入我国之后，其报考人数年年攀升，不少企业在招聘时更明确提出

CMA持证者优先录用,其含金量和认可度不言而喻。

在国内,中国管理会计师考试是由中国总会计师协会推出的管理会计认证考试,其证书并不是财政部旗下的证书,目前并没有得到财政部的官方认可。该管理会计师认证考试分为初级、中级、高级和特级这四个等级。

随着管理会计职业和商业的全球化,以及经济和法律环境的变革,IMA于2017年颁布了修订后的《职业道德守则公告》,核心内容如下:

1. 胜任能力

(1) 不断提高自身的知识和技能,保持适当的专业领先和技术水平。

(2) 遵守相关法律、规章和技术标准,一丝不苟地履行专业责任。

(3) 提供准确、清晰、简明和及时的支持决策的信息和建议,识别和帮助控制管理风险。

2. 保密

(1) 除法律规定或经授权,不得泄露工作中获得的机密信息。

(2) 告知全体相关方应恰当使用工作中获得的机密信息,监督下属行为保证下属遵从。

(3) 禁止将工作中获得的机密,用于谋取不当或非法利益。

3. 诚信

(1) 减少实际的利益冲突。定期与商业协会沟通以避免明显的利益冲突,告诫所有相关方可能的利益冲突。

(2) 不得从事有害于其公正履行职责的活动。

(3) 禁止从事或支持影响职业声誉的任何行动。

(4) 致力于建设积极进取的职业道德文化,将职业的正直置于个人利益之上。

4. 客观

(1) 公允客观地沟通信息。

(2) 提供所有可预期的相关信息,以帮助使用者正确理解各项报告、分析和建议。

(3) 报告信息的延迟或缺失、及时性、内部控制方面是否符合组织的方针或适用的法律。

(4) 及时沟通可能影响负责人的判断、某作业的成功完成的职业限制或其他限制条件。

在实际工作中,会计人员如果遇到道德问题,先要遵守上述准则,但在某些情况下,会计人员贯彻道德准则可能会遇到严重障碍,如发生经理指使会计人员弄虚作假,会计人员坚持抵制就是一个例证。IMA注意到类似情况,并提出具体处理办法,即会计人员先按所在组织制定的相关规章制度处理,如不奏效,则按下列步骤采取行动:

(1) 应先同直接上司讨论问题,除非直接上司也牵扯其中。在这种情况下,会计人员应该直接将问题递交给更高一级上司。如果在递交问题的时候,没有达成满意的决议,要将问题递交给更高一级的上司。

如果直接上司是首席执行官或者职务相当的人员,可认可的评估权威可以是审计委员会、执行委员会、董事会、托管人委员会或者所有人等组织。

(2) 如果在第(1)步中得不到解决,可以向组织外部寻求客观独立的咨询意见,讨论有关的职业道德问题,以更好地理解可能的行为过程。除非法律另有规定,将这些问题递交给非雇佣的机构或者个人不合适。

(3) 如果在第(2)步中仍得不到解决,那只有辞职,并向所在组织的适当代表提交一份有关该问题的备忘录。

 小思考

想一想自己应该如何提升自身能力和修养?

本章小结

```
管理会计认知
├── 管理会计概述
│   ├── 管理会计的定义
│   │   ├── 美国管理会计师协会给出的定义
│   │   ├── 国际会计师联合会给出的定义
│   │   ├── 加拿大管理会计师协会给出的定义
│   │   └── 我国财政部给出的定义
│   ├── 管理会计的产生与发展
│   │   ├── 管理会计在西方的产生与发展
│   │   └── 管理会计在我国的发展
│   ├── 管理会计与财务会计的区别
│   │   ├── 服务对象不同
│   │   ├── 前提条件不同
│   │   ├── 信息特征和信息载体不同
│   │   ├── 工作重点不同
│   │   ├── 程序方法不同
│   │   ├── 报告主体不同
│   │   └── 参与的人员范围不同
│   ├── 管理会计的职能
│   │   ├── 提供决策的相关信息
│   │   └── 提供计划和控制的信息
│   └── 管理会计的目标与原则
└── 管理会计的要素
    ├── 应用环境
    ├── 管理会计活动
    ├── 工具方法
    └── 信息与报告
```

岗位·1+X证书·职称考试训练

一、单选题

1. ( )共同构成现代企业会计系统。
   A. 预算会计与责任会计　　　　　　B. 管理会计与财务会计
   C. 管理会计与决策会计　　　　　　D. 财务会计与决策会计
2. 管理会计的萌芽可以追溯到( )。
   A. 19世纪初　　B. 19世纪中叶　　C. 20世纪初　　D. 20世纪中叶
3. 管理会计在西方的起源是( )。
   A. 成本管理　　B. 资金管理　　C. 预算管理　　D. 绩效管理
4. "管理会计"这个名词被会计界认可是在( )。
   A. 1949年　　B. 1952年　　C. 1984年　　D. 2008年
5. 明确我国管理会计概念框架的法规是( )。
   A.《企业会计基本准则》　　　　　　B.《企业内部控制基本规范》
   C.《管理会计基本指引》　　　　　　D.《管理会计应用指引》
6. 管理会计侧重于向企业内部各级管理人员提供信息服务,主要面向( )。
   A. 过去　　B. 现在　　C. 未来　　D. 过去和现在
7. 管理会计对企业的经济活动进行规划和控制,主要利用( )。
   A. 计划信息　　　　　　　　　　　B. 统计信息
   C. 业务信息　　　　　　　　　　　D. 财务会计信息
8. 为了加强企业内部管理的需要而编制的各个内部报表,其编制时间是( )。
   A. 不定期编制　　B. 按月编制　　C. 按季编制　　D. 按年编制
9. 下列说法中,正确的是( )。
   A. 管理会计是经营管理型会计,财务会计是报账型会计
   B. 财务会计是经营管理型会计,管理会计是报账型会计
   C. 管理会计是对外报告会计
   D. 财务会计是对内报告会计
10. 管理会计信息最基本的要求是( )。
    A. 客观性和及时性　　　　　　　　B. 相关性和明晰性
    C. 相关性和客观性　　　　　　　　D. 客观性和明晰性
11. 管理会计的信息载体是( )。
    A. 内部会计报告　　　　　　　　　B. 财务会计报告
    C. 内部控制报告　　　　　　　　　D. 成本核算报告
12. 管理会计实施的基本条件是( )。
    A. 管理会计工具方法　　　　　　　B. 管理会计应用环境

C. 管理会计信息与报告　　　　　　D. 管理会计活动
13. 目前,全球比较权威的管理会计师资格证是(　　)。
　　A. 美国注册管理会计师协会的 CPA
　　B. 美国注册会计师协会的 CPA
　　C. 美国注册管理会计师协会的 CMA
　　D. 英国皇家特许管理会计师公会的 CIMA

二、多选题

1. 管理会计与财务会计有许多不同之处,如(　　)不同。
　　A. 服务对象　　　B. 程序方法　　　C. 前提条件　　　D. 信息特征
2. 我国《管理会计基本指引》规定的管理会计原则有(　　)。
　　A. 战略导向原则　B. 适应性原则　　C. 成本效益原则　D. 融合性原则
3. 我国《管理会计基本指引》明确的管理会计要素有(　　)。
　　A. 应用环境　　　　　　　　　　　B. 管理会计活动
　　C. 管理会计工具方法　　　　　　　D. 管理会计信息与报告
4. 下列项目中,属于我国《管理会计基本指引》明确的管理会计领域有(　　)。
　　A. 战略管理　　　B. 成本管理　　　C. 生产管理　　　D. 绩效管理
5. 下列项目中,属于预算管理工具方法的有(　　)。
　　A. 滚动预算管理　　　　　　　　　B. 作业预算管理
　　C. 零基预算管理　　　　　　　　　D. 弹性预算管理
6. 下列项目中,属于成本管理工具方法的有(　　)。
　　A. 目标成本管理　　　　　　　　　B. 标准成本管理
　　C. 变动成本管理　　　　　　　　　D. 作业成本管理
7. 下列项目中,属于管理会计应用环境影响因素的有(　　)。
　　A. 科学技术因素　　　　　　　　　B. 政治因素
　　C. 法律因素　　　　　　　　　　　D. 管理会计人才因素
8. 我国推行管理会计必须先优化应用环境,具体应着重完善的有(　　)。
　　A. 企业的组织架构　　　　　　　　B. 企业的经营管理制度
　　C. 企业的监督奖惩制度　　　　　　D. 企业的组织形式
9. 下列项目中,属于管理会计师行为准则的有(　　)。
　　A. 胜任能力　　　B. 保密　　　　　C. 诚信　　　　　D. 客观

三、判断题

1. 管理会计只利用财务会计提供的相关信息,进行事前的分析和预测,事中的控制以及事后的评价。　　　　　　　　　　　　　　　　　　　　　　　　　　(　　)
2. 管理会计只适用于应用环境良好的企业集团。　　　　　　　　　　　(　　)
3. 管理会计是单位管理活动的组成部分,是对内会计。　　　　　　　　(　　)
4. 管理会计与财务会计的主体假设是相同的。　　　　　　　　　　　　(　　)
5. 财务会计编制的各种报表没有固定格式,可以自行设计。　　　　　　(　　)

6. 管理会计的工作重点是反映过去,核算的是已经发生的经济业务,因此,它对数据的精确性要求很高。（ ）
7. 管理会计与财务会计的信息来源相同,因此,都必须具备客观性特征。（ ）
8. 管理会计应用的信息不仅包括财务信息,而且包括非财务信息。（ ）
9. 平衡计分卡是风险管理中常用的工具方法。（ ）
10. 管理会计工具方法具有开放性,在发展中不断丰富完善。（ ）
11. 管理会计工具方法是实现管理会计目标的具体手段。（ ）
12. 管理会计应用环境是单位应用管理会计的核心。（ ）

技 能 过 关

一、公司基本资料

（一）工商登记信息

公司名称：浙江立达速运有限公司

统一社会信用代码：91150058582019328M

公司类型：有限责任公司

营业期限：2016年2月15日至无固定期限

注册资金：1 500万元

法人代表：王威

公司地址：浙江省绍兴市越城区北海路33号金丰大厦

营业范围：国内快递；从事道路、航空、水路国际货物运输代理业务；普通货物仓储

邮政编码：312000

浙江立达速运有限公司是一家以公路运输为主要转运方式的点到点的快递服务公司,成立于2016年2月,公司总部位于浙江省绍兴市,目前拥有300余名高素质员工,并在北京、上海、杭州、南京、广州、成都、武汉等城市建有转拨中心7家,现已全面建成地面配送服务网络,网络覆盖主要区域经济发展中心,并逐渐向全国辐射。

浙江立达速运有限公司秉承专业精神与服务理念,运用先进的科学化管理、高效准确的路径规划,以及尖端的信息管理平台,密切关注客户需求,不断提升服务水平,以"高效、用心、准时、迅速"为宗旨,致力于将企业打造成为广大客户最信赖的合作伙伴。

（二）公司治理

公司按照《中华人民共和国公司法》等相关法律法规的要求,建立了由股东大会、董事会、监事会和管理层组成的公司治理结构。

公司制定了《公司章程》《股东大会议事规则》《董事会议事规则》《监事会议事规则》《总经理工作细则》《关联交易决策管理办法》《重大投资决策管理办法》等规章制度,公司的重大事项能够按照制度要求进行决策,三会决议能够得到较好执行。

（三）公司组织结构

浙江立达速运有限公司内设营业中心、分拣中心、运输中心、投递中心、营销中心、财务管理中心、行政管理中心七个中心（图1-1）,还拥有七个分拣集散中心,分别位于北京、上

海、杭州、南京、广州、成都、武汉。

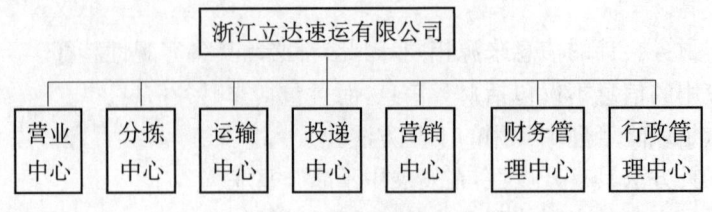

图1-1　公司组织结构

（四）主要服务产品

浙江立达速运有限公司专注于国内快递业务，主要提供以文件类和物品类为主的快递服务。

文件类：主要指重量在0~0.5 kg的合同、文件、单页、信件等快件。特点是形状规则，体积较小，分拣投送方便，一般时效性要求较强。主要客户为个人和公司。

物品类：主要指重量在0~50 kg的衣服、水果、生活用品、电子产品等小物品快件。其特点是形状不规则，包装无法统一，体积较大，分拣和投递相对复杂，时效性相对较弱。主要客户为个人和电商商家。

（五）主要作业流程

公司业务主要流程可以概括为图1-2。

图1-2　业务主要流程

揽件包装：从寄件人手中收到订单快件，完成快件包装，并收回至业务部。

分拣建包：将收回快件根据快件类型和目的地梳理归类，选择运输方式，建立运输包装。

运输集散：将快件进行运输，并在集散中心进行重新分散归集。

拆包派送：将快件运至目的地业务部，进行分拆，并由快递员送至收件人手中。

二、公司文化

以"标准化""产业化""精细化"的产品和服务理念，致力于服务全国企业与个人。

公司愿景：成为国内领先的综合性快递物流运营商。

公司使命：为全国客户提供高效、安全、便捷的快递物流服务。

公司价值观：提升时效水平，满足客户需求。

三、行业发展概况

（一）行业政策

行业鼓励政策陆续出台，扶持快递物流行业稳步成长。

快递行业作为现代服务业的重要组成部分，在降低流通成本、支撑电子商务、服务生产生活、扩大就业渠道等方面发挥了积极作用，已成为我国国民经济的重要产业和新增长点。国家对快递行业的鼓励政策持续出台，进一步扶持快递行业稳步成长。

2017年10月,党的十九大报告指出推动形成全面开放新格局。"一带一路"建设成为我国全面开放新格局的重点。要坚持引进来和走出去并重,加强创新能力开放合作,形成陆海内外联动、东西双向互济的开放格局。快递行业作为流通、消费的先导性、基础性服务行业,是中国企业与中国制造引进来和走出去中不可或缺的一环。中欧班列的常态化运行、多式联运的进一步发展、"一带一路"沿线国家及海外市场的巨大需求,亦将推动我国快递行业发展新格局的出现。

2018年1月,国务院办公厅出台《国务院办公厅关于推进电子商务与快递物流协同发展的意见》(以下简称《发展意见》),指出要强化制度创新,优化协同发展的政策法规意见;强化规划引领,完善电子商务快递物流基础设施;强化规范运营,提升快递末端服务能力;强化标准化智能化,提高协同运营效率;强化绿色理念,发展绿色生态链。《发展意见》亦明确指出,将深入实施"互联网+流通"行动计划,提高电子商务与快递物流协同发展水平,完善优化快递物流网络布局;强化服务创新,提升快递末端服务能力,促进快递末端配送,鼓励快递物流企业、电子商务企业与连锁商业机构、便利店、物业服务企业、高等院校开展合作。

2021年12月,国家邮政局发布了《"十四五"快递业发展规划》(以下简称《"十四五"规划》),为我国快递业"十四五"时期的发展指明了方向。《"十四五"规划》指出,"十四五"时期是我国乘势而上全面建设社会主义现代化国家的第一个五年,快递业必须准确把握发展规律,牢牢抓住战略机遇,稳妥应对风险挑战,实现行业更高质量、更有效率、更加公平、更可持续、更为安全的发展。《"十四五"规划》从服务质量、规模实力、产业协同、安全监管、绿色环保、治理效能方面提出了六大任务。预计到2025年,基本建成网络联通内外、服务深入城乡、设施智能集约、运行安全环保、产业深度融合、治理协同高效的现代快递服务体系。

(二) 市场环境

快递行业需求持续增长,市场空间广阔。

陆续出台的鼓励政策为我国快递行业的发展提供了充分的政策保障,持续增长的市场需求则为我国快递行业规模的持续扩大创造了有利条件。近年来,我国快递行业的市场总量、营业收入及复合增长率大幅提升。根据国家邮政局公布的统计数据,2009—2021年,全国快递服务企业业务量由18.6亿件增至1 083.0亿件,年均复合增长率约40.31%;全国快递服务企业业务收入由479.0亿元增至10 332.3亿元,年均复合增长率约29.17%,快递行业持续保持高速增长。未来,我国网购市场交易频次的提升和消费结构的多元化将推动电商市场持续内生增长,加之中西部和农村电商市场未来将逐步繁荣,"小件多量"的创新模式呈现爆发式增长,未来电商件包的寄递需求增长动力仍十分充足。

快递行业是现代服务业的重要组成部分,贯穿并连接着生产与消费各环节,涉及领域广、发展潜力大、带动作用强,快递消费已呈现日常、必要的消费特性。未来在政策不断深化推进、社会需求不断提升和经济转型升级加快多轮驱动下,我国快递行业仍将保持较高增长速度,市场空间将进一步拓宽。

(三) 竞争格局

快递行业集中度逐步提升,竞争格局持续改善。

2015年10月,国务院出台《关于促进快递业发展的若干意见》,明确提出鼓励各类资本依法进入快递领域,支持快递企业兼并重组、上市融资,整合中小企业,优化资源配置,实现强强联合、优势互补,加快形成若干家具有国际竞争力的企业集团。同时,快递物流企业融资渠道得到优化,国家发改委鼓励银行业金融机构开发支持物流快递企业发展的金融产品和融资服务方案,快递物流企业可借此进行产业链上下游的战略合作、股权投资、并购重组等,以拓展业务范围、扩大网络布局、提升服务水平。

2021年,民营快递市场份额继续领先,品牌集中度进一步提升。2021年,我国快递服务品牌集中度指数CR8为80.5%,主要快递服务企业市场份额持续扩大,品牌效应逐步增强,行业集中度、优势资源头部集聚效应明显。

同时,头部快递企业凭借人才、科技、资本的优势,不断优化服务,探索业务多元化发展,拓展快运、冷运及供应链等新业务,扩大海内外网络覆盖率,打造端到端综合物流服务能力;同时通过科技手段持续提升运营效率,推动整体物流行业逐步从"散、乱、差"走向规模化、标准化、高效化,行业市场规模进一步扩大,收入进一步增加。

(四)行业发展

陆续出台的鼓励性政策与持续增长的市场需求为我国快递行业规模的持续扩大创造了有利条件。近年来,我国快递行业的市场总量及营收水平大幅提升。根据国家邮政局公布的统计数据,2009—2021年,全国快递服务企业业务量由18.6亿件增至1 083.0亿件,年均复合增长率约为40.31%;全国快递服务企业业务收入由479.0亿元增至10 332.3亿元,年均复合增长率约为29.17%,快递行业保持高速增长。

电商市场是快递行业增长的主要驱动力,但电商快递竞争同质化严重,价格竞争成为电商快递扩大份额的主要手段。同时,随着资本助力新玩家入局电商快递市场,低价策略成为新玩家快速抢占市场的主要手段,这冲击了电商快递行业原有竞争格局,价格战愈发激烈。这导致近年来整体快递行业单票价格持续下滑,行业快递平均单价从2010年的24.60元快速下滑至2020年的10.55元,如图1-3所示。

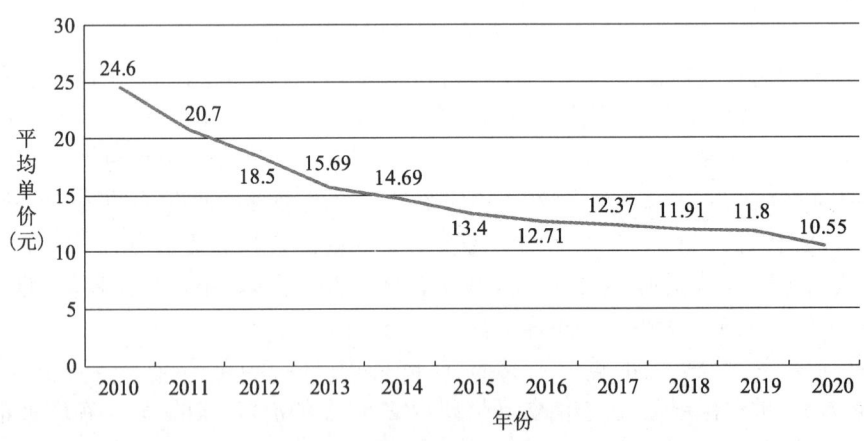

图1-3 2010—2020年中国快递业务平均单价走势图

在行业规模快速增长的同时,我国快递业务地区分布不均衡,主要集中在长三角、珠三角以及京津冀等地区。2021年1~11月,中国东、中、西部地区快递业务量比重分别为78.2%、14.5%和7.3%。与2020年同期相比,2021年东部地区快递业务量比重下降1.3个百分点,中部地区快递业务量比重上升1.3个百分点,西部地区快递业务量比重基本持平,上升0.4个百分点。由于区域经济发展水平存在差距,总体看来,快递业务主要集中于东部地区,但是中西部地区仍存在较大的发展潜力。

四、公司经营发展

(一)公司经营情况

1. 公司业绩保持增长,盈利承诺超额完成

2021年度公司经营情况良好,并保持持续增长。全年公司业务完成量为981万件,较上年增加227万件,增幅为30%;营业收入达到10 900万元,较上年增加1 800万元,增幅为19.78%;实现净利润730万元,较上年增加180万元,增幅为32.7%。2021年公司件量增速高于行业平均水平。

2. 深耕快递主业,实现可持续发展

2021年,公司继续深耕快递主业,根据业务需求及实际运营需要,不断通过专业化、精细化管理推动降本增效;加大对加盟商的服务和支持力度,构建网络生态命运共同体;持续加大网络核心资源投入,提升服务品质;积极提升网络覆盖率,完善运能保障;着力提升综合服务能力和市场竞争力,实现公司的可持续发展。

(1) 以专业化、精细化管理推动降本增效。快递行业件量规模巨大、数据信息丰富,具有典型的规模经济特征,通过不断提升管理水平、推动新科技应用能够显著降低运营成本、提升效率。2021年,公司根据业务发展和日常运营情况,不断以专业化、精细化的管理手段推动降本增效,如持续提高双边运输车辆占比、优化转运操作及路由规划、逐步完善干线运能采购体系、增加自有干线运输车辆等。同时在中转操作方面,公司积极通过信息化、科技化手段提高自动化设备操作比例,以精细化的管理制度提升操作能力和人均效能,达到降低人工成本、减少差错率、提升快件中转效率的目的。中转及干线运输方面持续提升的管理水平和精细化运作为公司持续提高服务质量、提升盈利水平奠定了良好基础。

(2) 持续提升服务质量,增强客户黏性。2021年,公司着力加强快件时效和服务质量提升工作,通过提升信息化水平、优化沟通渠道和效率、完善服务管理制度和奖罚标准、强化全网客服业务培训等措施提升加盟商经营实力,引导加盟商为客户提供更好的服务,降低客户投诉率。2021年1～12月公司平均有效申诉率为0.572‰,较2020年降低0.020‰,降幅为3.36%。

(3) 积极完善网络覆盖、拓展服务范围。2021年,公司根据业务发展情况、实际运营需要与行业动态持续完善网络覆盖范围、提升网络服务能力,通过自建转运中心以及对转运中心进行自动化升级改造等方式提升对枢纽转运中心的管理能力和经营效率,保障公司路由规划的合理性,降低转运环节成本。截至2021年年底,公司在全国范围内拥有自营枢纽转运中心7个,较2020年年底增加1个。同时,公司积极响应国家关于快递业"向西、向下"的号召,继续推行"通乡镇、通村组"的"两通"计划,增加对三四线城市、乡镇农村地区的资源投入,协力打造"工业品下乡"和"农产品进城"双向流通渠道,加速构建更为完善的农村、西部地区快递服务网络。此外,公司根据区域业务量及增长需求、加盟商实际承载能力等,对部分区域的加盟商加以细分,进一步拓展了公司快递服务网络的外延。

(二)公司核心优势

1. 运营模式优势

公司搭建了与合作伙伴和谐共生的完善的快递业务平台,采用枢纽转运中心自营化和

末端加盟网络扁平化的运营模式,有效保障了公司对整体快递服务网络的管控平衡能力,同时可以根据行业动态及企业现状,及时灵活地进行管理调整,以协调平衡全网利益。上述运营优势是公司快递服务网络多年来保持较强稳定性和较高灵活度的重要基础。枢纽转运中心自营模式下,公司可根据全网络的业务量情况、快件时效、运营成本等情况综合考量,并进行全网协调,持续优化转运中心规划布局、中转路由等。2021年,公司加大对自营枢纽转运中心的投入,并根据业务需要及行业发展动态,加大投入对部分枢纽转运中心进行自动化的升级与改造,不断提升枢纽转运中心的快件处理能力,拓展枢纽转运中心的辐射范围,同时进一步增强了公司快递服务网络的稳定性。加盟商通过自营转运中心中转快件,承担所属区域的揽收、派送等工作,服务于公司整体快递服务网络。公司对快递服务网络具有较强的总体管控和协调能力。

在"大众创业、万众创新"的政策支持和引导下,末端加盟模式不仅激发了加盟商的创业精神,迅速汇集资金、人员,快速拓展公司整体网络布局,提高快递服务网络的覆盖率;而且各加盟商进行独立核算,其业务发展和成本控制的主动性强;公司对加盟商的管控协调与服务,亦可为客户提供较具性价比的快递服务,有利于公司在快递行业高速发展中提高服务质量,增强客户黏性,扩大市场份额。公司通过现场、视频、电话会议等方式建立起与加盟商的培训、服务机制,为加盟商提供业务、财务管理、人力资源等方面的培训与服务,并加大对加盟商信息系统的投入与支持。公司利用扁平化末端加盟网络,对加盟商进行直接管控,减少了管理层级,降低了管理成本,进一步增强和保证了公司对加盟商网络的控制力和对加盟商管理的有效性、灵活性。

2. 网络覆盖优势

公司快递服务网络以高效管控的枢纽转运中心为骨干,通过通达全国的航空、汽运、铁路运输网络实现快递在转运中心间的集中快速中转,并通过扁平化的加盟商及终端网络进行快递服务"最后一公里"的揽收与派送。经过多年发展,公司已形成了覆盖全面、高效稳定的快递服务网络。截至2021年年底,公司国内快递服务网络覆盖31个省、自治区和直辖市,地级以上城市覆盖率达到94.52%。

3. 互联网信息技术平台优势

信息化的发展为快递行业带来了新的发展机遇,亦是现代化快递物流业的主要特征。快递企业依靠技术升级的契机提升运营效率、降低业务成本,进而深化业务模式创新,获得快速、可持续发展。公司历来高度重视信息化建设,保证系统功能与公司业务发展要求高度匹配,极大地提高了企业信息化水平,有效提升了内部管理效率和客户服务质量,为公司不断拓展境内外业务奠定了基础。

4. 标准化优势

公司高度重视标准化工作,全面启动标准化体系建设,目前已完成102余项企业标准的制定,并已形成对服务网络和业务流程全覆盖的标准化体系。公司标准化体系坚持自营业务体系与加盟商一体化的管理理念,立足公司现有业务需求并结合未来发展重点,构建以"基础通用标准"为基础,以"核心营运标准"为中心,以"管理标准""服务标准"为支撑与保障的全方位标准化体系结构,通过企业标准在全网范围的全面贯彻实施,加强管控力度并统一服务标准,借助标准化规范营运模式,明确管理职责,巩固服务质量,提升品牌形象。同时,公司积极参与行业标准化研究。2021年,公司重点参与了《绿色物流指标构成与核算方法》

《快递封装用品系列标准》《快件处理场所设计指南》《冷链快递服务规范》《邮政市场违法行为举报处理办法》《城市配送电动物流车辆应用选型规范》《物流服务与电子商务信息交换规范》《物流服务仓配一体化信息交换指南》《快递智能分拣设备》《智能仓储机器人设备技术要求》等多项标准的制定和研讨,为快递行业的各项发展提供了合理化建议,作出了突出贡献。

5. 品牌优势

公司自成立以来始终专注于快递主业,"立达"品牌以高时效、低价格的产品和优质的服务赢得了众多客户的满意和信赖。公司高度重视品牌形象的建立和维护,将品牌建设作为核心竞争力之一,通过多种渠道、多样方式、多元途径深化公司品牌的塑造与宣传。公司是中国快递协会副会长单位、中国交通运输协会快运分会副会长单位、中国国际货运代理协会会员单位;荣获"达沃斯世界经济论坛全球成长型企业""中国十大竞争力物流企业""中国快运物流示范基地""全国交通运输行业文明示范窗口""全国青年文明号"等荣誉称号。2020年公司被评为5A级物流企业、"互联网+重点信用认证企业",并荣获"2020中国快递年度发展奖"。

实际会计报表

预计会计报表

销售明细表

成本费用明细表

第二章 战略管理

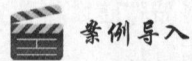 案例导入

YC白药进入牙膏市场改变了产品生产周期曲线的形状

近几年,具有传奇配方的YC白药开始尝试进军日化行业。而此时的日化行业竞争已经异常激烈。

国际巨头们运用其规模经济、品牌、技术、渠道和服务等竞争优势,占据了中国日化行业大片高端市场,树立起绝对的优势地位;本土的日化企业由于普遍存在产品特色不突出、品牌记忆度弱的问题,加上自身实力的不足,多是在区域市场的中低端档次生存,且整个产业基本饱和。

日化企业想要扩大市场份额,就会遇到竞争对手的顽强抵抗,每年都有相当数量的日化企业淡出市场。由于价格竞争成为市场竞争的主要手段,定位在高端市场的国际巨头们面临着市场发展的"瓶颈",市场份额、增长速度、盈利能力都面临着新的考验,国际巨头们的产品价格开始向下移动。

YC白药进入日化行业先从牙膏市场开始。YC白药没有重走本土企业的中低端路线,而是反其道而行之。

通过市场调研,YC白药了解到广大消费者对口腔健康日益重视,用牙膏来解决口腔健康问题是存在巨大潜在需求的,而当时市场上的牙膏产品大多专注于美白、防蛀等基础功能,解决口腔健康问题还是市场的"空白点"。于是,YC白药创出了一个独特的日化界药物牙膏——YC白药牙膏,综合解决口腔健康问题,并以此树立起高价值、高价格、高端的"三高"形象。

YC白药牙膏进入日化市场后,表现突出,不仅打破了本土品牌低端化的现状,还提升了本土牙膏行业价格体系。

随着YC白药推出功能化的高端产品,国际品牌也纷纷凭借自身竞争优势推出功能化的高端牙膏抢占市场。这些解决口腔健康问题功能很强牙膏的定价都与YC白药牙膏不相上下。这些功能化的高端品出现后,整个牙膏市场显现出"销售额增长大于销量增长"的新特点,牙膏消费区间也逐渐向中高端移动。

资料来源 自编案例。

请思考 企业产品生命周期包括哪些阶段?在产品不同的生命周期应该采取哪些战略管理?本章将带你学习这些内容。

> **课程思政案例**

三十六计第二计：胜战计·围魏救赵

这个故事发生在战国时期，当时赵国面临着强大的魏国的威胁。赵国的国君想出了一个计策，他命令将军廉颇出兵围攻魏国的都城魏郡，同时派遣将军赵奢率领大军救援赵国的都城邯郸。当时，赵奢的军队在行军途中被魏军的重兵包围，形势非常危急。赵奢感到非常焦虑，但他却镇定地思考着应对之策。终于，赵奢想到了一个巧妙的计策，他决定先将自己的军旗插在山上，然后让所有士兵偷偷地绕过魏军，从山的另一侧进入敌后。这样一来，魏军会被山上的旗帜吸引，而忽视了赵军的真实行动方向。赵奢的计策非常成功，他带领的军队成功地绕过了魏军的包围，顺利地救援了邯郸。这一战略举措成为后来战略管理的典范之一。

这个故事告诉我们，战略管理的关键是灵活性和适应性。我们应该密切观察市场趋势、竞争态势和技术发展，及时调整战略方向，以适应变化的环境。同时，我们也应该持续创新，探索新的商机和发展路径，以保持竞争力和可持续发展。我们有时需要采取巧妙而出人意料的策略来应对复杂的情况。通过善于思考、创新和灵活运用资源，我们可以战胜困难，取得成功。这个故事也反映了战略管理中的一个重要原则，即在面对强大的对手或困境时，我们要保持开放的思维和灵活的战略观念，不断适应变化，追求创新，以在竞争激烈的环境中取得成功。

资料来源　三十六计.围魏救赵小故事[EB/OL].[2023-07-02]. http://www.guoxuemeng.com/guoxue/15646.html.

请思考　什么是战略管理？企业战略可以划分为哪些层次？在实际工作中，战略实施的方法是什么？

知识目标

1. 理解战略管理的概念和特征。
2. 理解 SWOT 分析法的原理和分析问题的关键。
3. 熟悉战略地图及其绘制方法。

思政目标

1. 培养学生勇于担当的意识。
2. 培养学生树立全局观念和发展观念，高瞻远瞩，谋划未来。
3. 提升学生的辩证思维能力和逻辑判断能力。

典型工作任务

1. 能开展企业内外部战略环境分析。
2. 能梳理战略地图各要素及要素间的因果关系。

3. 能读懂战略地图,把握企业战略意图。

第一节 战略管理概述

一、战略的定义和层次

(一) 战略的定义

"战略"一词主要源于军事,是指军事家们对战争全局的规划和指挥,或指导重大军事活动的方针、政策与方法。随着生产力水平的不断提高和社会实践内涵的不断丰富,"战略"一词逐渐被人们广泛地运用于军事以外的其他领域,从而给"战略"一词增添了许多新的含义。1962年,美国学者钱德勒(Chandler)在其《战略与结构》一书中,将战略定义为确定企业基本长期目标、选择行动途径和为实现这些目标进行资源分配。这标志着"战略"一词被正式引入企业经营管理领域,由此形成了企业战略的概念。美国哈佛大学教授波特(Porter)认为,战略是公司为之奋斗的一些终点与公司为达到它们而寻求的途径的结合物。美国学者汤姆森(Tomson)1998年指出,战略既是预先性的(预谋战略),又是反应性的(适应性战略)。换言之,战略制定的任务包括先制订一个策略计划,即预谋战略,再随着事情的进展不断对它进行调整。一个实际的战略是管理者在公司内外各种情况不断暴露的过程中不断规划和再规划的结果。可以看出,许多学者和企业高层管理者都曾经赋予战略不同的含义。

我国《管理会计应用指引第100号——战略管理》指出,战略就是企业从全局考虑作出的长远谋划。在当今瞬息万变的环境里,企业战略意味着企业要采取主动态势预测未来,影响变化,而不仅是被动地对变化作出反应。企业只有在变化中不断调整战略,保持健康的发展活力,并将这种活力转变成惯性,通过有效的战略不断表达出来,才能获得并持续强化竞争优势。

(二) 战略的层次

企业是一个人造的有机整体,通常由不同经营单位组成。企业不同的经营单位有各自的战略,这些战略一般分为三个层次:整体战略(即选择可竞争的经营领域的总体战略)、经营单位战略(即某个经营领域具体竞争战略的业务单位战略)和职能战略(即涉及各个部门的职能战略),其中,经营单位战略、职能战略必须服从于整体战略。图 2-1 概括了企业战略的层次。

1. 整体战略

在大中型企业里,特别是包括多种经营形式的企业里,整体战略是企业最高层次的战略。它需要根据企业的目标,选择企业可以竞争的经营领域,合理配置企业经营所必需的资源,使各项经营业务相互支持、相互协调。

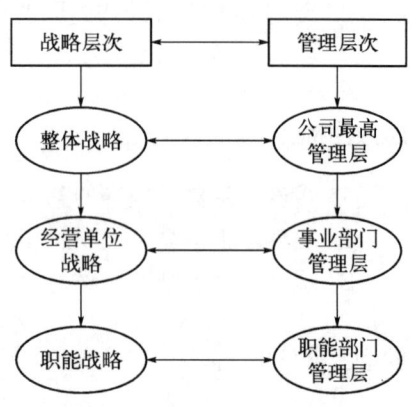

图 2-1 企业战略的层次

公司战略常常涉及整个企业财务结构和组织结构方面的问题。

2. 经营单位战略

经营单位战略又称竞争战略,是事业部门管理层的战略,它涉及各业务单位的主管以及辅助人员。这些经理人员的主要任务是将公司战略所包括的企业目标、发展方向和措施具体化,形成本业务单位具体的竞争与经营战略。业务单位战略要针对不断变化的外部环境,在各自的经营领域中有效竞争。为了保证企业的竞争优势,各经营单位要有效地控制资源的分配和使用。

对于业务结构单一的公司来说,整体战略和经营单位战略只有一个,即合二为一;只有对业务多元化的公司来说,两种战略的区分才有意义。

3. 职能战略

职能战略是职能部门管理层的战略,主要涉及企业内各职能部门,如营销、财务、生产、研发、人力资源、信息技术等。职能战略即如何更好地配置企业内部资源,为各级战略服务,提高组织效率。

各职能部门的主要任务不同,关键变量也不同,难以归纳出一般性的职能战略。协同是企业组织设计的重要目标,在职能战略中,协同作用具有非常重要的意义。这种协同作用首先体现为单个职能中各种活动的协调性与一致性,其次体现为各个不同职能战略和业务流程或活动之间的协调性与一致性。

二、战略管理的概念、原则和特征

(一) 战略管理的概念和原则

战略管理的概念有多种表述。伊戈尔·安索夫(Igor Ansoff)在其《从战略规划到战略管理》一书中提出,企业战略管理是指企业日常业务决策与长期计划决策相结合而形成的一系列经营管理业务。美国学者斯坦纳(Steiner)在其《企业政策与战略》一书中指出,企业战略管理是确定企业使命,根据企业外部环境和内部经营要素设定企业目标,保证目标的正确落实,并使企业使命最终得以实现的一个动态过程。他在其出版的《战略规划》一书中,强调了战略管理是一个组织的顶层管理者负责的事,其他管理者完成经营管理,战略管理则为经营管理提供指导方向和范围。有学者认为,战略管理是制定、实施和评价跨职能和业务决策的艺术和科学,而这样的决策可使组织实现它的目标。尽管许多学者和专家对战略管理概念的解释不同,但总的来看,我们可以将其归纳为两类:一是以伊戈尔·安索夫为代表的广义的战略管理,他们认为企业的战略管理是指将企业的日常业务决策同长期决策相结合而形成的一系列经营管理业务,指运用战略对整个企业进行管理;二是以斯坦纳为代表的狭义战略管理,他们主张企业战略管理是确定企业使命,根据企业外部环境和内部经营要素确定企业目标,保证目标正确落实并使企业使命最终实现的一个动态过程。

基于上述观点,战略管理已成为企业管理最基本和最重要的一个方面。《管理会计应用指引第 100 号——战略管理》第二条指出,战略管理是对企业全局、长远的发展方向、目标、任务和政策,以及资源配置作出决策和管理的过程。它是一个包括方向选择、目标制定、战略制定、战略实施和战略评价等在内的动态系统。

战略管理通常必须遵循如下四个原则:

(1) 目标可行原则。企业战略目标的设定应具有一定的前瞻性和适当的挑战性,使战略目标通过一定的努力可以实现,并能够使长期目标与短期目标有效衔接。也就是说,战略目标既不能定得太高,也不能定得太低,而且必须兼顾长短期目标。

(2) 资源匹配原则。资源匹配是指高层管理者应根据各业务部门与战略目标的匹配程度进行资源配置,且企业应有与战略目标相匹配的资源。操作中的具体要求为:一是要从内外调度与筹集充足的资源;二是要统筹规划,保证各业务部门在战略执行过程中具备与战略目标相匹配的充足资源。

(3) 责任落实原则。责任落实是指企业应将战略目标落实到具体的责任中心和责任人,构成不同层级彼此相连的战略目标责任圈。在操作中要求企业根据战略目标确定各部门的任务,设置责任中心,将战略目标分解落实到各个责任中心及其负责人。

(4) 协同管理原则。协同管理是指企业应以实现战略目标为关系链,局部战略与整体战略协调一致形成合力,达到"1+1>2"的协同效应。操作中的具体要求为:一是在以企业战略目标为核心的情况下,各责任者达成目标的指标间具有明显的因果关系;二是管理者要具备统观全局、协调管理等综合能力。

> **小思考**
>
> 结合战略管理的责任落实原则,想一想作为一名大学生,应如何承担社会责任。

(二) 战略管理的特征

1. 时间上的长期性

战略管理是以企业的长期生存和发展为基点而作出的对企业生产经营活动有指导、限制作用的方案,其根本目的是实现企业更长远的发展。企业战略的长期性特征,要求企业把战略制定和实施的定位放在未来。从这一意义上看,战略管理是高层管理者对企业未来一段时期(通常为5年以上)内的生存和发展等所作的统筹规划。

2. 管理对象和效果上的全局性

企业战略的突出特征是对全局的把握。企业的战略管理是根据企业总体发展的需要而制定的,因此,战略管理的全局观主要指管理对象和管理效果,即企业的总体活动和总体效果两个方面。也就是说,局部决策和行动是企业战略管理总体决策的有机组成部分,企业应谋求短期效率和长期效能的整体结合。

3. 市场里的竞争性

在激烈的市场竞争中,企业必须参与两极或多极对抗,企业战略管理具有明显的竞争性。企业经营者必须时刻关注竞争对手的战略特征,以防被对手打得措手不及。当然也存在这种情况,即竞争的胜败在双方制定了某种战略,尚未开始正式进入竞争的局面时,就已经决定了。

4. 经营上的创新性

企业战略区别于以往多年度计划或长期计划的一个重要方面就是创新性。企业为了生存和发展,就必须不断地强调开辟新的经营领域,做新的事业。只有"创造性的毁灭"贯穿于企业战略管理的全过程,企业才能在激烈的市场竞争中不断重塑未来。

5. 管理的风险性

企业战略管理必然充满风险。企业战略的制定即对风险的程度作出某种判断,对风险的后果作出评价,并作出是否参与冒险的决策。

6. 战略的应变性

企业战略是对未来环境作出的一种应对,需要企业战略管理者以企业所期望或预测将要发生的情况为基础,在迅速变化和竞争的环境中,分析和判断影响企业未来取得成功的因素及其态势,并采取措施。因此,企业战略管理活动应具有动态性,即适应企业内外部各种条件和因素的变化,进行适当调整或变更。

【做中学2-1】(多选题)下列各项中,属于战略管理特征的有( )。

A. 全局性　　　　B. 特殊性　　　　C. 风险性　　　　D. 长期性

三、战略管理的应用环境

管理会计辅助企业制定战略,必须注意战略管理的应用环境。企业的战略必须与企业内外部环境相适应。

(1) 关注内外部宏微观环境。企业应关注的宏观环境包括企业所面临的具有长远影响的政治、经济、社会、文化、法律及技术等因素,以及产业环境、竞争环境等对企业影响长远的外部环境。此外,企业还应该关注企业本身的历史及战略、资源、能力、核心竞争力等内部环境,确认企业具有的优势和劣势。这也是后续会提及的SWOT分析的基础。

(2) 设置专门机构或部门。企业通常应该设置专门机构或部门牵头负责战略管理工作,并与其他业务部门、职能部门协同制定企业使命、目标和战略。

(3) 建立健全相关制度。现代企业的生产经营活动受到内外部环境的影响。企业要进行战略管理,必须先全面、客观地分析和掌握内外部环境的变化,建立健全与战略管理相关的制度和配套的绩效评价与激励制度,形成科学有效的制度体系,切实调动员工的积极性,提升员工的执行力,推动企业实施战略。

【做中学2-2】(多选题)下列项目中,属于企业外部环境的有( )。

A. 宏观环境　　　B. 产业环境　　　C. 竞争环境　　　D. 市场需求状况

四、战略管理领域应用的管理会计工具与程序

战略管理领域应用的管理会计工具方法,一般包括战略地图、价值链管理等。当然,根据企业的具体管理情境,战略管理工具方法既可以单独应用,也可以综合应用,以加强战略管理的协同性。

战略管理程序又称战略管理过程,是围绕战略制定和战略实施而开展一系列活动且不断完善的动态管理过程,一般包括确定企业当前的宗旨、目标和战略,分析环境和分析资源,重新评价企业的宗旨、目标、战略,战略制定,战略实施,战略评价和控制,战略调整等环节。具体内容如图2-2所示。

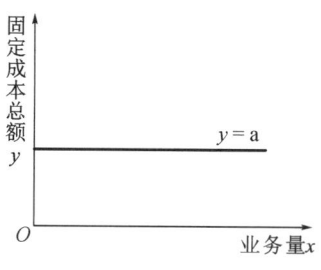

图2-2　战略管理过程

2.1 企业战略的定义与层次

（一）确定企业当前的宗旨、目标、战略

战略的制定是在遵从企业宗旨、目标的基础上进行的。人们普遍认为企业宗旨是一种能把包括企业性质、特点和目标等在内的基本情况描述清楚，并能为企业战略制定与实施提供明确指向的方针。战略规定了业务活动范围、各种业务活动的组合，以及建立的组织或职能部门，对企业进入的市场以及顾客等作出大体勾画，进而提示了企业未来发展的努力方向和长远目标。

（二）分析环境和分析资源

1. 分析环境

分析环境可以从企业所面对的宏观环境、产业环境、竞争环境等几个方面展开。分析环境要了解企业所处的环境正在发生哪些变化，这些变化将给企业带来更多的机会还是更多的威胁。

1）宏观环境分析

一般来说，企业宏观环境因素可以概括为四类，政治和法律因素、经济因素、社会和文化因素、技术因素。图 2-3 是对主要宏观环境因素的汇总。

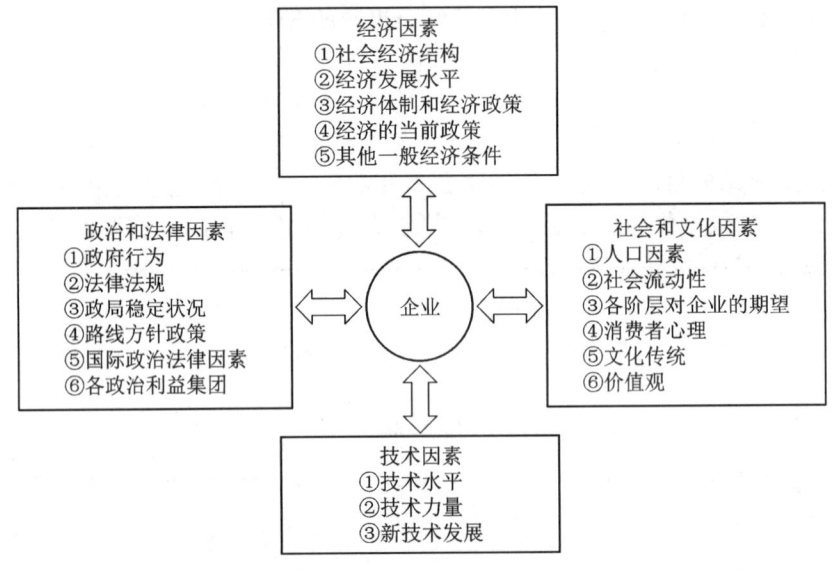

图 2-3　主要宏观环境因素

2）产业环境

企业产业环境因素一般包括产品生命周期、产业五种竞争力和成功关键因素分析等。

产品生命周期包括导入期、成长期、成熟期和衰退期，是指产品从投入市场到更新换代和退出市场所经历的全过程。

波特（Porter）在《竞争战略》一书中认为，在每一个产业中都存在五种基本力量，即潜在进入者、替代品、购买者、供应者与现有竞争者。在一个产业中，这五种力量共同决定产业竞争的强度以及产业利润率，最强的一种或几种力量占据着统治地位并且从战略形成角度来看起着关键作用。

成功关键因素是指企业在特定市场获得盈利必须拥有的技能和资产。例如，在服装生产企业，其成功关键因素是吸引人的设计、色彩组合和低成本制造效率等。

3) 竞争环境分析

竞争环境分析包括两个方面：一是从个别企业视角去观察分析竞争对手的实力，二是从产业竞争结构视角观察分析企业所面对的竞争格局。

对竞争对手的分析有四个方面的主要内容，即竞争对手的未来目标、假设、现行战略和潜在能力，如图2-4所示。

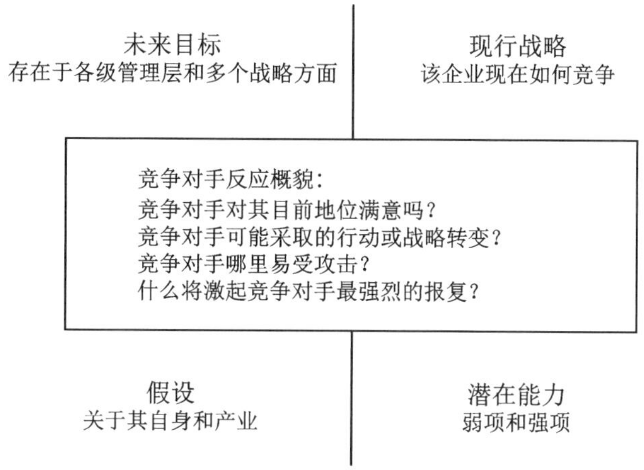

```
         未来目标                        现行战略
    存在于各级管理层和多个战略方面        该企业现在如何竞争

         ┌─────────────────────────────────────┐
         │ 竞争对手反应概貌：                  │
         │ 竞争对手对其目前地位满意吗？        │
         │ 竞争对手可能采取的行动或战略转变？  │
         │ 竞争对手哪里易受攻击？              │
         │ 什么将激起竞争对手最强烈的报复？    │
         └─────────────────────────────────────┘

           假设                          潜在能力
       关于其自身和产业                  弱项和强项
```

图 2-4 竞争对手内容分析

对企业所面对的竞争格局分析一般采用战略群组的划分来加以研究。所谓战略群组，是指某一个产业中在某一战略方面采用相同或相似战略，或具有相同战略特征的各公司组成的集团。如果产业中所有的公司基本认同了相同的战略，则该产业中就只有一个战略群体。一般来说，在一个产业中仅有几个群组采用了完全不同的战略。战略群组分析有助于企业了解相对于其他企业而言本企业的战略地位以及公司战略变化可能产生的影响。

分析外部环境后，管理者需要评估哪些是可以利用的机会，哪些是企业可能面临的威胁。一般而言，机会可以促成企业目标的实现，但威胁则相反。因此，在分析机会与威胁时，管理者通常将竞争者、消费者和供应商的行为和劳动力供应作为关键因素，将技术进步、经济、法律、政治、社会变迁等对企业不构成直接威胁的因素，作为一般因素。但作为一种长期规划，管理者在制定战略时既要关注关键因素，又要慎重考虑一般因素，甚至需要考虑压力集团、利益集团、债权人、自然资源，以及有潜力的竞争领域。

2. 分析资源

分析资源可以从企业的资源与能力、价值链和业务组合分析等几个方面展开。分析资源要了解企业自身所处的相对地位，具有的资源和战略能力。

1) 企业的资源与能力分析

企业资源主要包括有形资源、无形资源和人力资源。企业资源分析的目的在于识别企业的资源状况、企业资源方面所表现出来的优势和劣势，以及对未来战略目标制定和实施的影响。

企业能力是指企业配置资源、发挥其生产和竞争作用的能力，包括研发能力、生产管理能力、营销能力、财务能力和组织管理能力等。企业能力来源于有形资源、无形资源和组织资源的整合。

2）价值链分析

企业所有互不相同又彼此关联的生产经营活动构成了创造价值的一个动态过程,即价值链。价值链将企业活动进行分解,通过考虑这些单个活动本身及其相互之间的关系来确定企业的竞争优势。

价值链将企业的生产经营活动分为基本活动和支持活动。基本活动是指生产经营的实战性活动,包括内部后勤、生产经营、外部后勤、市场销售和服务五种。支持活动又称辅助活动,是指支持基本活动且内部之间又相互支持的活动,包括采购、技术开发、人力资源管理和企业基础设施等。

 视野拓展

以沃尔玛为例对价值链进行说明,具体如表2-1所示。

表2-1 沃尔玛的价值链分析

基本活动	内部后勤:沃尔玛在设置卖场时,尽量以其现有配送中心为出发点,卖场一般都设在配送中心周围,以缩短送货时间,降低送货成本
	外部后勤:一次购物满2 000元或以上,沃尔玛皆可提供送货服务,在指定范围内每次收取49元的费用(因为商品价格中不含送货成本)
	市场销售:沃尔玛拥有多种销售渠道(如购物广场、山姆会员店、社区店等),适合各种类型消费者;提出了"天天平价、始终如一"的口号
	服务:沃尔玛在售后服务中提出了"高品质退货"和"无条件退货"的口号,这种毫不犹豫的退货服务给了客户无后顾之忧的安全感
支持活动	采购管理:沃尔玛启动的农超对接基地,帮助沃尔玛实现了超市内1/3的蔬果类产品购自定点农场
	技术开发:借助自己的商用卫星,沃尔玛便捷地实现了信息系统的全球联网。通过这个网络,全球4 000多家门店可在1小时之内对每种商品的库存、上架、销售量全部盘点一遍
	人力资源管理:沃尔玛不但要求食品部门工作人员必须具有一定的工作经验,还为其提供专业的培训,安排一些公开课,帮助他们了解跟其工作有关的技能和知识,从而更好地为顾客服务
	企业基础设施:沃尔玛"以人为本"的企业文化极大地激发了员工的积极性和创造性,使员工为削减成本出谋划策,设计别出心裁的货品陈列方式等

3）业务组合分析

价值链分析有助于对企业能力进行考察,这种能力来源于独立的产品、服务或业务单位。对于多元化经营的企业来说,还需要将企业的资源和能力作为一个整体来考虑。因此,企业战略能力分析的另一个重要组成部分就是对企业业务组合进行分析,保证业务组合的优化是企业战略管理的主要责任。波士顿矩阵分析法与通用矩阵分析法就是企业业务组合分析的主要方法。

3. 战略分析方法

企业可应用SWOT分析法、波特五力分析法和波士顿矩阵分析法等方法,分析企业的发展机会和竞争力,以及各业务流程在价值创造中的优势和劣势,并对每一业务流程按照其优势强弱划分等级,为制定战略目标奠定基础。

2.2 战略分析方法

(1) SWOT分析法,是指基于内外部竞争环境和竞争条件进行综合分析,即先将与研究对象密切相关的各种主要内部优势、劣势和外部机会、威胁等,通过调查列举出来,并依照矩阵形式排列,再用系统分析的思想,把各种因素相互匹配起来加以分析,从而得出相应结论。结论通常带有一定的决策性,可对制定相应的发展战略、计划和对策起到支撑作用,具体如图2-5所示。

(2) 波特五力分析法,是指将供应商定价能力、购买者的讨价还价能力、潜在进入者的威胁、替代品的威胁、同行业竞争者的力量作为竞争主要来源的一种竞争力分析方法。

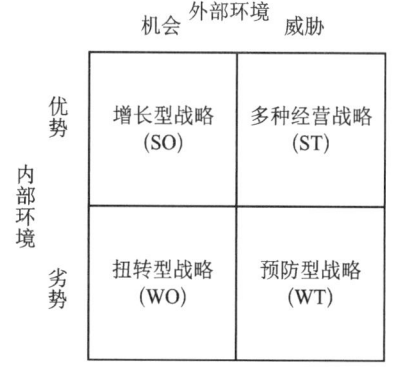

图2-5 SWOT分析法

(3) 波士顿矩阵分析法,是指在坐标图上,以纵轴表示企业销售增长率,以横轴表示市场占有率,将坐标图划分为四个象限,依次为明星业务(★)、问题业务(?)、现金牛业务(￥)、瘦狗业务(X),最后的瘦狗业务属于不再投资扩展或即将淘汰的业务。其目的在于通过业务所处不同象限的划分,企业可以采取不同决策,以保证其不断淘汰无发展前景的业务,保持问题、明星、现金牛业务的合理组合,实现业务及资源分配结构的良性循环,具体如图2-6所示。

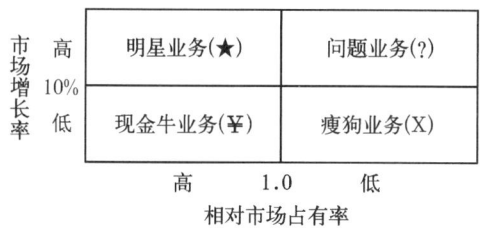

图2-6 波士顿矩阵分析法

(三) 重新评价企业的宗旨、目标、战略

根据SWOT分析和识别组织机会的要求,管理者应重新评价企业的宗旨、目标、战略。在该步骤中,管理者先要回答如下两个问题:一是它们是否符合实际,二是它们是否需要修正。如果需要改变企业的整体方向,战略管理过程就应从头开始;如果不需要改变企业的大方向,则进入战略制定环节。

(四) 战略制定

战略制定是指企业根据确定的愿景、使命和环境分析情况,选择和制定战略目标的过程。

1. 战略目标的选择

在公司战略的三个层次上存在着各种不同的战略类型,如图2-7所示。

2. 战略目标的制定

在制定战略过程中,可供选择的方案越多越好。企业可根据对整体目标的保障、对员工积极性的发挥以及企业各部门战略方案的协调等实际需要,根据不同层次管理人员介入战略分析和战略选择工作的态度,将战略形成的方法分为三种形式:

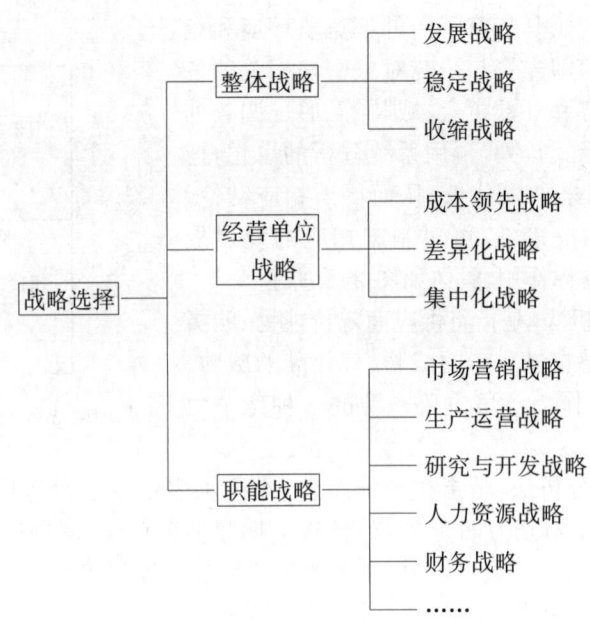

图 2-7　公司战略类型

（1）自上而下的方法。即先由企业总部的高层管理人员制定企业的总体战略，再由下属各部门根据自身的实际情况将企业的总体战略具体化，形成系统的战略方案。

（2）自下而上的方法。在制定战略时，企业最高管理层对下属各部门不作具体规定，要求各部门积极提交战略方案。企业最高管理层在各部门提交的战略方案基础上，加以协调和平衡，对各部门的战略方案进行必要的修改后加以确认。

（3）上下结合的方法。即企业最高管理层和下属各部门的管理人员共同参与，通过上下级管理人员的沟通和磋商，制定出适宜的战略。

企业设定战略目标后，各部门需要结合企业战略目标设定本部门战略目标，并将其具体化为一套与本企业可利用资源相匹配的关键财务及非财务指标的预测值。为各关键指标设定的目标（预测）值应与本企业的可利用资源相匹配，并有利于执行人积极有效地实现既定目标。

（五）战略实施

在企业的战略管理领域，战略制定并不是问题的关键，问题的关键在于战略实施。所谓战略实施，就是企业将其战略目标变成现实的管理过程。企业的战略目标不可能自然而然地实现，由此，企业应该加强战略管控，结合使用战略地图、价值链管理等多种管理会计工具方法，引导战略落地，将企业与战略实施相关的关键业务落实到流程中，确保企业高效实现战略目标。

企业的战略方案确定后，必须通过具体的实际行动，才能实现战略及战略目标。

一般来说，管理者可从三个方面推进战略的实施：

（1）制定职能策略，如生产策略、研究与开发策略、市场营销策略、财务策略等。在这些职能策略中要能够体现出策略推出步骤、采取的措施、项目和大概的时间安排等。

（2）构建企业的组织机构，以使组织机构能够适应所采取的战略，为战略实施提供一个有利的环境,同时需要考虑如何分配企业内的工作职责范围和决策权力,如企业的管理层次数目是高长型还是扁平型,决策权力集中还是分散,能否适应公司战略的定位。

(3)挑选合适的企业高层管理者来贯彻既定的战略方案,使得领导者的素质及能力与所执行的战略相匹配。人力资源关系到战略实施的成功与失败,因此采用什么样的人事制度来管理企业也是不可忽视的问题。

(六)战略评价和控制

战略落地并不意味着战略得到有效的实施。为了有效地实施战略,企业还需要借助战略评价与控制。所谓战略评价与控制,就是企业在战略实施过程中,通过检测战略实施进展情况,评价战略执行效果,审视战略的科学性和有效性,不断调整战略举措,以达到预期目标。

1. 战略评价

战略评价的目的是检测战略实施进展,评价战略执行情况,不断修正战略决策,以期达到预期目标。战略评价以考察企业战略为内在基础,通过比较预期与实际结果,制定纠偏措施,以保证行动与计划一致。其评价的内容主要包括战略的一致性评价、战略的恰当性评价、战略的可接受性评价、战略的可行性评价、战略的优势性评价。

在实际操作中,战略评估一般分为以下三个层次:

(1)事前评估,即战略分析评估,它是一种对企业所处现状环境的评估,其目的是发现最佳机遇。

(2)事中评估,即战略选择评估,它在战略的执行过程中进行,是对战略执行情况与战略目标差异的及时获取和及时处理,是一种动态评估,属于事中控制。

(3)事后评估,即战略绩效评估,它是在期末对战略目标完成情况的分析、评价和预测,是一种综合评估,属于事后控制。

2. 战略控制

在战略的具体化和实施过程中,为了达到预期目标,还要对战略进行控制,即将经过信息反馈回来的实际成效与预定的战略目标进行比较,如两者有显著的偏差,就应当采取有效的措施进行纠正。当原来分析不周、判断有误,或是环境发生了预想不到的变化引起偏差时,管理者应根据企业情况的发展变化和战略评价结果,对所制定的战略及时进行调整,以保证战略有效指导企业经营管理活动。

(七)战略调整

企业不能刻舟求剑,而应该根据环境的变化及时作出战略调整。所谓战略调整,就是企业根据其面临的环境的发展变化和战略评价结果,及时调整其制定的战略,以保证战略有效指导企业经营管理活动,与企业内外部环境相适应。战略调整通常包括调整企业的愿景、长期发展方向、战略目标和战略举措等。

战略调整受到企业核心能力、企业家的行为以及企业文化等因素的影响。企业核心能力的拥有及其利用不仅决定着企业活动的效率,而且还决定着企业或战略调整方向与线路的选择,这种选择在一定意义上说是经营者行为选择的直接映照。企业文化则对上述选择过程以及选择确定后的实施过程中人的行为产生重要影响。

【做中学 2-3】(多选题)战略管理程序包括( )。

A. 战略分析　　　B. 战略制定　　　C. 战略实施　　　D. 战略评价与控制

第二节 战略地图

一、战略地图的概念

企业战略不能有效落地实施是很多企业面临的棘手问题。其个中缘由包括多个方面,如战略制定好高骛远、脱离企业实际、企业能力不足等。但有一个重要原因,就是企业的战略往往过于空泛、不具可操作性,战略和日常运营"两张皮"。常见的情况是,企业战略规划制定出来以后束之高阁、无人问津了,几年以后再来审视,发现战略根本就没有执行,更谈不上执行效果。战略地图简单地说是一个描述企业战略的工具。根据《管理会计应用指引第101号——战略地图》的规定,战略地图是一种以财务层面、客户层面、内部业务层面和学习与成长四个维度确定的企业目标为核心,通过描述企业各个维度战略目标之间因果关系而绘制的可视化的战略因果关系图,不仅能实现管理者之间、管理者与员工之间的有效沟通,而且能促成各责任中心对战略达成共识。

当然,战略地图是一个开放性的框架,因此企业可以根据自身情况修改和调整各个维度的名称和内容。在设计战略地图时需要关注如下两个方面:一是通过战略地图的有关路径设计,有效使用企业各种资源,高效实现价值创造;二是通过战略地图实施将战略目标与执行有效绑定,引导各责任中心按照战略目标持续提升业绩,服务于企业战略实施。从战略地图的概念和设计要求可以看出,企业只有通过利用人力资本、信息资本和组织资本等无形资产(学习与成长),才能创新与建立战略优势和效率(内部流程),进而让市场(顾客)获得企业特定的价值,最终实现企业价值(财务目标)。战略地图要素关系如图2-8所示。

图2-8 战略地图要素关系

从战略地图的概念中,你领悟到的科学思维方法有哪些?

【做中学2-4】（多选题）下列各项中,属于战略地图层面的有(　　)。
A. 财务　　　　B. 客户　　　　C. 内部流程　　　　D. 学习与成长

二、战略地图的设计

(一)战略地图设计的基本程序

企业设计战略地图,一般按照确定战略财务目标、确定业务增长路径、确定客户价值主张、确定内部运营主题、确定学习与成长主题、确定战略资产准备和绘制战略地图七个环节进行。

1. 确定战略财务目标

首先,企业战略管理部门根据企业宗旨中阐明和确认的经营目的、企业使命,结合环境分析的结果,采取自上而下、自下而上或上下结合的方法,制定企业层的战略目标。然后,各部门需要根据这一目标设定本部门战略任务,并将其具化为一套包括利润、资源、生产、市场与员工报酬与激励等在内的财务关键指标。最后,企业战略管理部门分析企业财务指标现实值与财务指标目标值之间的差距,采用合适的业务增长方式,与本企业的可利用资源相匹配,同时这也有利于执行人积极有效地实现既定目标。

2. 确定业务增长路径

战略目标设定后,企业根据既定战略目标,对现有客户(服务对象)和可能的新客户以及新产品(新服务)进行深入分析,寻求业务改善和增长的最佳路径,提取业务和财务融合发展的战略主题。其中,财务方面的战略主题一般包括生产率提升、营业收入增长和打造成本优势、提高现有资产利用率、增加顾客机会和提高顾客价值等方面;而业务维度的战略主题主要包括增强客户体验、改善营销关系、提升品牌形象等。

3. 确定客户价值主张

要想实现业务增长目标,管理者就需要对现有的客户进行分析。确定客户价值主张是在对现有客户分析的基础上,从产品(服务)质量、技术领先、售后服务和稳定标准等方面确定、调整客户价值。客户价值维度的战略主题通常包括客户体验、双赢营销关系和品牌形象提升。

4. 确定内部运营主题

首先,管理者需要根据业务提升路径和服务定位,梳理业务流程及其关键增值(提升服务形象)活动,分析行业关键成功要素和内部营运渠道;其次,管理者从内部营运流程的营运管理流程、创新流程、客户管理流程、遵循法规流程等角度确定战略主题,并将业务战略主题进行分类归纳,制订战略方案。

5. 确定学习与成长主题

创新是企业的灵魂。同确定内部运营主题一样,企业应该根据业务提升路径和服务定位,深入分析创新和无形资源在价值创造过程中的独特作用,识别关键成功要素,从而确定学习与成长维度的战略主题;相应地在激励制度、信息系统和智力资本利用等方面确定创新与成长的战略主题。学习与成长维度的战略主题可以为财务维度、顾客维度、内部业务流程维度的战略主题及其关键绩效指标提供强有力的支撑。

6. 确定战略资产准备

企业在明确了财务、客户价值、内部营运流程,以及学习与成长四个维度的战略主题之后,就应该根据各个维度的战略主题,系统地对拥有各种资源(有形和无形)的匹配度进行深入分析,对各战略主题作资源配置。在这一过程中,管理者还需要关注企业的人力、信息、组织等资源在服务定位、客户定位,以及价值创造过程中的作用,从而充分发挥各种资源的效用。

7. 绘制战略地图

企业可应用平衡计分卡的四个维度(财务层面、客户层面、内部业务层面和学习与成长层面)绘制战略地图,展示企业的战略目标和实现战略目标的关键路径。

战略地图的具体绘制程序如下:

(1)确立战略地图的总体主题。总体主题是对企业整体战略目标的描述,必须清晰表达企业愿景和战略目标,并与财务维度的战略主题和关键绩效指标对接。

(2)根据企业的具体管理情境或管理需求,分别确定四维度的名称。将确定的四维度战略主题对应划入各自的战略地图,并用一个或多个关键绩效指标来描述相应的战略主题。

(3)将各个战略主题与关键绩效指标用路径线连接起来,形成战略主题与关键绩效指标相连的战略地图。

在实际绘制战略地图时,绘制人员还需要借助一定的战略分析方法来完成一些具体的工作。如在确定战略目标的过程中,可利用杜邦分析方法确定企业财务战略和达成财务战略的举措;在确定业务路径时,可借助产品多元化矩阵进行市场和客户细分,并提取市场的战略主题;在确定内部运营主题时,可运用行业关键因素分析和SWOT分析等工具。

根据上述程序绘制的战略地图是一幅企业整体的战略地图。如果企业觉得有必要,还可以进一步绘制企业所属的各个责任中心的战略地图。由于战略地图的篇幅有限,企业所属的各责任中心的战略主题、与关键绩效指标相对应的战略举措、资源配置等信息一般无法都绘制到一张图上,企业通常会以绘制对应关系表或另外绘制下一层级责任中心的战略地图等方式来展现战略因果关系。

【做中学2-5】(多选题)战略地图绘制的基本步骤包括( )。

A. 确定战略财务目标　　　　　　B. 确定业务增长途径
C. 确定客户价值主张　　　　　　D. 确定内部运营主题

(二)海王星辰连锁药店的战略地图举例

1. 海王星辰连锁药店的概况

海王星辰连锁药店(简称海王星辰)是一家大型上市药品零售连锁企业,业务以销售医药产品及健康相关产品为主。从成立到现在,海王星辰一直处于我国药品零售流通行业的第一梯队。通过不断的创新与改革,结合老百姓的消费特征和时代变化,海王星辰逐渐发展出了自己的经营特色,经营模式包括健康大药房和生活一站式购物平台等。

早在2009年海王星辰就设立了创新中心,以研究、设计、论证和推动实施公司在经营模式方面的持续创新,此后又成立健康食品事业部、母婴产品事业部、电子商务事业部、生活便利品事业部等部门,负责各品类采购并参与市场推广。公司在战略转型初期通过建立创新的组织保障,以避免顾此失彼,充分挖掘各品类潜力。

那么,海王星辰到底是如何利用战略地图这一工具,在激烈的市场竞争始终立于不败之地的呢?

2. 海王星辰战略地图绘制

第一,根据企业战略目标,设定财务目标,确定业务改善路径,提取业务与财务战略主题,绘制财务维度下的策略图。

围绕"持续强化连锁零售药店的领先地位"的战略目标,海王星辰对以下内容作了具体分析:一是实现企业价值的路径是提高盈利能力、增长收入还是加强资金链。二是在采取收入增长战略时,是提高收入基础还是保证定价能力。如果采用提升盈利战略,是维持成本领先还是提高现有资产的利用率;如果采用资金链战略,是拓展融资渠道还是优化资本结构。三是如果采取上述策略,企业有哪些关键举措。四是企业采取的关键举措会影响到顾客和内部营运层面的哪些方面。管理人员结合企业层的战略目标,利用杜邦分析方法,提出"做大做强"的财务战略目标;与此同时,确定了相应的财务战略主题,绘制出如图2-9所示的战略地图。

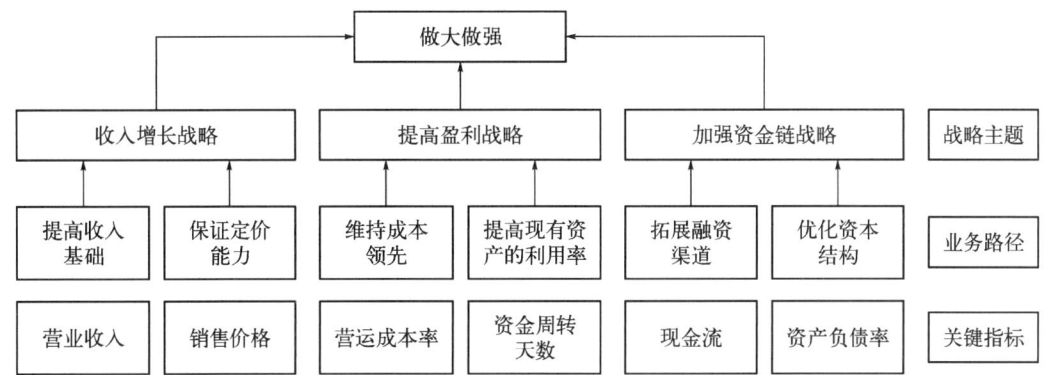

图 2-9 财务维度目标

从图2-9可以看出,海王星辰做大做强需要通过收入增长、提高盈利和加强资金链三个战略路径来实现。事实上,无论从零售行业的竞争规律来看,还是从当前我们零售医药行业的发展阶段来看,如果不能做大,那么做强也是非常困难的。所以海王星辰的首要选择是收入增长战略,需要在市场层面做足两方面的工作,分别是提高营业收入和保证销售价格。对于提高盈利战略,企业战略管理者设计了营运成本率和资金周转天数来衡量企业的盈利能力。针对加强资金链战略,企业设计现金流和资产负债率来衡量资金管理的效果。

【做中学2-6】(单选题)海王星辰战略地图财务层面最首要的战略主题是( )。
A. 收入增长战略　　　　　　B. 改善客户关系
C. 加强资金链战略　　　　　D. 提高盈利战略

第二,根据企业的财务目标,定位客户战略目标,确定业务路径,提取业务战略主题,绘制客户战略维度下的策略图。为了实现企业扩大收入规模的首要财务目标,管理者从提高市场份额和创造客户价值两个方面作了细致的分析,绘制了如图2-10所示的战略地图。

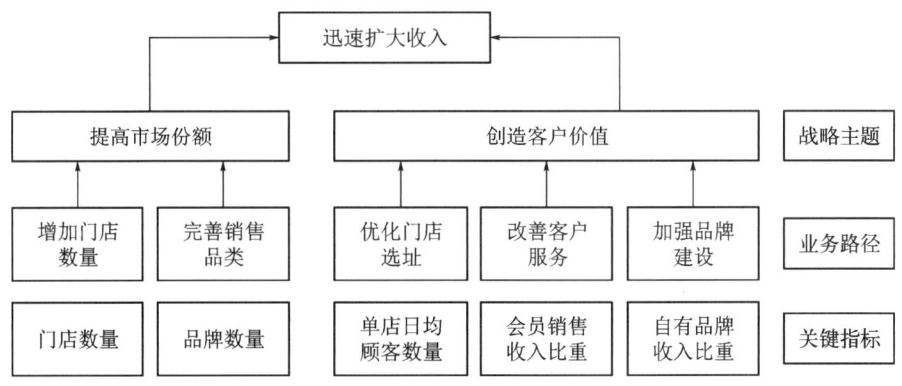

图 2-10 客户维度目标

从图2-10可以看出,为了实现提高市场份额的战略主题,海王星辰选择增加门店数量和完善销售品类两个路径,采用门店数量和品牌数量来衡量上述路径的效果。为了实现创造客户价值战略主题,企业选择优化门店选址、改善客户服务和加强品牌建设三条路径,采用单店日均顾客数量、会员销售收入比重、自有品牌收入比重来衡量战略目标实现程度。

【做中学2-7】(单选题)为了实现提高市场份额客户战略,海王星辰选择( )路径来实现。

  A. 增加门店数量和完善销售品类 B. 统一采购
  C. 建立配送中心 D. 拓展融资渠道

第三,财务和客户目标与指标在反映企业战略成果的同时,也有了一个明确实现目标的路径。在此基础上,企业开始制订内部战略实施方案。内部流程维度目标如图2-11所示。

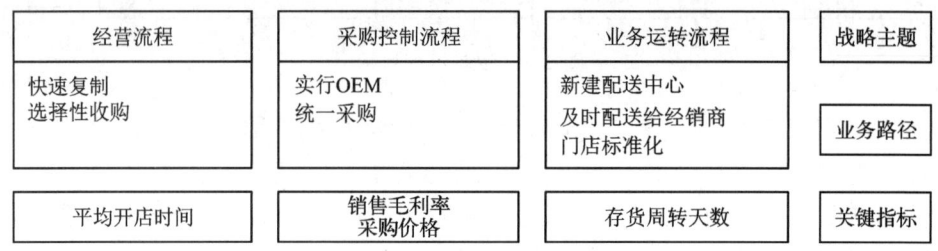

图2-11 内部业务维度目标

从图2-11可以看出,企业确定了经营、采购控制和业务运转三个关键流程。其中,经营流程直接与财务、客户层面的战略目标链接,而采购控制流程与业务运转流程源于提升盈利能力战略主题和维持成本领先的业务路径。为了支持战略目标,迅速扩大收入,企业设定了对应的关键衡量指标。

第四,战略地图的第四个维度是学习与成长维度,是一种与公司和员工长期成长和进步相关的目标。海王星辰的管理者经过认真分析,确定企业的资源配置,绘制学习与成长维度目标图(图2-12)。

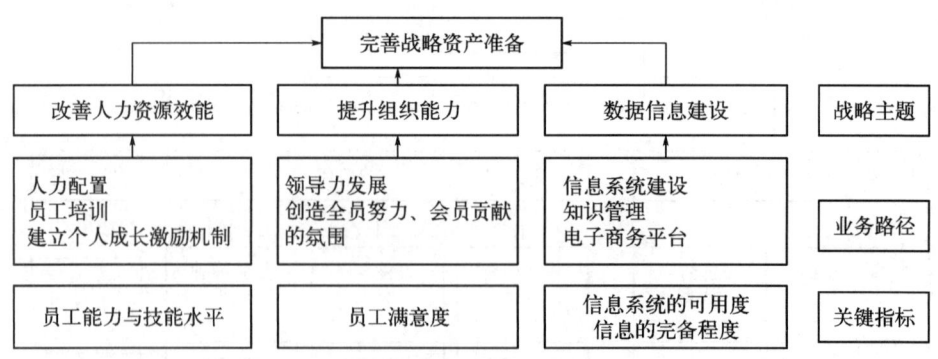

图2-12 学习与成长维度目标

从图2-12可以看出,海王星辰围绕着改善人力资源效能、提升组织能力、数据信息建设三个战略主题,设定建立个人成长激励机制、信息系统建设等多个方面的业务路径,并采用员工能力与技能水平、员工满意度和信息系统的可用度等关键指标来确定企业的资源配置。

第五,海王星辰战略管理者按照四个维度的战略目标和指标发展的逻辑顺序,整合成企业战略地图(图2-13)。

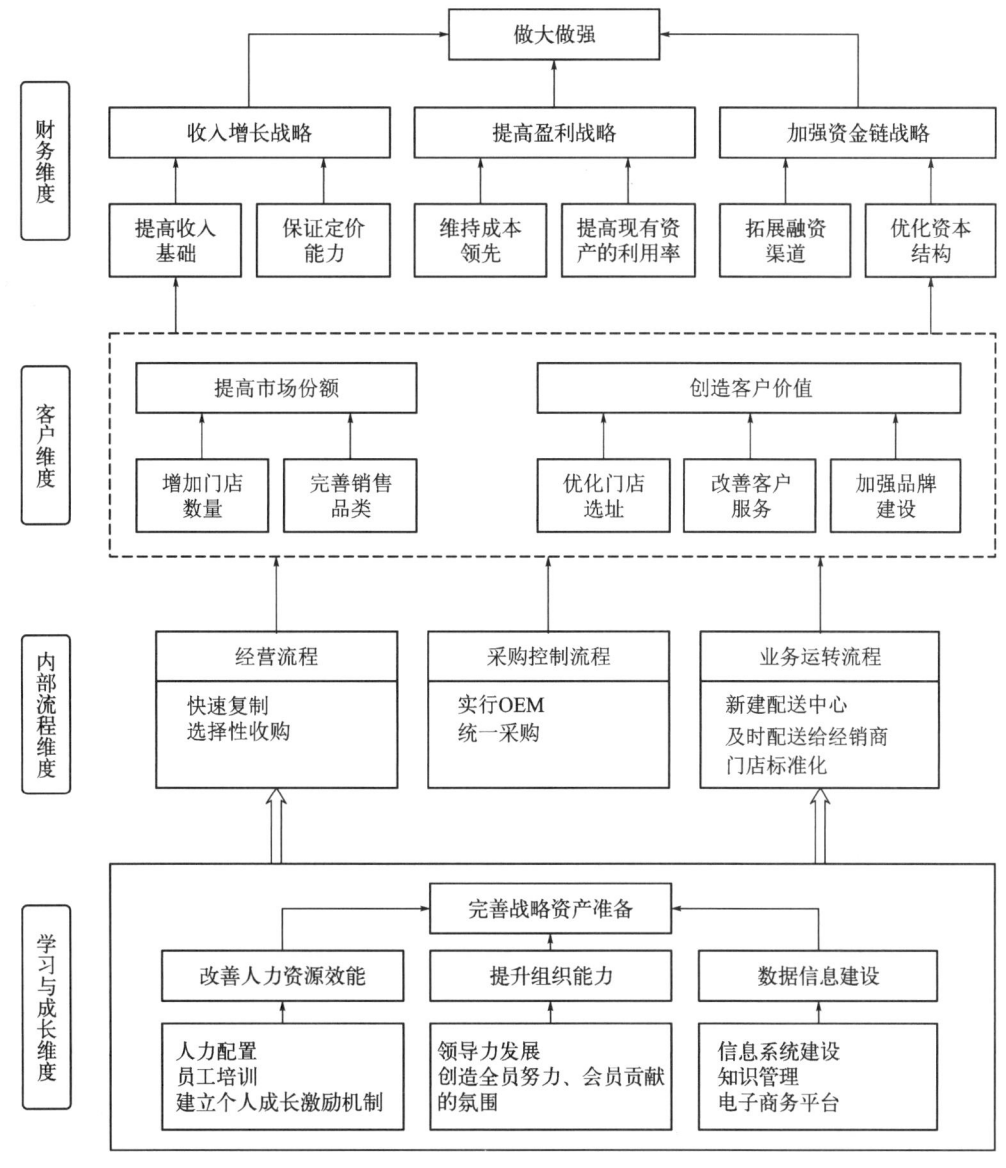

图 2-13 海王星辰战略地图

从图2-9至图2-13可以看出,海王星辰绘制的战略地图包括4个层面、11个战略主题、27个业务路径和27个关键指标。该战略地图在引入反映业绩信息的传统财务指标时,还引入了影响未来财务业绩的动因;而这些动因是用战略管理的工具,严格、清晰地进行了选取,并存在于客户、企业内部流程、学习和成长等层面。企业最后经过各业务途径,将战略目标灌输给员工;员工将自己的目标、实施战略和企业的战略目标联系在一起。这种精练、简明、易懂的方式将发展企业战略的关键信息迅速传播开来,使其在行业内占据领先地位。

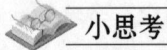 **小思考**

结合海王星辰公司战略地图的绘制过程,思考战略地图在企业管理中起了什么作用。

三、战略地图实施的步骤

战略地图实施是指企业利用管理会计工具方法,确保企业实现既定战略目标的过程。战略地图实施一般按照战略关键绩效指标设计、战略关键绩效指标责任落实、战略执行、执行报告、持续改善、评价与激励等程序进行。

(一)战略关键绩效指标设计

战略地图实施需要考核指标的引导。因此,企业在应用战略地图时,就应该设计一套可以使各个部门主管明确自身责任的考核指标,即进行战略关键绩效指标的设计。

(二)战略关键绩效指标责任落实

关键绩效指标设计之后,企业应对战略关键绩效指标进行分解,落实责任并签订责任书。具体可按以下程序进行:

(1)将战略关键绩效指标分解为责任部门的关键绩效指标。企业应该从最高层开始,将战略关键绩效指标先分解到各责任部门,再分解到责任团队。每一责任部门、责任团队或责任人都有对应的关键绩效指标,而且每个关键绩效指标都能找到对应的具体战略举措。为了便于实施战略管控并形成相应的报告,企业可以编制责任表,描述关键绩效指标中的权、责、利和战略举措之间的对应关系。每一责任部门的负责人可根据上述责任表,将关键绩效指标在本部门进行进一步分解和责任落实,层层建立战略实施责任制度。

(2)签订责任书。企业应在分解明确各责任部门关键绩效指标的基础上签订责任书。在各层级的责任书中,既有明确的权、责、利和一定时期内关键指标中的具体任务,又有与之对应的战略举措和奖惩制度,以督促各执行部门落实责任。责任书一般由企业领导班子(或董事会)与执行层的各部门签订。责任书应明确规定一定时期内(一般为一个年度)要实现的关键绩效指标(任务)、相应的战略举措及相应的奖惩机制。

(三)战略执行

企业应该以责任书签订的任务为基础,按责任部门的具体人员和团队情况,对任务和关键绩效指标进行进一步分解,并制定相应的执行责任书,进行自我管控和自我评价。同时,企业以各部门责任书和职责分工为基础,确定不同执行过程的负责人及协调人,并按设定的战略目标实现时间编制执行指引表,明确表达应采取的有效战略举措,保障关键绩效指标实现。

(四)执行报告

企业应编制战略执行报告,反映各责任部门的战略执行情况的好坏,分析目标与实际间的偏差。

(1)每一层级责任部门应向上一层级责任部门提交战略执行报告,以反映战略执行情况,制定下一步战略实施举措。

(2)战略执行报告一般可分为如下三个层级：①战略层（如董事会）报告，包括战略总体目标的完成情况和原因分析。②经营层报告，包括责任人的战略执行方案中相关指标的执行情况和原因分析。③业务层报告，包括战略执行方案所包含的具体任务的完成情况和原因分析。

(3)企业应该根据各个层级的战略执行报告，深入分析责任人的战略执行结果与既定目标是否存在偏差。如果存在偏差，还要具体分析产生偏差的原因，并提出纠正偏差的建议。

> **小思考**
> 发生偏差是设定的关键指标不当引起的，应如何纠偏？

（五）持续改善

企业应在对战略执行情况进行分析的基础上进行持续改善，不断提升战略管控水平。

(1)与既定目标相比，发现问题并进行改善。企业应根据战略执行报告，将战略执行情况与管控目标进行比对，分析偏差，及时发现问题，提出解决问题的具体措施和改善方案，并采取必要措施。在分析偏差时，企业需要回答如下几方面的问题：偏差是临时性的吗？关键绩效指标分解与执行是一致的吗？外部环境的变化是重大的吗？企业应在分析这些问题的基础上，找出发生偏差的根源所在，及时进行纠正。

(2)达成既定目标时，考虑如何提升。达成战略地图上所列的战略目标时，企业一般可考虑适当增加执行难度，提升目标水平，使战略制定与战略实施进入新的循环。

（六）评价与激励

从系统的角度看，评价与激励是战略实施的最后一个行为。这一环节主要评价战略的有效性如何和需要作出什么样的调整。企业应按照《管理会计应用指引第100号——战略管理》中战略评价的有关要求，通过对战略地图的有效性评价，帮助企业制定出调整的方向和策略，可按照《管理会计应用指引第600号——绩效管理》的有关要求进行激励，引导责任人自觉、持续地积极工作，有效利用企业资源，提高企业绩效，最终实现企业战略目标。

四、战略地图的利弊

（一）战略地图的优点

战略地图的主要优点是能够将企业的战略目标清晰化、可视化，并与战略的关键绩效指标和战略举措建立明确联系，可为企业战略实施提供有力的可视化工具。

（二）战略地图的缺点

战略地图的主要缺点在于战略地图涉及面非常广，需要多维度、多部门的协调，实施成本高，并且还需要与战略管控相融合。

战略地图的设计与实施堪称业财融合的典范，需要企业各个责任部门的通力合作。企业在实施战略地图时，务必充分评估其利弊。

【做中学 2-8】（多选题）战略地图的主要优点包括（　　）。

A. 能够将企业的战略目标清晰化

B. 能够将企业的战略目标可视化

C. 与战略关键绩效指标和举措建立明确联系

D. 为企业战略实施提供了有力的可视化工具

本章小结

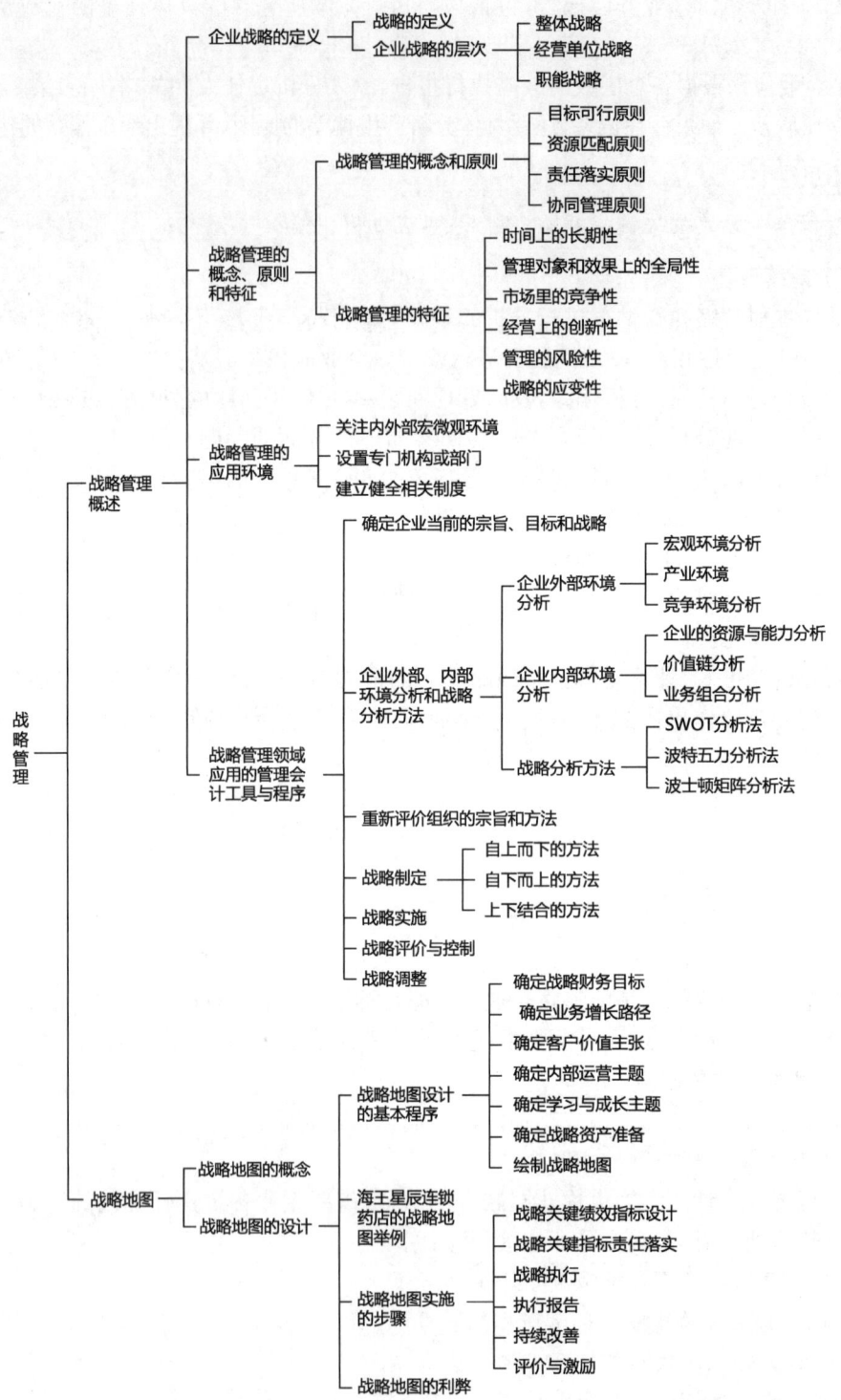

岗位·1+X证书·职称考试训练

一、单选题

1. "战略"一词源于(　　)。
   A. 军事　　　　　B. 企业管理　　　C. 政治　　　　　D. 外交
2. 下列关于战略资源匹配原则的说法中,正确的是(　　)。
   A. 有充足的资源　B. 统一筹划　　　C. 与各业务匹配　D. ABC均正确
3. 下列各项中,不属于战略管理特征的是(　　)。
   A. 不变性　　　　B. 创新性　　　　C. 长期性　　　　D. 全局性
4. 下列关于战略管理全局性特点的说法中,正确的是(　　)。
   A. 管理对象和效果的全局性　　　　B. 管理主体的全局性
   C. 管理环境的全局性　　　　　　　D. 管理效果的全局性
5. 分析企业的内部因素可以确定(　　)。
   A. 机会与优势　　B. 优势与劣势　　C. 机会与威胁　　D. 威胁与劣势
6. 下列关于企业愿景的说法中,正确的是(　　)。
   A. 可以把包括企业性质、特点和目标等在内的基本情况描述清楚,并能为企业战略制定与实施提供明确指向的方针
   B. 可以把企业未来发展的努力方向、长远目标,以及当前所实施的战略性质描述清楚
   C. 用来描述企业未来的发展方向
   D. 用来描述企业的长远目标
7. 下列项目中,不属于企业产业环境因素的是(　　)。
   A. 产品生命周期　　　　　　　　　B. 产业五种竞争力
   C. 成功关键因素分析　　　　　　　D. 研究与开发
8. 下列关于重新评价战略的说法中,正确的是(　　)。
   A. 是否符合实际　B. 是否需要修正　C. AB都正确　　　D. 企业宗旨和目标
9. 战略管理最关键的阶段是(　　)。
   A. 确定使命　　　B. 战略制定　　　C. 战略实施　　　D. 战略评价
10. 下列各项中,属于战略实施环节的是(　　)。
    A. 战略目标变成现实的管理过程　　B. 实施效果与目标比较
    C. 纠正偏差　　　　　　　　　　　D. 设定新目标
11. 下列各项中,属于战略地图顶层的是(　　)。
    A. 财务维度　　　　　　　　　　　B. 客户维度
    C. 内部流程维度　　　　　　　　　D. 学习与成长维度
12. 下列各项中,属于战略地图设计首要环节的是(　　)。
    A. 确定业务改进路径　　　　　　　B. 确定客户价值

  C. 设定战略目标   D. 确定内部业务流程
13. 企业可应用（ ）的四维度划分绘制战略地图，以图形方式展示企业的战略目标及实现战略目标的关键路径。
  A. 平衡计分卡 B. 杜邦分析法 C. SWOT 分析法 D. 经济增加值
14. 下列各项中，不属于海王星辰财务战略主题的是（ ）。
  A. 收入增长战略 B. 改善客户关系 C. 加强资金链战略 D. 提升盈利战略
15. 战略地图实施的首要环节是（ ）。
  A. 战略关键绩效指标设计   B. 战略关键指标责任落实
  C. 战略执行   D. 执行报告

二、多选题

1. 战略管理是一个包括（ ）等在内的一个动态过程。
  A. 方向选择   B. 目标确定
  C. 战略规划   D. 战略落实和最终战略评价
2. 下列各项中，属于战略管理原则的有（ ）。
  A. 目标可行原则 B. 资源匹配原则 C. 责任落实原则 D. 协同管理原则
3. 下列项目中，属于战略管理应用环境的有（ ）。
  A. 企业根据确定的愿景、使命分析   B. 需要对企业内外部环境分析
  C. 应设置专门机构或部门   D. 应建立健全战略管理相关制度
4. 战略分析可以采用的方法有（ ）。
  A. SWOT 分析法   B. 波特五力分析法
  C. 回归分析法   D. 波士顿矩阵分析法
5. 战略管理应用的外部环境包括（ ）。
  A. 政治环境 B. 竞争环境 C. 行业环境 D. 法律环境
6. 内部环境分析可以从（ ）方面展开。
  A. 企业的资源与能力   B. 价值链
  C. 作业成本分析   D. 业务组合分析
7. 下列各项中，属于制定战略方法的有（ ）。
  A. 自上而下制定   B. 自下而上制定
  C. 上下结合制定   D. 高层管理者直接制定
8. 下列项目中，属于战略调整的有（ ）。
  A. 调整企业的愿景   B. 长期发展方向
  C. 战略目标   D. 战略举措
9. 企业设计战略地图，一般按照设定战略财务目标、（ ）、进行资源配置、绘制战略地图等程序进行。
  A. 确定业务增长路径   B. 确定客户价值主张
  C. 确定内部运营主题   D. 确定学习与成长主题
10. 下列各项中，可以作为客户维度战略主题的有（ ）。
  A. 增加客户体验 B. 改善营销关系 C. 提升品牌形象 D. 提高资本回报率

11. 在资源配置环节,企业应关注(　　)。
    A. 人、财、物资源　　　　　　　　B. 服务定位
    C. 客户定位　　　　　　　　　　　D. 价值创造中的作用
12. 结合海王星辰的战略地图,可以作为客户层面战略考核指标的有(　　)。
    A. 门店数量　　　　　　　　　　　B. 单店日均顾客数量
    C. 会员销售收入比重　　　　　　　D. 自有品牌收入比重
13. 战略执行报告包括(　　)。
    A. 战略层(如董事会)报告　　　　　B. 经营层报告
    C. 业务层报告　　　　　　　　　　D. 客户层报告

三、判断题

1. 战略是企业从全局考虑而作出的长远性的谋划。　　　　　　　　　　　　　(　　)
2. 企业战略一般分为三个层次,包括总体战略、竞争战略和职能战略。　　　　(　　)
3. 公司战略常常涉及整个企业的财务结构、管理结构和组织结构方面的问题。(　　)
4. 只有对业务多元化的公司来说,总体战略和业务单位战略的区分才有意义。(　　)
5. 目标可行原则只要求长期目标与短期目标的有效衔接即可。　　　　　　　(　　)
6. 战略目标只包括市场地位和竞争地位。　　　　　　　　　　　　　　　　(　　)
7. 企业的财务资源、人员技能、研究开发等属于内部环境。　　　　　　　　(　　)
8. 企业战略管理一般按照战略制定、战略分析、战略实施、战略评价和控制、战略调整等程序进行。　　　　　　　　　　　　　　　　　　　　　　　　　　　　　　　　(　　)
9. 宏观环境、产业环境、竞争环境和市场需求状况等属于企业内部环境。　　(　　)
10. 企业宏观环境因素可以概括为四类,即政治和法律因素、经济因素、社会和文化因素和技术因素。　　　　　　　　　　　　　　　　　　　　　　　　　　　　　　　　(　　)
11. 分析环境的目的在于发现机会与威胁。　　　　　　　　　　　　　　　　(　　)
12. 企业资源主要包括有形资源和无形资源。　　　　　　　　　　　　　　　(　　)
13. 战略制定是指企业根据确定的愿景、使命和环境分析情况,选择和设定战略目标的过程。　　　　　　　　　　　　　　　　　　　　　　　　　　　　　　　　　　(　　)
14. 战略实施就是指将企业的战略目标变成现实的管理过程。　　　　　　　　(　　)
15. 企业层的战略目标既包括财务关键指标,也包括遵守法规和社会责任等在内的非财务关键性指标。　　　　　　　　　　　　　　　　　　　　　　　　　　　　　　(　　)
16. 战略地图是指为描述企业各维度战略目标之间因果关系而绘制的可视化的战略因果关系图。　　　　　　　　　　　　　　　　　　　　　　　　　　　　　　　　(　　)
17. 战略地图通常以会计、客户、内部业务流程、学习与成长四个维度为主要内容,通过分析各维度的相互关系,绘制战略因果关系图。　　　　　　　　　　　　　　　　(　　)
18. 企业战略管理部门根据确定的愿景、使命和环境分析情况,采取自上而下、自下而上或上下结合的方法,制定企业层的战略目标。　　　　　　　　　　　　　　　　(　　)
19. 企业应编制战略财务报告,反映各责任部门的战略执行情况,分析偏差原因,提出具体管控措施。　　　　　　　　　　　　　　　　　　　　　　　　　　　　　　(　　)
20. 企业应在分解明确各责任部门关键绩效指标的基础上签订责任书,以督促各执行部门

落实责任。（ ）
21. 企业应从最高层开始，将战略关键绩效指标分解到各责任部门，再分解到责任团队。
（ ）
22. 战略地图的主要缺点是，需要多维度、多部门的协调，实施成本高。（ ）

四、1+X 证书训练

任务目标

1. 能够掌握战略地图在企业中的作用，以及财务维度、客户维度、内部流程维度和学习与成长维度之间的关系。

2. 能够根据背景材料绘制完整的战略地图。

任务背景

一、企业战略背景

（一）基本情况

福林阿胶是从事阿胶系列产品研发、生产和销售的制造业企业，下设多个部门。企业自创建以来，依据自身所处环境，整合各项社会资源，强化市场分析，组建专业营销团体，开拓市场，加快发展，赢得了良好的口碑和信誉。企业未来将针对市场环境的变化以及多样的需求，继续专注于产品研发，进一步强质量、抓创新、树品牌、提效益，在满足消费者健康需求的同时实现自身稳健发展。

（二）企业战略

企业愿景为"让福林阿胶名动世界"，当前的战略目标为销售收入突破4亿元，净利润突破5 000万元。为实现战略目标，企业坚定推进"两手抓"战略体系，一手抓销售——洞悉市场、苦练内功、建立专业营销团队、打造品牌专业度、提高品牌影响度；一手抓产品——独特的产品特点、更好的产品质量、创新的产品体系。

（三）存在的问题

（1）战略贯彻落实不力，无法全面支撑企业快速发展。企业分析内外部环境，制定了合理的战略规划，但战略缺少一系列工作支持，具体表现在：企业数字化精益管理体系虽然已经成型，但研发、生产、销售、采购等之间的逻辑性、贯通性还需要进一步完善；年度绩效的关键绩效指标、重点工作等战略细化、落实能力不足；企业基层员工对战略的理解认识不到位；战略牵引能力需要进一步加强。

（2）战略对内外部环境不能及时作出有效反应。在市场环境、目标消费者和企业自身的实力发生重大变化时，企业战略对环境的适应能力有所欠缺，无法及时作出调整。

（四）应对措施

1. 设立战略管理组织部。

福林阿胶设立战略管理组织部，整个组织部向董事会负责，由总经理担任组织部部长，组织成员为销售部、生产部、采购部、人力资源部、财务部和仓储部等部门主要负责人，主要职责为：企业战略的编制和调整；及时上报编制或更新的战略、战略地图和平衡计分卡；对战略实施进行评估。

战略管理组织部负责完成整个战略地图的编制、更新等基本工作。

2. 绘制战略地图。

企业需要直观描述各维度之间的逻辑关系,面向各个部门和基层员工解释企业战略,使战略转化为大家都理解的语言,并将各类资源聚焦到企业发展需要的重点领域。战略地图能够将企业的战略目标清晰化、可视化,并与战略 KPI 和战略举措建立明确联系,为企业战略贯彻实施提供有力的工具。为提高战略的执行力,福林阿胶决定让战略地图在战略管理中发挥导向作用。

二、企业战略会议记录

(一) 确定目标

1. 财务维度目标。

销售收入突破 4 亿元,净利润突破 5 000 万元。

2. 客户维度目标。

客户流增长率为 30%,客户满意度上升为 100%。

3. 内部流程维度。

产能利用率达到 80%,产品合格率达到 100%。

4. 学习与成长维度。

人员流动率达到 10%,2020 年完成 13 次培训。

(二) 行动计划

在战略管理组织部组织的会议上,组织成员针对企业战略管理分别发表了意见,并提出具体的实施措施,由部长秘书进行整理,具体观点如下。

A. 加强品牌建设和品牌影响力。

品牌就是知名度,企业有了知名度就有了凝聚力和扩散力。企业品牌不仅可以吸引人才,更重要的是可以提升消费者的认知度,拉动消费,提升产品的市场占有率,带来更大的经济效益。

B. 调整业务架构,增加收入。

业务架构相当于企业的运营模式。有效的业务架构可以支撑业务的发展,节省成本,增加收入,对企业的成功发展至关重要。

C. 创新产品科技,深化技术改革。

创新是发展的动力,产品创新可助力企业发展。产品创新可以提升产品的竞争力,拓宽市场,为企业树立良好品牌。

D. 强化质量体系建设。

质量好的产品有市场、有效益;反之,质量差的产品则卖不出去。福林阿胶的立足之本是阿胶类产品,其产品质量必须过关,才能提高市场的认可度,强化质量体系建设是企业最重要的任务之一。

E. 加强激励、约束机制。

激励企业员工可以提高员工的积极性、创新性,增加员工对企业的认可度。通过对企业员工进行约束,可以提高员工的个人素质,降低员工的犯错率,减少不必要的浪费。

F. 提高供应商管控能力。

供应商是造就企业竞争力的有效手段,加强供应商的管理可以缩短交货期,提高产品质量,降低成本,提升企业在市场竞争中的应变能力。

G. 完善客户满意度评价体系,提升客户满意度。

客户满意度评价体系有利于企业获得产品市场销售情况的一手资料,从产品和管理两个方面入手,及时调整修改。客户满意度越高,越有利于提升客户忠诚度,对企业发展大有裨益。

H. 降低成本消耗。

企业要发展,就必须苦练内功,采取各种措施降低成本,以低于竞争对手的成本进行生产经营,增加利润,提升经济效益,让企业在竞争中处于优势地位。

任务要求

1. 根据任务背景,把任务背景中行动计划的 A～H 选项分别填入任务表 2-2 中(填写字母 A～H 即可)。

2. 每个维度对应的行动计划选项个数是不确定的。

3. 在填写任务表格时,注意若同一维度有多个选项,选项之间不要用符号隔开,连续填写字母选项即可。比如,若财务维度中有多个行动计划选项,在任务表格中直接填写 ABC 即可,不要填写 Ａ Ｂ Ｃ 或 A、B、C 这种符号隔开的格式。

表 2-2　　　　　　　　　　公司战略行动计划表

指标维度	战略目标	指标	目标值	行动计划
财务维度	收入突破 4 亿元,净利润突破 5 000 万元	销售收入(元)	400 000 000	
		净利润(元)	50 000 000	
客户维度	增加客户流量,扩大目标人群,创造客户价值	客户流增加率	30%	
		客户满意度	100%	
内部流程维度	优化内部业务,增强价值创造能力	产能利用率	80%	
		产品合格率	100%	
学习与成长维度	人文关怀、制度施压	人员流动率	10%	
		培训场次(次)	13	

第三章　预 算 管 理

案例导入

H公司是一家信息服务共享公司,该公司的预算管理,原先主要集中在费用预算以及资产预算方面。H公司预算管理的目标是控制期间费用、管理费和财务费用,在收入、成本波动不大的情况下,保持期间费用与往期持平甚至是降低。而资产预算的目标主要是在满足业务需要的情况下,降低资本性支出。

该公司领导通过预算管理学习培训后发现全面预算管理是一种系统的管理,全员参与、全面控制、全程管理是它的特点。所以,它的实施需要公司全体部门参与,更需要公司管理层足够重视并带头加以推进。

该公司以总经理为领导,以各职能部门经理为成员成立预算管理委员会,负责讨论总预算目标并向各部门分解,汇总、完成公司预算编制,协调各部门预算编制、执行中的问题,分析和考核各部门预算情况。

H公司通过自上而下的全员参与、控制、监控和完善改进,建立起一套完善、可实施、有企业自身特色的预算管理体系,提高了公司的管理水平和业务水平,最终可以帮助公司实现战略目标,保证公司的可持续发展。

资料来源　自编案例。

请思考　什么是全面预算?预算管理的流程体系是什么?本章我们就来学习预算管理的相关内容。

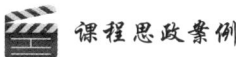

节能减排,"双碳"未来

2022年8月,科技部、国家发展改革委、工业和信息化部等9部门印发《科技支撑碳达峰碳中和实施方案(2022—2030年)》,统筹提出支撑2030年前实现碳达峰目标的科技创新行动和保障举措,并为2060年前实现碳中和目标做好技术研发储备。

碳达峰是指全球、国家、城市、企业等主体的碳排放在由升转降的过程,碳排放的最高点即为碳峰值。绝大多数发达国家已经实现碳达峰,碳排放进入下降通道。我国目前碳排放虽然比2000—2010年的快速增长期增速放缓,但仍呈增长态势,尚未达峰。碳中和即净零排放,狭义指二氧化碳排放,广义也可指所有温室气体排放的净零排放,碳中和要求人为排放源与通过人为方式进行的林业管理碳汇、碳捕获与封存(CCS)技术等吸收会达到平衡。碳中和目标可以设定在全球、国家、城市、企业、活动等不同层面。

大幅减排和实现碳中和,又是生态文明建设的重要抓手。从传统工业化模式向生态文明绿色发展模式转变,是一个"创造性毁灭"的过程。在这个过程中,新的绿色供给和需求在市场中"从无到有",非绿色的供给和需求则不断被市场淘汰。中国采取大力减排行动,为加快这种转变建立了新的约束条件和市场预期。全社会的资源朝着绿色发展方向有效配置,绿色经济就会越来越有竞争力,生态文明建设进程就会加快。结合案例资料分析预算管理的重要性和做好预算管理的方法。

资料一:近年来我国经济稳步持续发展,取得了举世瞩目的成绩,与之对应的是资源与能源过度的开发和消耗所引起的环境污染和生态系统退化问题,严重影响了人们的生活和生产活动,环境治理和节能减排迫在眉睫。在国家政策压力和媒体宣传的影响下,很多企业作为社会经济发展的重要参与者和推动者,对节能减排的态度也发生了根本性变化:从开始的抵触到理解,最终转变为支持。

从市场供求角度,节能减排在生产经营方面对企业效益的影响主要体现在三个方面:生产的经济外部性、节能管理制度(程序)和技术公共物品性、客户的节能消费偏好。这三个方面短期内虽然影响企业增加了生产经营成本,但长期来看,可以帮助企业提升经济效益和社会效益,其中,在社会效益上可获得大众认可,扩大品牌认知度,提升企业形象,在经济效益上可以提高客户的忠诚度,增加市场占有率。

资料二:碳预算是南钢公司预算管理体系中的一项专门预算。碳预算管理机构设置以企业原有的预算管理体系为基础,添加与碳预算有关的管理机构,最后对预算管理机构进行更新重置。

南钢公司碳预算管理的关键环节是预算方案的编制。预算目标是企业进行方案编制的起点,且预算的控制和执行以分解目标为基础。碳交市场具有较大的价格风险,且预算方案可能存在不完善之处,因此,南钢公司的预算编制主要采用滚动、弹性和零基预算三的方式。此外,碳预算编制要保证预算的合理性、管理部门的权力制衡和企业内信息的充分交流。南钢公司的低碳发展战略规划由低碳发展委员会提出,由董事会审议,审议通过后量化分解低碳战略,形成初期的预算方案;根据预算方案制定预算目标;预算管理部门收到初期预算方案后,对方案进行指标分解,作为编制详细碳预算方案的依据;预算管理委员会审核碳排放管理部门编制的详细碳预算方案,审核通过后,碳预算管理部门汇总碳预算的生产及财务等信息,最终编制完整、全面的预算方案。南钢公司将碳预算与企业业务财务等进行有机结合,保证碳预算方案的顺利编制,使预算管理既有深度,又有广度。

诸多企业积极开展碳减排工作是因为碳交易收益丰厚。在进行预算管理的过程中,南钢公司结合自身实际发展状况设定碳减排收益目标,并通过企业的碳排放需求量预估企业是否买入或者卖出碳排放权,有利于降低不能及时履约的风险和价格风险,并起到了提高企业开展碳减排活动的积极性的作用。

资料来源

[1] 巢清尘.碳达峰和碳中和的由来[EB/OL].(2021-09-10)[2023-07-02]. https://https://www.xakpw.com/single/20256.

[2] 王松.经济学视角下节能减排与企业效益关系分析[J].经济师,2018(1).

[3] 郑普.碳预算管理体系构建及应用——以钢铁企业为例[J].财会通讯,2020(06).

[4] 朱皑绿、邓轶群.零基预算应用案例:零基预算法给行业带来哪些影响?[EB/OL].(2022-03-16)[2023-07-02]. https://caifuhao.eastmoney.com/

news/20220316130917671026110.

请思考 节能减排给企业带来了什么样的影响？企业应如何通过预算管理进行节能减排？

知识目标

1. 理解预算的分类、预算体系的构成。
2. 掌握预算编制的基本方法。
3. 掌握全面预算的编制。

思政目标

1. 培养学生严谨细致的工作素养。
2. 培养学生作好职业规划。

典型工作任务

1. 能区分管理会计工具方法。
2. 能应用预算编制方法完成业务预算的编制。
3. 能应用预算编制方法完成财务预算的编制。

第一节 预算管理概述

一、预算管理的概念

预算是以货币为计量手段，将决策的目标具体、系统地反映出来的过程。预算管理是指企业以战略目标为导向，通过对未来一定期间内的经营活动和相应的财务结果进行全面预测和筹划，科学合理配置企业各项财务和非财务资源，并对执行过程进行监督和分析，对执行结果进行评价和反馈，指导经营活动的改善和调整，进而推动实现企业战略目标的管理活动。

企业进行预算管理时，一般遵循战略导向原则、过程控制原则、融合性原则、平衡管理原则和全变性原则。

 知识链接

预算管理的内容主要包括经营预算、专项决策预算和财务预算，各项预算的有机组合构成企业总预算，也就是全面预算。

二、预算管理的工具方法和程序

预算管理的内容共同构成了全面预算。全面预算主要包括经营预算、投资预算、筹资预算和财务预算等，内容比较复杂。进行预算管理需要采用适当的管理会计工具方法，一般包括滚动预算、零基预算、弹性预算、作业预算等。企业可根据其战略目标、业务特点和管理需要,结合不同工具方法的特征及适用范围,运用恰当的工具方法。

企业应用预算管理工具方法,一般按照预算编制、预算控制、预算调整、预算考核等程序进行。

1. 固定预算和弹性预算

编制预算的方法按其与业务量的关系不同,分为固定预算和弹性预算。

固定预算又称静态预算,是把企业预算期的业务量固定在某一预计的水平上,以此为基础来确定其他项目预计数的预算方法。也就是说,只有预计业务量与实际业务量一致或者相差很小时,以固定预算法编制预算才比较合适。然而在实际工作中,预算业务量与实际业务量相差较远时,各预算项目的实际数与预算数就失去了可比的基础。因此,固定预算存在过于机械呆板和可比性差的缺点,适用于业务量水平较为稳定的企业或非营利组织。

3.1 固定预算和弹性预算法

弹性预算又称动态预算或变动预算,是指企业在分析业务量与预算项目之间数量依存关系的基础上,分别确定不同业务量及其相应预算项目所消耗资源的预算编制方法。其优点是考虑了预算期可能的不同业务量水平,更贴近企业经营管理实际情况,有利于企业进行经营管理。其缺点是编制工作量大且企业很难对市场及其变动趋势作出准确预测。该方法适用于市场、产能等存在较大不确定性的企业。

2. 零基预算和增量预算

编制预算的方法按其编制基础不同,分为零基预算和增量预算。

零基预算又称零底预算,是指企业不以历史时期经济活动及其预算为基础,以零为起点,一切从实际需要和可能出发分析预算期经济活动的合理性,经综合平衡,形成预算的预算编制方法。其优点是以零为起点编制预算,剔除历史期经济活动的不合理因素,科学分析预算期经济活动的合理性,预算编制更贴近预算期企业经济活动需要;此外,零基预算强调全员参与,有利于达成预算期企业运营共识,提高企业管理水平。零基预算的缺点是预算编制工作量较大、成本较高;预算编制的准确性受企业管理水平和相关数据标准准确性影响较大。该方法适用于所有企业各类预算的编制。

3.2 零基预算与增量预算法

增量预算又称调整预算,是指以历史期实际经济活动及其预算为基础,结合预算期经济活动及相关影响因素的变动情况,通过调整历史期经济活动项目及金额,形成预算的编制方法。其编制比较简单,但以过去水平为基础,即认为过去是合理的,保留了原有的成本项目,容易造成预算不足。

视野拓展 零基预算法给行业带来哪些影响?

近些年来,零基预算法受到了许多大型广告主的青睐。早在 2016 年年初,联合利华就推出了零基预算法,并在泰国使用,将所在地区整体支出减少了 2 个百分点。

在过去的几年里,宝洁、卡夫、亿滋国际、家乐氏、可口可乐公司都采用了零基预算法。根据贝恩市场咨询的调查,38% 的美国公司 2016 年采用了零基预算法,如 3G 资本就在亿滋国际、金宝汤等公司实践了这种零基预算法。这个比例在 2014 年只有 10%。

此外，越来越多的欧洲公司，包括百威英博、帝亚吉欧等也开始效仿使用零基预算法。该方法的应用主要集中在食品饮料等快消品行业。法国酒业集团保乐力加也已经在特定的项目和地区使用零基预算法，该公司并非每年都采用零基预算法，只有在考虑到公司必须"提供更多价值"的时候才会这么做。

首先，广告主采取零基预算法无非就是为了解决成本控制问题。在全球经济整体疲软、各大品牌巨头自身业务收入增长乏力的情况下，减少广告预算就成了这些大品牌的不二之选。

其次，高广告成本与低营销回报之间长期不对等。在自身增长乏力的背景下，一直存在的高额广告成本与低额的广告效益之间的不对等问题就显得愈发突出。高投入与低回报之间的矛盾爆发，使得广告主开始重新审视广告投放的作用。零基预算法能够一定程度上让广告主知道究竟怎么花钱、将钱花在哪里，为广告营销提供更高的透明度。

最后，零基预算法也是广告主面对快速变化的营销环境采取的重要举措。在快速变革的营销环境中，新型广告模式层出不穷，广告投放的渠道、平台变得多样化，广告购买形式也在不断更新，随之而来的广告报价体系和KPI监测方式都有所不同，因此，采用零基预算法可以让广告主以新需求为基准，按效果更灵活地调整预算，推进营销项目的发展。

零基预算法一般都是与收紧开支、削减成本紧密联系在一起的。那么整体而言，零基预算法将给行业带来哪些影响呢？

1. 对广告主的影响

作为零基预算法的发起者，广告主的主要目的就是通过控制预算，削减营销开支成本，严格审查每一次投放，以期获得更高效的营销回报。

目前，零基预算法多在公司面临成本削减压力时采用。但若只是由于成本削减压力就部署零基预算，公司会面临双重风险：可能会在削减促进增长的成本的同时，损害客户体验。

另外，从长期来讲，愿意投资自己品牌的客户会赢得市场。业内有观点认为，零基预算法往往是周期性的，许多公司在度过削减预算时期后，便会加大营销投入以驱动增长。零基预算法用一次会有效果，但长此以往，广告主也可能很难从代理商处获得足够优质的服务。

2. 对媒体和广告公司的影响

采用零基预算法意味着广告主与媒体和广告公司过去的合约期会进一步缩短，由此，一方面，媒体和广告公司需要重新向公司证明自己的价值，证明广告主的投放是正确的。而这能够让优质、有实力的媒体和广告公司获得更多资源，推动行业中的其他媒体和广告公司不断提升服务水平和质量，从而逐步提升整个行业的服务水平。另一方面，这也将为媒体和广告公司的业务带来很大冲击。以全球最大的广告集团WPP为例，其来自联合利华的业务占到了营业收入的3%。联合利华精简预算的消息一出，WPP集团的股价下跌4.4%。在2017年财务报告发布之后，WPP创始人马丁·索里尔（Martin Sorrell）将2017年集团业绩不振的重要原因归咎于"零基预算"。

资料来源 朱皓绿，邓轶群. 零基预算应用案例：零基预算法给行业带来哪些影响？

[EB/OL]. (2022-03-16)[2023-07-02]. https://caifuhao.eastmoney.com/news/20220316130917671026110.

3. 定期预算和滚动预算

编制预算的方法按其预算期内起止时间特征不同,分为定期预算和滚动预算。

定期预算是指在编制预算时,以不变的会计期间(一般以会计年度)作为预算期的一种预算编制方法。其优点是预算期间和会计期间相配合,便于考核和评价预算的执行结果;缺点是远期指导性差、灵活性差和连续性差。

滚动预算是指企业根据上一期预算执行情况和新的预测结果,按既定的预算编制周期和滚动频率,对原有的预算方法进行调整和补充,逐期滚动,持续推进的预算编制方法。该方法的优点是能保持预算的完整性和连续性,从动态的预算中,有效把握企业营运,强化预算的决策和控制职能;缺点是预算滚动的频率越高,对预算沟通的要求就越高,预算编制的工作量就越大,另外,过高的滚动频率容易增加管理层的不稳定感,导致预算执行者无所适从。

4. 作业预算

作业预算又称作业基础预算,是在传统预算方法的基础上,结合全面质量管理、作业成本法和作业管理的理念设计的一种新的预算管理方法。作业预算是在作业管理基础上确保资源和资本的分配与作业管理的要求相一致而编制预算的方法。其优势在于,它能使成本与作业活动之间的联系更明确,规划过程更精准,预算修正更有效。

三、预算管理的应用环境

企业实施预算管理的应用环境包括战略目标、业务计划、组织架构、内部管理制度和信息系统等。

 **小思考**

企业应如何从内部环境建立预算管理的应用环境?

知识链接　　**预算管理的应用环境**

企业可设置预算管理委员会等专门机构组织、监督预算管理工作。该机构的主要职责包括:审批公司预算管理制度、政策,审议年度预算草案或预算调整草案并报董事会等机构审批,监控、考核本单位的预算执行情况并向董事会报告,协调预算编制、预算调整和预算执行中的有关问题等。

预算管理的机构设置、职责权限和工作程序应与企业的组织架构和管理体制互相协调,保障预算管理各环节职能衔接,流程顺畅。

企业应建立健全预算管理制度、会计核算制度、定额标准制度、内部控制制度、内部审计制度、绩效考核和激励制度等内部管理制度,夯实预算管理的制度基础。此外,企业应充分利用现代信息技术,规范预算管理流程,提高预算管理效率。

第二节 全面预算编制

一、经营预算

经营预算又称业务预算、营业预算,是预算期内企业日常生产经营活动的预算,主要包括销售预算、生产预算、直接材料预算、直接人工预算、制造费用预算、产品成本预算、期末存货预算、销售成本预算、销售及管理费用预算、预计其他现金支出预算等。

1. 销售预算

销售预算是用来规划预算期各主要产品的销售量与销售额的计划。它是整个预算的编制起点,其他预算的编制都以销售预算为基础。销售预算需要在销售预测的基础上,根据企业年度目标利润确定的预计销售量和销售价格等参数进行编制。预计销售收入的计算公式如下:

$$预计销售收入 = 预计销售量 \times 预计销售单价$$

一般情况下,销售预算分别按产品的名称、数量、单价、金额等进行编制。在实际工作中,产品销售往往不是现购现销的,可能产生较大数额的应收账款。所以,销售预算通常还包括预计现金收入的计算,其目的是为编制现金预算提供必要的资料。

【**例 3-1**】 某公司生产和销售甲机械零件,公司预计 2023 年销售产品 4 600 件,其中第一季度 800 件,第二季度 1 100 件,第三季度 1 500 件,第四季度 1 200 件。产品销售单价为 1 200 元。收款条件为各季度货款应在当季支付 60%,其余 40% 在下季度付讫。不考虑坏账因素,2022 年年底该公司应收账款 500 000 元预计在 2023 年第一季度结清。

要求:编制 2023 年度销售预算表。

根据资料,编制 2023 年度销售预算表,如表 3-1 所示。

表 3-1　　　　　　　　　2023 年度销售预算表

金额单位:元

项目		第一季度	第二季度	第三季度	第四季度	全年
预计销售量(件)		800	1 100	1 500	1 200	4 600
预计单位售价		1 200	1 200	1 200	1 200	1 200
预计销售收入		960 000	1 320 000	1 800 000	1 440 000	5 520 000
预计现金收入	期初应收账款	500 000				500 000
	第一季度	576 000	384 000			960 000
	第二季度		792 000	528 000		1 320 000
	第三季度			1 080 000	720 000	1 800 000
	第四季度				864 000	864 000
	现金收入合计	1 076 000	1 176 000	1 608 000	1 584 000	5 444 000

> **小思考**

有哪些因素会影响销售预算?

【做中学3-1】 某企业只生产和销售一种产品,2023年度预计四个季度销售量分别为1 000件、1 500件、2 000件和1 500件。销售单价为75元。收款条件为各季度货款应在当季支付40%,其余60%在下季度付讫。不考虑坏账因素,2022年第四季度销售货款为40 000元。

要求:编制2023年度的销售预算表。

2. 生产预算

生产预算是用来规划预算期各主要产品的生产数量的预算。生产预算根据预计的销售量,并考虑预计期初存货和预计期末存货量进行编制。预计生产量的计算公式如下:

$$预计生产量 = 预计销售量 + 预计期末存货量 - 预计期初存货量$$

生产预算一般只确定计划预计生产量,不涉及成本金额。通常企业在生产时除了满足销售数量,还需要设置一定的存货以保证出现意外需求时按时供货,从而做到均衡生产,节省赶工付出的额外开支。

【例3-2】 承[例3-1],该公司预计,为保证供货的连续性,预算期内各季度的期末产品库存量应达到下期销售量的20%。公司预计年末的产品库存与年初保持一致水平,约为200件,其中上年年末产品单位成本为1 000元。

要求:编制2023年度生产预算表。

根据资料,编制2023年度生产预算表,如表3-2所示。

表3-2　　　　　　　　　　2023年度生产预算表

单位:件

季　　度	第一季度	第二季度	第三季度	第四季度	全年
预计销售量	800	1 100	1 500	1 200	4 600
加:预计期末产品存货	220	300	240	200	200
减:预计期初产品存货	200	220	300	240	200
预计生产量	820	1 180	1 440	1 160	4 600

> **小思考**

编制生产预算时如何合理准确估计存货数量?

【做中学3-2】 承[做中学3-1],该公司预计,预算期内各季度的期末产品存货占次季度销售量的10%,上年年末产品单位成本为100元,本年年末预计产品存货为110件。

要求:编制2023年度生产预算表。

3.5 材料采购预算的编制

3. 直接材料预算

直接材料预算是用来规划预算期、直接材料采购金额的预算。其编制依据是生产预算、材料消耗定额和预计材料采购单价等。预计采购量的计算公式如下:

$$预计采购量 = 生产需要量 + 期末库存量 - 期初库存量$$

期末库存量一般按照下期生产需要量的一定百分比来计算。生产需要量可以根据下列公式来计算：

生产需要量 ＝ 预计生产量×单位产品材料耗用量

企业在编制直接材料预算的同时，还应根据预算期内预计采购量金额来编制现金预算，包括前期的应付款以及本期的现金采购支付。

【例 3-3】 承[例 3-2]，该公司生产甲产品主要使用一种合金材料。根据以往的加工经验来看，平均每件产品需用料 5 千克。这种合金材料一直由公司以每千克 200 元的价格向一位长期合作的供应商定购，并且双方约定，购货款在购货当季和下季各付一半。目前，该公司尚欠该供应商货款 400 000 元，预计在 2023 年第一季度付清。公司为保证生产的连续性，规定预算期内各期期末的材料库存量应达到下期生产需要量的 10%，同时规定各年年末的预计材料库存应维持在 600 千克左右。

要求：编制 2023 年度直接材料预算表。

根据资料，编制 2023 年度直接材料预算表，如表 3-3 所示。

表 3-3　　　　　　　　　　2023 年度直接材料预算表

季　　度	第一季度	第二季度	第三季度	第四季度	全年
预计生产量(件)	820	1 180	1 440	1 160	4 600
单位产品材料用量(千克)	5	5	5	5	5
生产需用量(千克)	4 100	5 900	7 200	5 800	23 000
加：预计期末材料存货(千克)	590	720	580	600	600
减：预计期初材料存货(千克)	600	590	720	580	600
预计材料采购量(千克)	4 090	6 030	7 060	5 820	23 000
材料每千克价格(元)	200	200	200	200	200
预计采购金额(元)	818 000	1 206 000	1 412 000	1 164 000	4 600 000
预计现金支出 期初应付账款(元)	400 000				400 000
预计现金支出 第一季度(元)	409 000	409 000			818 000
预计现金支出 第二季度(元)		603 000	603 000		1 206 000
预计现金支出 第三季度(元)			706 000	706 000	1 412 000
预计现金支出 第四季度(元)				582 000	582 000
预计现金支出 合　　计(元)	809 000	1 012 000	1 309 000	1 288 000	4 418 000

【做中学 3-3】 承[做中学 3-2]，该公司预计每单位生产该产品需要用到 A 材料 2 千克，每千克 A 材料的价格为 5 元，季末预计材料的存货占下季度生产用量的 20%，年末预计材料存货为 460 千克。各季度材料采购时，50% 于当季支付现金，其余 50% 可于下季度支付现金。

要求：编制 2023 年直接材料预算表。

4. 直接人工预算

直接人工预算是用来规划预算期各类工种的人工成本金额的预算。其编制依据是生产预算中的预计产量、标准单位产品直接人工工时和标准工资率(包括基本工资、各种津贴以及社会保险等)。预计直接人工总成本的计算公式如下:

$$预计直接人工总成本 = 预计生产量 \times 标准单位产品 \times 直接人工工时标准工资率$$

如在生产过程中直接人工为两种及两种以上工种,须按不同工种分别计算,再进行汇总。一般情况下,直接人工费用需要在当期全部支付现金,所以现金支出和直接人工费用一致。

【例 3-4】 承[例 3-2],该公司根据以往生产经验,生产一件产品大约需要 7 个工时,而依据公司与工人签订劳动合同,每工时需要支付工人工资 10 元。

要求:编制 2023 年度直接人工预算表。

根据资料,编制 2023 年度直接人工预算表,如表 3-4 所示。

表 3-4　　　　　　　　　　2023 年度直接人工预算表

季　度	第一季度	第二季度	第三季度	第四季度	全年
预计生产量(件)	820	1 180	1 440	1 160	4 600
单位产品工时(小时)	7	7	7	7	7
人工总工时(小时)	5 740	8 260	10 080	8 120	32 200
每小时人工成本(元)	10	10	10	10	10
人工总成本(元)	57 400	82 600	100 800	81 200	322 000

【做中学 3-4】 承[做中学 3-2],该公司生产单位产品需要直接人工工时 5 小时,每小时工资率为 4 元。

要求:编制 2023 年度直接人工预算表。

5. 制造费用预算

制造费用预算又称间接费用预算,是用来规划预算期生产成本中除直接材料、直接人工以外的一切费用项目金额的预算。该项预算按成本习性分为变动费用和固定费用两大类。其编制依据是预算期间的一定业务量、上级管理部门下达的成本降低率、计划期间各该费用项目的具体情况。预算制造费用的计算公式如下:

$$预算制造费用 = 预计业务量 \times 预计变动制造费用 + 预计固定制造费用$$

变动制造费用可根据单位产品预计的分配率和预计的生产量进行预计,而固定制造费用可在上年的基础上根据预期变动加以适当修正进行预计。

为便于以后编制现金预算,需要预计现金支出。在制造费用中,除折旧费用外,都需支付现金。

【例 3-5】 承[例 3-4],该公司变动制造费用分配率为 7 元/小时,其中间接材料为 3 元/小时,水电费为 2 元/小时,修理费为 2 元/小时;每季度固定费用为 40 250 元,其中,车间管理人员工资为 10 000 元,设备折旧费为 15 250 元,设备维护费为 15 000 元。

要求:编制 2023 年度制造费用预算表。

根据资料,编制 2023 年度制造费用预算表,如表 3-5 所示。

表 3-5　　　　　　　　　　　2023 年度制造费用预算表

金额单位：元

季　　度		第一季度	第二季度	第三季度	第四季度	全年
变动制造费用	人工总工时(小时)	5 740	8 260	10 080	8 120	32 200
	间接材料(3元/工时)	17 220	24 780	30 240	24 360	96 600
	水电费(2元/工时)	11 480	16 520	20 160	16 240	64 400
	修理费(2元/工时)	11 480	16 520	20 160	16 240	64 400
	合　　计	40 180	57 820	70 560	56 840	225 400
固定制造费用	管理人员工资	10 000	10 000	10 000	10 000	40 000
	设备折旧费	15 250	15 250	15 250	15 250	61 000
	设备维护费	15 000	15 000	15 000	15 000	60 000
	合　　计	40 250	40 250	40 250	40 250	161 000
变动制造费用合计		40 180	57 820	70 560	56 840	225 400
固定制造费用合计		40 250	40 250	40 250	40 250	161 000
减：设备折旧费		15 250	15 250	15 250	15 250	61 000
现金支出额		65 180	82 820	95 560	81 840	325 400

【做中学 3-5】 承[做中学 3-4]，该公司在制造费用中，变动制造费用分别为：间接工资 12 000 元，间接材料费用 18 000 元，维修费 8 000 元，水电费 15 000 元，润滑材料 7 100 元；固定制造费用分别为：维修费 14 000 元，折旧 15 000 元，管理人员工资 25 000 元，保险费 4 000 元，财产税 2 000 元。

要求：编制 2023 年度制造费用预算表。

3.6　产品成本预算的编制

6. 产品成本预算

产品成本预算用于计算预算期的销售成本，供编制利润表之需，又可以计算期末产成品存货成本，用于编制资产负债表。其编制依据是生产预算、直接材料预算、直接人工预算和制造费用。

【例 3-6】 承[例 3-3]至[例 3-5]。

要求：编制 2023 年度单位产品成本预算表(该公司采用变动成本法核算产品成本)。

根据资料，编制 2023 年度单位产品成本预算表，如表 3-6 所示。

表 3-6　　　　　　　　　　　2023 年度单位产品成本预算表

成本项目	投入量	单位产品成本(元)	
		每千克或每小时	成本
直接材料	5 千克	200	1 000
直接人工	7 小时	10	70
变动制造费用	7 小时	7	49
合　　计	—	—	1 119

【做中学3-6】 承[做中学3-3]至[做中学3-5]。

要求：编制2023年度单位产品成本预算表。

7. 期末存货预算

期末存货预算是为规划一定预算期末的产成品预计成本水平而编制的一种日常业务预算。其编制需要通过对期末存货进行计价来计算产品的销售成本。期末存货可以采用加权平均法或先进先出法计价。

【例3-7】 承[例3-2]至[例3-6]。

要求：编制2023年度期末存货预算表。

根据资料，编制2023年度期末存货预算表，如表3-7所示。

表3-7　　　　　　　　　2023年度期末存货预算表

季度	期末库存量（件）	单位成本（元）	金额（元）
第一季度	220	1 119	246 180
第二季度	300	1 119	335 700
第三季度	240	1 119	268 560
第四季度	200	1 119	223 800

【做中学3-7】 承[做中学3-2]至[做中学3-6]。

要求：编制2023年度期末存货预算表。

8. 销售成本预算

销售成本预算用于计算预算期末产品的销售成本。其编制依据是生产成本预算、期初存货成本、期末存货成本。销售成本预算的公式如下：

$$销售成本预算 = 生产成本预算 + 期初存货成本 - 期末存货成本$$

【例3-8】 承[例3-2]至[例3-6]。

要求：编制2023年度销售成本预算表。

根据资料，编制2023年度销售成本预算表，如表3-8所示。

表3-8　　　　　　　　　2023年度销售成本预算表

单位：元

项目	第一季度	第二季度	第三季度	第四季度	全年
直接材料	820 000	1 180 000	1 440 000	1 160 000	4 600 000
直接人工	57 400	82 600	100 800	81 200	322 000
变动制造费用	40 180	57 820	70 560	56 840	225 400
生产成本合计	917 580	1 320 420	1 611 360	1 298 040	5 147 400
加：期初存货成本	200 000	246 180	335 700	268 560	200 000
减：期末存货成本	246 180	335 700	268 560	223 800	223 800
销售成本合计	871 400	1 230 900	1 678 500	1 342 800	5 123 600

【做中学 3-8】 承 [做中学 3-2] 至 [做中学 3-6]。

要求：编制 2023 年度销售成本预算表。

9. 销售及管理费用预算

销售及管理费用预算是用来规划预算期产品制造业务范围以外的预计将发生的各种销售、管理费用明细项目金额的预算。其编制以销售预算为基础，分析销售收入、销售利润和销售费用的关系。

管理费用是一般管理业务所需的费用，多属于固定成本，一般以过去的实际开支为基础，结合预算期可能发生的变化进行调整。

【例 3-9】 承 [例 3-1]，该公司预计单位变动销售费用为 20 元；2023 年度的销售费用为每季度支付 13 000 元；管理费用包括管理人员工资、办公费和房租三项，均属于固定成本，每季支出额分别为 6 000 元、4 000 元、10 000 元。

要求：编制 2023 年度销售及管理费用预算表。

根据资料，编制 2023 年度销售及管理费用预算表，如表 3-9 所示。

表 3-9　　　　　　　　　　2023 年度销售及管理费用预算

金额单位：元

	季　度	第一季度	第二季度	第三季度	第四季度	全年
销售费用	预计销售量（件）	800	1 100	1 500	1 200	4 600
	单位变动销售费用	20	20	20	20	20
	变动销售费用小计	16 000	22 000	30 000	24 000	92 000
	固定销售费用	13 000	13 000	13 000	13 000	52 000
	销售费用小计	29 000	35 000	43 000	37 000	144 000
管理费用	管理人员工资	6 000	6 000	6 000	6 000	24 000
	办公费	4 000	4 000	4 000	4 000	16 000
	房租	10 000	10 000	10 000	10 000	40 000
	管理费用小计	20 000	20 000	20 000	20 000	80 000
	合　　计	49 000	55 000	63 000	57 000	224 000

小思考

如果在销售及管理费用中存在折旧费应该怎么处理？

【做中学 3-9】 承 [做中学 3-1]，企业预计变动费用包括销售人员工资 22 000 元、广告费 5 500 元、办公用品费 2 500 元；管理费用包括行政人员工资 30 000 元、保险费 8 000 元和财产税 4 000 元。

要求：编制 2023 年度销售及管理费用预算表。

10. 预计其他现金支出预算

企业除了之前所述的几个经营方面的现金支出，还包括其他方面现金支出，如利息支出、分配股利支出、缴纳所得税和购买固定资产支出等。

【例3-10】 该公司预计在2023年年初需要更新一台设备,预计该设备的购置及安装费用共计130 000元,且年初需要向股东派发2022年现金股利20 000元,预计2023年度每季度需要缴纳所得税款5 600元。

要求:编制2023年度其他现金支出预算表。

根据资料,编制2023年度其他现金支出预算表,如表3-10所示。

表3-10　　　　　　　　　2023年度其他现金支出预算表

单位:元

项目	第一季度	第二季度	第三季度	第四季度	合计
应付股利	20 000	—	—	—	20 000
应交所得税	5 600	5 600	5 600	5 600	22 400
购买固定资产	130 000	—	—	—	130 000
合计	155 600	5 600	5 600	5 600	172 400

【做中学3-10】 应生产需要,第二季度公司购进设备一台,采购及安装费用共计16 000元。

要求:编制2023年度其他现金支出预算表。

二、专项决策预算

专项决策预算是指企业为不经常发生的长期投资决策项目或一次性专门业务所编制的预算。企业经常使用的专项决策预算是资本支出预算。

资本支出预算是根据经过审批的各个长期投资决策项目编制的预算,不同企业的格式不同。

【例3-11】 该公司经董事会批准在2023第一季度购置一台新设备,预计该设备的购置及安装费用共计130 000元,预计可使用6年,期满残值为10 000元。

要求:编制2023年度资本支出预算表。

根据资料,编制2023年度资本支出预算表,如表3-11所示。

表3-11　　　　　　　　　2023年度资本支出预算表

单位:元

项目	第一季度	第二季度	第三季度	第四季度	合计
设备	130 000				130 000
合计	130 000				130 000

【做中学3-11】 该公司经董事会批准预计在2023年第二季度购进设备一台,采购及安装费用共计16 000元;在第四季度购置一台固定设备的投资项目,需要支付20 000元,预计可使用5年,期满残值600元。设备按直线法计提折旧。

要求:编制2023年度资本支出预算表。

三、财务预算

财务预算是指企业在计划期间内反映有关预计的现金收支、经营成果和财务状况的预算,主要包括现金预算、预计利润表和预计资产负债表。

1. 现金预算

现金预算是用来反映企业在预算期内现金收支、余缺及其筹集和运用情况的预算。即资金不足时如何筹措资金,资金多余时怎样运用资金提供依据,并且提供现金收支的控制限额,以便发挥现金管理的作用。

3.7 现金预算的编制

【例3-12】 沿用[例3-1]至[例3-10]的资料,该公司财务部门根据公司的经营特点和现金流转状况,确定公司的最佳现金持有量是10 000元。当预计现金收支净额不足10 000元时,可申请短期银行借款来补足。公司已和银行商定了为期1年的信贷额度,公司随时可按6%的年利率向银行借款,借款还款均为1 000元的整数倍,如果借款于每季度初借入,于每季度末偿还,利息于借款偿还时支付。该公司期初现金余额为10 000元。

要求:编制2023年度现金预算表。

根据资料,编制2023年度现金预算表,如表3-12所示。

表3-12　　　　　　　　　　2023年度现金预算表

单位:元

季　度	第一季度	第二季度	第三季度	第四季度	全年
期初现金余额	10 000	10 820	10 800	10 355	10 000
加:销售现金收入	1 076 000	1 176 000	1 608 000	1 584 000	5 444 000
减:各项现金支出					
材料采购	809 000	1 012 000	1 309 000	1 288 000	4 418 000
直接人工	57 400	82 600	100 800	81 200	322 000
制造费用	65 180	82 820	95 560	81 840	325 400
销售及管理费用	49 000	55 000	63 000	57 000	224 000
所得税	5 600	5 600	5 600	5 600	22 400
购置设备	130 000				130 000
分配利润	20 000				20 000
支出合计	1 136 180	1 238 020	1 573 960	1 513 640	5 461 800
现金收支净额	−50 180	−51 200	44 840	80 715	−7 800
现金筹集和运用					
申请银行借款	61 000	62 000			123 000
归还银行借款			33 000①	67 000③	100 000
短期借款利息			1 485②	3 435④	4 920
期末现金余额	10 820	10 800	10 355	10 280	10 280

注:① 第三季度还款 x_1 应满足 $10\,000 \leqslant 44\,840 - x_1 - x_1 \times 6\% \div 12 \times 9 \leqslant 11\,000$,还款为33 000元。

② 第三季度利息为 $33\,000 \times 6\% \div 12 \times 9 = 1\,485(元)$。

③ 第四季度还款 x_2 应满足 $10\,000 \leqslant 80\,715 - x_2 - (61\,000 - 33\,000) \times 6\% - x_2 - (x_2 - 28\,000) \times 6\% \div 12 \times 9 \leqslant 11\,000$,还款为67 000元。

④ 第四季度利息为 $28\,000 \times 6\% + (67\,000 - 28\,000) \times 6\% \div 12 \times 9 = 3\,435(元)$。

小思考

现金预算在企业财务管理中有何作用?

【做中学3-12】 沿用[做中学3-1]至[做中学3-10]的资料,该企业最低现金余额为10 000元,企业向银行借款的数额必须为1 000的倍数,如需借入,于每季度初借入,如拟偿还,于每季度末偿还,借款年利率为10%,利息于借款偿还时支付。该公司期初现金余额为12 000元(假定当年应交所得税为16 000元,应付股利为8 000元,按季度摊分)。

要求:编制2023年度现金预算表。

知识链接　预计现金流量表

预计现金流量表是反映企业一定期间现金流入与现金流出情况的一种财务预算。它从现金的流入和流出两个方面,揭示企业一定期间经营活动、投资活动和筹资活动所产生的现金流量。

预计现金流量表是按照现金流量表主要项目编制的,反映企业预算期内一切现金收支结果的预算。它以业务预算、资本预算和筹资预算为基础,是其他预算有关现金的汇总,主要作为企业可用资金调度和调控管理的依据,是企业能否持续经营的基本保障预算。

预计现金流量表的编制可以弥补编制现金预算的不足,有利于了解预算期内企业的资金流转状况和企业经营能力,而且能突出表现一些长期的资金筹集与使用的方案对预算期内企业的影响。

2. 预计利润表

预计利润表又称利润预算,是指用货币金额反映企业在计划期间全部经营活动及其最终财务成果的预算。其编制依据是业务预算表和现金预算表。

【例3-13】 沿用[例3-1]至[例3-10]的资料。

要求:编制2023年度预计利润表。

根据资料,编制2023年度预计利润表,如表3-13和表3-14所示。

表3-13　　　　　　　　2023年度预计利润表(完全成本法下)

单位:元

项目	金额	项目	金额
销售收入	5 520 000	利息费用	4 920
减:销售成本	5 284 600①	利润总额	6 480
销售毛利	235 400	减:所得税	22 400
减:销售及管理费用	224 000	净利润	−15 920

注:① 52 123 600+161 000=52 284 600(元)。

表3-14　　　　　　　　2023年度预计利润表(变动成本法下)

单位:元

项目	第一季度	第二季度	第三季度	第四季度	全年
销售收入	960 000	1 320 000	1 800 000	1 440 000	5 520 000
变动成本:					
销售成本	871 400	1 230 900	1 678 500	1 342 800	5 123 600
销售费用	16 000	22 000	30 000	24 000	92 000
小计	887 400	1 252 900	1 708 500	1 366 800	5 215 600

(续表)

项目	第一季度	第二季度	第三季度	第四季度	全年
边际贡献	72 600	67 100	91 500	73 200	304 400
固定成本：					
制造费用	40 250	40 250	40 250	40 250	161 000
固定销售费用	13 000	13 000	13 000	13 000	52 000
管理费用	20 000	20 000	20 000	20 000	80 000
小计	73 250	73 250	73 250	73 250	293 000
营业利润	−650	−6 150	18 250	−50	11 400
减：利息支出			1 485	3 435	4 920
税前利润	−650	−6 150	16 765	−3 485	6 480
减：所得税	5 600	5 600	5 600	5 600	22 400
净利润	−6 250	−11 750	11 165	−9 085	−15 920

小思考

完全成本法下和变动成本法下的利润表有何不同？

【做中学3-13】 沿用[做中学3-1]至[做中学3-10]的资料。

要求：编制2023年度预计利润表。

3. 预计资产负债表

预计资产负债表用货币金额来反映企业在预算期期末预计的各项有关资产、负债、所有者权益项目的预算执行结果。其编制依据是基期末的资产负债表、业务预算、专项支出预算和财务预算等。

【例3-14】 该公司2022年度期末的资产负债表如表3-15所示。

要求：编制2023年度预计资产负债表。

表3-15   资产负债表

2022年12月31日   单位：元

资产	金额	负债和权益	金额
现金	10 000	应付账款	400 000
应收账款	500 000	应交所得税	22 400
库存材料	120 000	应付利润	20 000
库存产成品	200 000	负债小计	442 400
流动资产小计	830 000	实收资本	800 000
固定资产	1 100 000	未分配利润	504 600
减：折旧	183 000	股东权益小计	1 304 600
资产合计	1 747 000	负债及权益合计	1 747 000

根据表3-15及[例3-1]至[例3-13]，编制2023年预计资产负债表，如表3-16所示。

表 3-16　　　　　　　　　　　预计资产负债表

2023 年 12 月 31 日　　　　　　　　　　　　　　　　单位：元

资产	金额	负债和权益	金额
现金	10 280	应付账款	582 000
应收账款	576 000①	应交所得税	22 400
库存材料	120 000②	短期借款	23 000⑥
库存产成品	223 800③	负债小计	627 400
流动资产小计	930 080	实收资本	800 000
固定资产	1 230 000④	未分配利润	488 680⑦
减：折旧	244 000⑤	股东权益小计	1 288 680
资产合计	1 916 080	负债及权益合计	1 916 080

注：① 应收账款 = 1 440 000 × 40% = 576 000(元)。
　　② 库存材料 = 600 × 200 = 120 000(元)。
　　③ 库存产成品 = 表 3-7 第四季度产品期末金额。
　　④ 固定资产 = 1 100 000 + 130 000 = 1 230 000(元)。
　　⑤ 折旧 = 183 000 + 61 000 = 244 000(元)。
　　⑥ 短期借款 = 61 000 + 62 000 − 33 000 − 67 000 = 23 000(元)。
　　⑦ 未分配利润 = 504 600 − 15 920 = 488 680(元)。

本章小结

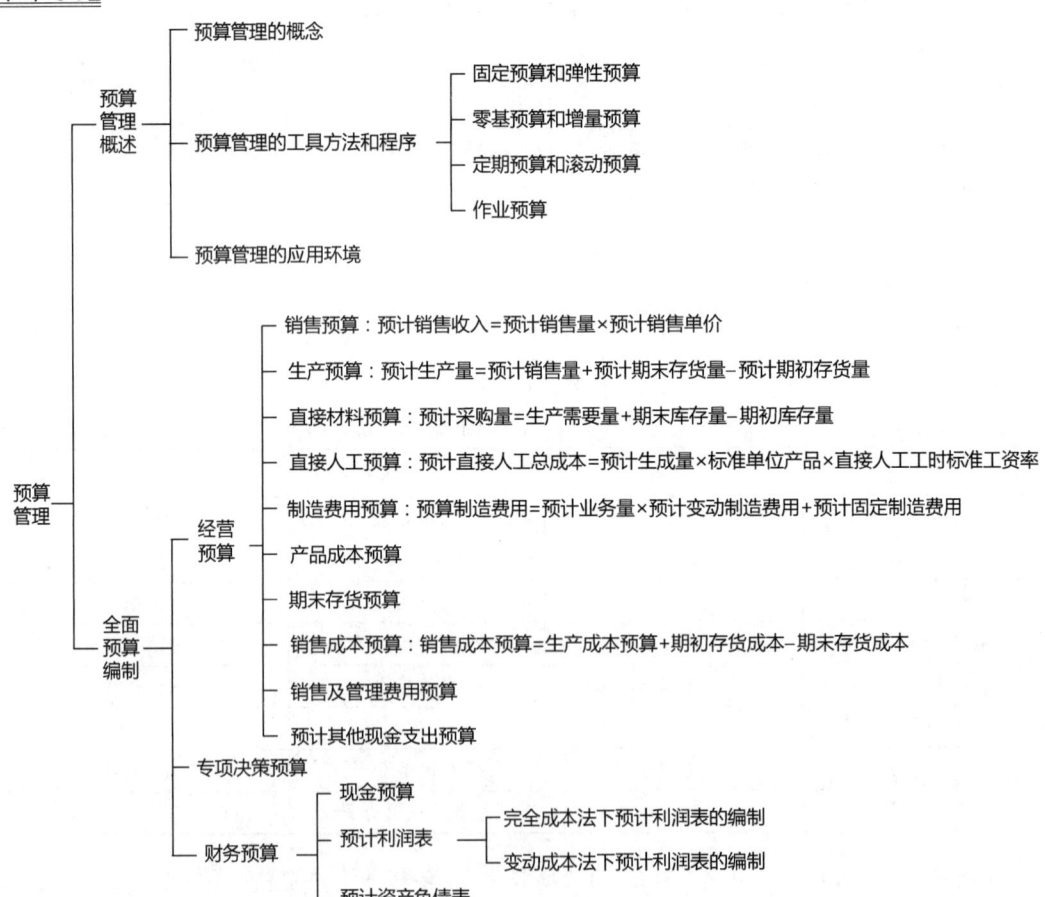

岗位·1+X证书·职称考试训练

一、单选题

1. 下列关于全面预算编制方法的说法中,不正确的是(　　)。
   A. 零基预算法的缺点是编制预算的工作量大
   B. 增量预算法不利于调动各部门达成预算目标的积极性
   C. 采用零基预算法编制费用预算时,需要考虑以往期间的费用项目和费用数额
   D. 弹性预算法编制预算的准确性,在很大程度上取决于成本性态分析的可靠性

2. 不受前期费用项目和费用水平限制,并能够克服增量预算法缺点的预算方法是(　　)。
   A. 弹性预算法　　B. 固定预算法　　C. 零基预算法　　D. 滚动预算法

3. 适用于经营业务稳定、生产产品产销量稳定的预算方法是(　　)。
   A. 增量预算法　　B. 弹性预算法　　C. 固定预算法　　D. 滚动预算法

4. 预算的编制起点是(　　)。
   A. 销售预算
   B. 现金预算
   C. 预计资产负债表
   D. 材料采购预算

5. 某企业预计前两个季度的销量为1 000件和1 200件,期末产成品存货数量一般按下季销量的10%安排,则第一季度的预算产量为(　　)件。
   A. 1 020　　　　B. 980　　　　C. 1 100　　　　D. 1 000

6. 下列关于直接材料预算的说法中,不正确的是(　　)。
   A. 直接材料预算是以生产预算为基础编制的
   B. 单位产品材料用量的数据来自标准成本资料或消耗定额资料
   C. 年初和年末的材料存货量是根据当前情况和长期销售预测估计的
   D. 通常不需要预计各期材料采购的现金支出

7. 直接人工预算的编制基础是(　　)。
   A. 销售预算　　B. 产品成本预算　　C. 生产预算　　D. 制造费用预算

8. 下列关于产品成本预算的说法中,不正确的是(　　)。
   A. 产品成本预算的主要内容是总成本
   B. 生产量、期末存量来自生产预算
   C. 销售量来自销售预算
   D. 生产成本、存货成本和销货成本等数据,根据单位成本和有关数据计算得出

9. 某公司生产甲产品,该产品的单位材料费用为5元,单位直接人工费用为4元,单位变动

制造费用为1.2元,单位固定制造费用为1.8元,单位变动销售和管理费用为2元,则在完全成本法下该产品的单位产品成本为( )元。

A. 9　　　　　　B. 12　　　　　　C. 14　　　　　　D. 5

10. 某企业编制现金预算,预计6月初短期借款余额为100万元,月利率为1‰,该企业不存在长期负债,预计6月现金余缺为−55万元。现金不足时,通过银行借款解决(利率不变),借款额为1万元的整数倍,6月末现金余额要求不低于20万元。假设企业每月支付一次利息,借款在期初,还款在期末,则应向银行借款的最低金额为( )万元。

A. 77　　　　　　B. 76　　　　　　C. 55　　　　　　D. 75

二、多选题

1. 财务预算是关于利润、现金和财务状况的预算。下列各项中,属于财务预算的有( )。

   A. 现金预算　　　B. 预计利润表　　　C. 预计资产负债表　　　D. 销售预算

2. 与增量预算法相比,零基预算法的优点有( )。

   A. 编制工作量小

   B. 可以重新审视现有业务的合理性

   C. 可以避免前期不合理费用项目的干扰

   D. 可以调动各部门降低费用的积极性

3. 滚动预算法的优点包括( )。

   A. 能够保持预算的持续性

   B. 保证预算期间与会计期间在时期上配比

   C. 便于依据会计报告的数据与预算的比较

   D. 有利于充分发挥预算的指导和控制作用

4. 某企业本月支付当月购货款的60%,支付上月购货款的30%,支付上月购货款的10%,未支付的货款通过应付账款核算。已知8月购货款50万元,9月购货款60万元,10月购货款80万元,11月购货款100万元,则下列说法正确的有( )。

   A. 10月支付71万元　　　　　　B. 11月初的应付账款为38万元

   C. 11月末的应付账款为48万元　　D. 11月初的应付账款为32万元

5. 在编制制造费用预算时,需要用现金支付的项目有( )。

   A. 财产税　　　B. 保险费　　　C. 修理费　　　D. 广告费

6. 下列各项预算中,在编制利润表预算时需要考虑的有( )。

   A. 销售预算　　B. 产品成本预算　　C. 管理费用预算　　D. 资产负债表预算

三、判断题

1. 预算编制涉及企业每一个部门、每一个岗位,它需要企业每一个部门和每一位员工的参与和支持。　　　　　　　　　　　　　　　　　　　　　　　　　　　( )

2. 预算编制是预算管理循环的一个重要环节,预算编制质量的高低直接影响预算执行结果,也影响对预算执行者的业绩评价。　　　　　　　　　　　　　　　( )

3. 编制生产预算的目的是保证有充足的现金可以满足企业需要,而且可以有效利用多余现金。　　　　　　　　　　　　　　　　　　　　　　　　　　　　　　(　　)
4. 增量预算法与零基预算法相比能够调动各部门降低费用的积极性。　　(　　)
5. 现金预算中的现金支出包括经营现金支出、分配股利的支出以及缴纳税金支出,但是不包括资本性支出。　　　　　　　　　　　　　　　　　　　　　　　　　(　　)

四、计算题

1. M 公司生产和销售一产品,预计本年度该产品销售量为 630 件,其中第一季度 100 件,第二季度 150 件,第三季度 200 件,第四季度 180 件。产品售价为 200 元/件(不含税)。根据经验,商品售出后本季度可收回货款 60%,剩余货款下一季度收回,上年年末应收账款为 6 200 元。
   要求:编制本年度的销售预算表。

2. 承第 1 题,M 公司编制预算时,季末产成品存货为下一度销量的 10%,预计明年第一季度的销量为 200 件。
   要求:编制本年度生产预算表。

3. 承 1~2 题,M 公司每千克材料采购成本为 5 元,单位产品消耗定额为 10 千克;材料采购货款当季度支付 50%,下季度支付 50%,上年年末应付账款为 2 350 元且库存材料为 300 千克;每季度期末库存材料为下季度用量的 20%,预计年末剩余库存材料为 400 千克。
   要求:编制本年度直接材料预算表。

4. 承 1~3 题,M 公司单位产品定额工时为 10 小时,单位工时工资率为 2 元。
   要求:编制本年度直接人工预算表。

5. 承 1~4 题,预计 M 公司本年度制造费用如下:间接人工 1 元/件,间接材料 1 元/件,修理费 2 元/件,水电费 1 元/件,折旧费 4 000 元,管理人员工资 800 元,财产税 400 元,修理费预计四个季度分别需要为 1 000 元、1 140 元、900 元、900 元,保险费预计四个季度分别需要 75 元、85 元、110 元、190 元。
   要求:编制本年度制造费用预算表。

6. 承 1~5 题,M 公司预计本年度发生的销售费用如下:销售人员工资 2 000 元,广告费 5 500 元,包装、运输费 3 000 元,保管费 2 700 元,折旧 1 000 元;管理费用如下:管理人员薪金 4 000 元,福利费 800 元,保险费 600 元,办公费 1 400 元,折旧 1 500 元。
   要求:编制本年度销售及管理费用预算。

7. 承 1~6 题,M 公司经董事会批准预计第一季度购置设备 50 000 元,第四季度购置设备 80 000 元,预计第四季度可向股东派发 8 000 元。因资金需要 M 公司预计第一季度借入长期借款 30 000 元,第四季度借入长期借款 60 000 元。公司年初现金余额为 8 000 元,所得税费用为 16 000 元。
   　　该公司财务规定预算期间最低库存限额为 3 000 元,该现金不足时可从银行短期借入,借款额为 1 000 的倍数,借款发生在季初,如需归还借款发生在季末,归还数额必须为100的整数倍,所有利息支付在各季度期末(长期借款年利息12%,短期借款年利息10%)。

要求:编制本年度现金预算表。

五、1+X证书训练

任务目标

1. 能够运用增量预算法,完成预计销售量的计算。

2. 能够运用固定预算法,完成销售预算表的编制。

任务背景

(一)产品销量说明

产品销售渠道分为线上销售渠道和线下销售渠道。销售的产品有:阿胶浆、阿胶颗粒、阿胶糕。

1. 线下销量说明

产品线下销量按照2019—2022年产品线下历史销量基数,以及不同年份的比重权数,通过加权平均对2023年线下销量进行预测。产品线下销量权重见表3-17。

表3-17　　　　　　　　2019—2022年产品线下销量权重

项目	2019年	2020年	2021年	2022年
权重	0.1	0.2	0.3	0.4

2. 线上销量说明

产品线上销量与市场环境有关,因为直播的火热,2023年线上销量将增加,2023年线上各产品销售量=2022年线上产品销量×(1+销售增长率),销售增长率=(2023年产品需求量－2022年产品需求量)÷2022年产品需求量。

(二)产品价格说明

因国民收入水平提高,大众养生意识逐渐增强,阿胶产品的需求不断提高,所以公司决定在2019年价格的基础上进行上调。公司针对两种销售渠道制定了不同的销售价格,公司线上渠道走零售路线,采用零售价格,线下渠道走批发路线,采用批发价格。

任务要求

1. 本任务中,产品销量见财务数据中的销售汇总表,产品需求量见业务数据中的市场预测信息表,产品价格见业务数据中的报价信息表。

2. 若计算得出的销量包含小数,则计算结果要舍去小数,并且整数部分加1。如计算的销量为2 500.2箱,则按2501箱计算。

3. 需求量增长率四舍五入后保留两位小数,如计算出的需求量增长率为0.123 4,保留两位小数是0.12,用百分号表示为12%。

4. 销售预算中,销售价格为不含税价格。

销售预算表格式见表3-18。

表 3-18　　　　　　　　　　销售预算表

金额单位：元

产品	项目	线上渠道	线下渠道	合计
阿胶浆	销售量			
	销售价格			
	销售收入			
阿胶颗粒	销售量			
	销售价格			
	销售收入			
阿胶糕	销售量			
	销售价格			
	销售收入			

技 能 过 关

预算岗位资源 1：销售预算编制说明

一、销售预算总体目标

2022 年销售预算依据市场情况，结合公司自身发展，承接公司发展的战略目标，按照自上而下的方式制定。确保销售预算可以激发公司销售潜力，准确衡量公司销售目标完成情况，确保战略目标分解落实。

二、销售预算编制说明及要求

(1) 销售预算采用增量预算方式进行编制。

(2) 销售预算计算基数以上年业务量和平均单价为基础。

(3) 业务量变化与单价变化均按照过去 3 年(2019—2021 年)的复合增长率作为参考标准，由管理层根据相关因素进行适当调整确定。

复合增长率计算公式为：复合增长率 $= (末期数 \div 基期数)^{(1/n)} - 1$。

解释：复合增长率即按照指数增长，公式为：基期数 $\times (1+复合增长率)^n =$ 末期数，其中基期数表示计算复合增长率的第一期数据，末期数为最后一期数据，n 为间隔期数。

例如，2018 年收入 100 万元，2021 年收入 200 万元，则 2018 至 2021 年复合增长率为：$(200 \div 100)^{(1/3)} - 1 = 25.99\%$。

(4) 销售收入预算季度分解方式，按照 2021 年各季度业务量占全年比例进行分解。

预算岗位资源 2：营业成本预算编制说明

一、营业成本总体目标

2022 年要继续强化全员成本目标管理，提倡成本效益原则，严格控制单位变动成本，摊薄单位固定成本，使总成本增加与销量增幅相匹配，并追求规模成本。

二、营业成本预算编制说明及要求

(1) 营业成本中人工成本、运输费、能耗费、包装耗材为变动成本,随业务量变化而变化;其余费用为固定成本,即不随业务量增加而增加。

(2) 虽然社会平均工资 2022 年较 2021 年预计上涨 8%,但管理层与成本中心负责人研判,2022 年人工成本总数必然上升,可以通过精细化管理和信息化的使用,增加员工每天工作单量,从而提升员工待遇,降低每订单成本。员工的工资涨幅甚至可以超过 10%。为此,管理层与成本中心负责人制定了对应均单人工成本标准,各部门负责人表示认同。标准见本技能过关最后二维码"岗位任务:预算管理"任务 2 中的 2022 年变动营业成本预算表。

(3) 管理层与成本部门进行分析,运输费、能耗费、包装费用预算同 2021 年相比,存在降低单位成本的可能,并制定了相应目标,见本技能过关最后二维码"岗位任务:预算管理"任务 2 中的 2022 年变动营业成本预算表。

(4) 固定成本预算目标为 2022 年各环节、各中心各项固定成本的 95%。

预算岗位资源 3:销售费用预算编制说明

一、销售费用预算总体目标

2022 年要继续强化成本费用管理要求,严格控制无效销售费用支出,遵循销售费用与销售收入相匹配的原则,力争使销售费用率(每 1 元销售收入对应的销售费用)不超过 2021 年同期水平。

二、销售费用预算编制要求

(一) 总体要求

(1) 销售费用采用增量预算编制,在 2021 年预算编制及实际执行情况基础上调整得到。

(2) 2022 年销售费用总预算限额为 240 万元。

(3) 销售费用预算项目下除广告费和业务宣传费外,其他费用项目均无法进行压缩。

(4) 在预测中如果广告宣传费计划数总额需要压缩,则广告费和业务宣传费分别按照可分配广告宣传费总额的 40% 和 60% 进行分配,若其中一项计划数小于压缩后的分配值,则以计划数作为其最终预算数,并将分配值与计划数的差额分配至另一费用项目中。

(二) 具体要求

1. 人工成本

社会平均工资 2022 年较 2021 年预计上涨 8%,公司对营销中心人工成本涨幅制定的政策是与社会平均涨幅保持一致。预计 2022 年营销中心编制和职位将保持稳定。

2. 租赁费

营销中心 2021 年租赁费共计 30 万元,且 2021 年租金未产生新的租赁,也未调整租金。其中一辆小轿车已于 2021 年 12 月 31 日租赁到期,约定年租金 5 万元,公司决定不再租用。预计 2022 年不会产生新的租赁,根据合同 2022 年各项租赁的租金不会调整,也没有 2022 年到期的情形。

3. 办公费

鉴于 2021 年职能部门办公费预算执行过程中存在严重的浪费现象,实际花费存在节约空间。对于职能部门办公费预算 2022 年按照 2021 年实际发生的 90% 作为办公费预算。如确需调整,按照预算调整的流程进行。

4. 折旧费

2021年营销中心未购置新建或处置固定资产,2022年预计也不会采购新的固定资产,且查询固定资产明细账发现,2022年没有到达固定资产折旧年限的资产。公司采用的折旧方法为年限平均法折旧。

5. 能耗费

2022年能耗费预计与2021年实际发生一致。

6. 广宣费

对于广宣费,详细见2022年广告和业务宣传计划表(表3-19)。

表3-19　　　　　　　　　　2022年广告宣传活动计划

单位:元

序号	广宣项目	期间	项目说明	金额合计	备注
1	【爱心快递】活动	2022年6月1日至2022年8月31日	公司拟发起【爱心快递】公益活动,每发一份快递,公司将从快递费用提取0.1元专门用来资助即将入学的贫困大学生,以提升公司形象,扩大公司业务量,并影响未来潜在客户。预计2019年6至8月将发快件300万个。	300 000	计入宣传费
2	【礼尚往来】活动	2022年6月1日至2022年8月31日	在双十一、双十二购物狂欢季月度,公司发起【礼尚往来】活动;活动期间凡寄送快递,可以参与"二维码"抽奖,寄件人可以选择寄件人或收件人参与抽奖,若中奖将获得公司准备的礼品,礼品购入价值为100元/件。计划中奖概率为0.2%,计划11—12月快递数量为250万个。	500 000	计入宣传费
3	广告宣传	2022年6月1日至2022年8月31日	【礼尚往来】活动宣传将在各电商平台进行宣传推广。预计合计广告费用40万元,可获得广告费增值税普通发票。	400 000	计入广告费

预算岗位资源4:管理费用预算编制说明

一、管理费用预算总体目标

2022年要继续强化成本费用管理要求,严格控制无效管理费用支出,遵循管理费用与销售收入相匹配的原则,力争使管理费用率(每1元销售收入对应的管理费用)不超过2021年同期水平。

二、管理费用预算编制要求

（一）总体要求

1. 管理费用采用增量预算编制,在2021年预算编制及实际执行情况基础上调整得到。
2. 管理费用预算包括财务管理中心、行政管理中心两个中心预算。

（二）具体要求

1. 人工成本

社会平均工资2022年较2021年预计上涨8%,预计财务管理中心和行政管理中心人均年薪酬水平涨幅与社会平均工资涨幅相当。2022年人员编制计划见表3-20(新增编制预计2022年年初即可招聘入职)。2022年人工成本预算按照2022年人员编制计划和2021年人均年薪酬水平,并考虑2022年薪酬上涨因素计算得出。

表 3-20　　　　　　　　　　　　人工成本

单位:元

序号	部门	2021年编制(人)	2022年计划编制(人)	2021年人均年薪酬水平
1	财务管理中心	10	11	139 000.00
2	行政管理中心	20	20	145 000.00

2. 租赁费

根据租赁合同,梳理行政管理中心租赁明细表(表3-21),除此之外预计没有新的租赁。

表 3-21　　　　　　　　　2022年租赁合同签订明细

金额单位:元

费用归属部门	单位名称	办公楼租赁情况		车辆租赁情况	
		面积(平方米)	月租赁单价	数量(量)	年租赁单价
行政管理中心	总部办公楼租赁	800	200	2	150 000.00

3. 办公费

鉴于2021年职能部门办公费预算执行过程中存在严重的浪费现象,实际花费存在节约空间。2022年职能部门办公费预算按照2021年实际发生的90%计算。如确需调整,按照预算调整的流程进行。

4. 折旧费

鉴于2021年行政管理中心和财务管理中心资产变动,经测算现有固定资产(不包含2022年将采购的服务器)在2022年财务管理中心将提折旧18万元,行政管理中心提折旧78万元。

根据已签订的资产采购合同,2022年1月行政管理中心将采购并入账办公用服务器一台,价值60万,残值为0,使用寿命为5年。

5. 能耗费

设备功率和能源价格变化影响,2022年能耗费与2021年相比,预计上涨5%。

预算岗位资源5:税金及附加、财务费用预算编制说明

一、税金及附加、财务费用预算总体目标

2022年要继续强化成本费用管理要求,作好税务筹划,把握纳税风险,严格控制不必要的税款支出。对于外部资金使用应严格履行审批手续,降低资金使用成本和资金使用风险。进一步优化财务付款结算流程,降低手续费率,控制财务费用。

二、税金及附加、财务费用预算编制要求

(一)总体要求

(1)税金及附加预算根据历史数据,结合本年其他预算数据和税收政策进行编制。

(2)财务费用预算根据营业活动情况进行编制,本任务环节不考虑2022年可能新增加的投融资项目。

（二）具体要求

1. 税金及附加预算

（1）增值税预算根据历史增值税缴税水平，计算得出增值税缴库金额为315万元。

（2）城市维护建设税按照增值税缴库金额的7%征收。

（3）教育费附加按照增值税缴库金额的3%征收。

（4）地方教育附加按照增值税缴库金额的2%征收。

（5）印花税预算金额按照27 480元暂估。

2. 财务费用预算

（1）利息收入。经测算，2022年预计全年货币资金余额为2 100万元，资金平均利息率为2%。

（2）利息支出。2022年预计全年平均有息负债为120万元，负债利率为5%。

（3）手续费其他。公司计划2022年改变与银行的结算方式，提升结算效率，在此过程中，财务结算手续费支出有望较2021年降低20%。

岗位任务：预算管理

岗位任务答案：预算管理

第四章　成本管理

🎬 **案例导入**

在政策推动以及新能源汽车产业逐步市场化的背景下,我国新能源汽车企业迎来了新的挑战和机遇。对于新能源汽车企业来说,如果能有效地控制住新能源汽车的制造成本,就可以在市场中获得竞争优势。而控制制造成本的前提,就是采用合适的方法计算产品成本。

长悦公司是一家新能源汽车制造企业,其 2022 年 3 月份新能源汽车的产量为 2 700 台,其成本构成内容如下:直接材料成本为 5 258 800 元,直接人工成本为 114 489 000 元,变动制造费用为 127 914 230 元,固定制造费用为 53 647 760 元。该公司分别采用完全成本法和变动成本法对当月产品的总成本和单位成本进行计算和分析。

资料来源　自编案例。

请思考　该公司完全成本法和变动成本法下的产品总成本、单位成本分别是多少?哪种方法更适用于该企业的成本计算和控制?

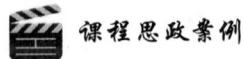
课程思政案例

成本管理方法要与时俱进,不断创新

在经济全球化的今天,我国科学技术水平显著提高,企业面临的国内市场竞争不断加剧,同时,还需要应对来自国外市场环境竞争的压力与冲击。在激烈的竞争环境背景下,创造核心竞争力和保持竞争优势直接关系到企业的生死存亡。企业不得不提高自身经营发展能力,以期有效应对市场经济中的风险和机遇。加强成本管理是企业增加经营利润、提高发展能力的关键举措,也成为企业战略管理的必然选择。结合案例资料,分析成本管理的重要性和成本管理方法的创新。

随着我国水泥产业规模的不断扩大,各企业竞争日益激烈。水泥企业目前参与市场竞争主要还是以价格取胜,伴随产品同质化现象严重、固定成本与运输费用高等因素,水泥生产成本决定了其竞争力和效益,要想在市场中占据优势地位,必须加强内部管理,在各个环节提高成本控制力度,积极采取措施降低生产成本。TL 公司是 H 省的重点水泥企业,通过改组上市,该公司快速发展,成立了下属单位,提高了生产能力,整体规模不断扩大。然而,近年来 TL 公司营业收入和净利润逐年下滑,主营业务成本逐年上升,销售费用和管理费用居高不下,严重影响了公司效益。尽管 TL 公司采取了一系列成本控制措施,并应用了 ERP 系统,但长期以来公司成本管理较粗,因此,虽然在财务成本控制方面取得了一定效果,但其余各环节之间衔接和精细化程度均有待提高。TL 公司在成本管理方面还存在很多不足,主要包括以下几个方面的问题：

第一，产品成本控制制度不完善。煤炭、矿石、原材料等能源价格不断上涨，产品成本控制责任制落实不到位，忽视采购环节、产品库存环节成本控制的现象仍然严重。

第二，资金成本控制观念落后。财务部门依然扮演着"账房先生"的角色，还停留在算账的阶段，使得财务报告不能满足市场需求，对经营者决策也提供不了较为有用的信息，而且财务人员普遍存在知识储备不足等现象，缺少对市场，以及价值链方法等的了解。这都导致公司无法有效控制资金成本。

第三，投资成本控制不健全，公司发展部并没有充分发挥其为企业发展建言献策的功能，公司重要的投资决策权还掌握在公司董事会手里，缺乏对重要项目投资成本的可行性、市场竞争力、投入产出比、经营效益等的详细分析。

我国水泥行业中的各大企业在生产成本控制中存在着类似问题和因素，大多数企业都是事后对成本进行分析，也就是基本上采用事后控制，这既不满足、也不符合企业对成本信息的需求。

TL公司要想巩固现有地位、占领更多市场份额，必须根据自身实际制定和实施好成本控制措施。所谓成本控制，是指企业根据一定时期预先建立起来的成本管理目标，由成本控制主体在其职权范围内，在生产耗费发生以前，以及成本控制过程中，对各种影响成本的因素和条件采取一系列预防和调节措施，以保证成本管理目标的实现。

TL公司ERP系统实施后，基本能够实时获取产品的真实成本，提高准确性，能够及时为管理者的决策提供可靠依据。TL公司ERP系统到目前只覆盖了总部和部分生产站，在模块功能和权限上都需要再作进一步的调整和修改。同时，TL公司对数据的利用率还较低，目前仍是简单地收集汇总，今后需要增添分析模块，并将结果实时报送管理层，为决策提供真实有效的数据支持。

TL公司ERP系统本身也是一个不断更新完善的过程。随着企业内部因素和市场外部环境的变化，ERP系统要随之改变，而且本系统仍有需要完善之处。同时，TL公司还需关注企业成本管理新理念、新思想的发展，完善和提高自身管理水平。当然，在实施全员、全过程的成本控制中存在诸多的风险。例如，业务经营风险，市场竞争风险，环境因素风险，以及政策变化风险，都会对企业成本控制效果造成影响。故企业在实施成本控制之前必须要充分论证，全面掌握各种风险情况，这样才能确保公司成本控制有序开展，并取得较好的效果，切实降低产品生产成本，提升产品市场竞争力，获取更大的经营利润。

资料来源 刘淼. TL公司的成本控制研究[D/OL]. 郑州：郑州大学，2014：[2014-11-01]. https://kns.cnki.net/kcms2/article/abstract?v=4BIQ2pta_ETYBOLODAXu6EO6r9 uXkDRJPXyOGEKHM9ca2O4jwQNPxRjl6s1vou_hvFwr8oBG4gGqSwuAeAIyJDws2EX2a c8o2XbvLArDubTRMUO-EaqAjFHTg1c0St9BqLIXA3qqZtQ=&uniplatform=NZKPT.

请思考 企业为什么要进行成本管理？传统的成本管理方法有哪些问题和局限性？你了解的新型成本管理方法有哪些？

知识目标

1. 了解成本管理的程序和内容。
2. 理解成本按成本性态的分类和总成本模型，掌握混合成本的分解方法。

3. 掌握变动成本法的计算方法以及变动成本法与完全成本法的区别。
4. 理解标准成本的制定方法,掌握标准成本差异的计算和分析方法。
5. 掌握作业成本法的操作流程和计算方法。

思政目标

1. 培养学生爱岗敬业、尽职尽责的职业精神。
2. 培养学生收集与处理信息的能力。
3. 培养学生耐心细致、严谨认真的品质。

典型工作任务

1. 能判断成本的类型,并对混合成本进行分解,建立总成本模型。
2. 能运用变动成本法进行成本计算,比较和分析完全成本法与变动成本法计算结果的差异。
3. 能对标准成本差异进行计算和分析,为企业的成本控制提供依据。
4. 能运用作业成本法计算产品成本。

第一节 成本管理概述

一、成本管理的概念

成本管理是指企业在生产经营过程中实施的成本预测、成本决策、成本计划、成本控制、成本核算、成本分析和成本考核等一列管理活动的总称。

4.1 成本管理及成本性态认知

成本管理是企业管理的一个重要组成部分,其目的是充分组织企业全体人员对生产经营过程的各个环节进行科学合理的管理,力求以最少的生产耗费取得最多的生产成果。企业进行成本管理时,要做到系统、全面、科学、合理。通过成本管理,企业可以降低成本,增加利润,提高经济效益,获得竞争优势。

知识链接 企业进行成本管理应遵循的原则

(1) 融合性原则。要将成本管理与企业业务有机融合,将成本管理嵌入业务的各领域、各层次、各环节,实现成本管理责任到人、控制到位、考核严格、目标落实。

(2) 适应性原则。成本管理应与企业生产经营特点和目标相适应,尤其要与企业发展战略或竞争战略相适应。

(3) 成本效益原则。成本管理应用相关工具方法时,应权衡其为企业带来的收益和付出的成本,避免获得的收益小于其投入的成本。

(4) 重要性原则。成本管理应重点关注对成本具有重大影响的项目,对于不具有重要性的项目可以适当简化处理。

二、成本管理的程序

企业成本管理可以分为三个阶段,即事前成本管理、事中成本管理和事后成本管理,具体流程和内容如图4-1所示。

图4-1 成本管理的三个阶段

(一) 事前成本管理

事前成本管理主要是对未来的成本水平及其发展趋势进行预测和规划,包括成本预测、成本决策和成本计划三项活动。

成本预测是指运用一定的科学方法,对未来成本水平及其变化趋势作出科学的估计。通过成本预测,企业可掌握未来的成本水平及其变动趋势,选择最优方案,作出正确决策。

成本决策是指依据掌握的各种决策成本及相关的数据,对各种备选方案进行分析比较,从中选出最佳方案的过程。成本决策以成本预测为基础,是成本管理不可缺少的一项重要职能,它对于企业正确地制定成本计划,提高经济效益具有十分重要的意义。

成本计划是企业生产经营总预算的一部分,它以货币形式规定企业在计划期内各种产品的生产耗费和成本水平,并提出相应的成本降低水平和为此采取的主要措施,形成书面方案。它是后续成本分析和成本考核的重要依据。

(二) 事中成本管理

事中成本管理主要是对营运过程中发生的成本进行监督和控制,并根据实际情况对成本预算进行科学合理的调整和修正。

成本控制是企业根据一定时期预先设定的成本管理目标,由成本控制主体在其职权范围内,在成本发生和形成过程中,对各种影响成本的因素和条件采取一系列预防和调节措施,以保证成本管理目标实现的管理行为。

(三) 事后成本管理

事后成本管理主要是在成本发生之后,对成本进行核算、分析,找出成本差异产生的原因,进而制定相应的改进措施,并据此对成本管理活动实施评价、考核,主要包括成本核算、成本分析和成本考核三项活动。

(1) 成本核算是指对生产经营过程中发生的各种资源耗费进行归集、分配和结转,计算出各成本核算对象的总成本和单位成本。成本核算是成本管理的基础环节,为成本管理的各项活动提供信息基础。

(2) 成本分析是指按照一定的原则,采用一定的方法,利用成本计划、成本核算和其他有关资料,揭示成本计划完成情况,查明影响成本变动的因素,寻求降低成本的途径和方法。

(3) 成本考核是指定期考查审核成本目标实现情况和成本计划指标的完成结果,全面评价成本管理工作的成绩,并进行相应奖励和惩罚,以促使各责任中心对所控制的成本承担责任,并借以控制和降低各种产品的生产成本。

小思考

成本管理各项活动之间存在什么样的联系?

三、成本管理的应用环境

企业成本管理的应用环境包括管理制度、流程以及相关外部环境等。

从管理制度方面来讲,企业应建立健全成本管理的制度体系,包括费用申报制度、定额管理制度和责任成本制度等,加强存货的计量验收管理,建立存货的计量、验收、领退和清查制度。

从流程方面来讲,企业应建立健全成本相关原始记录,加强和完善成本数据的收集、记录、传递、汇总和整理工作,确保成本基础信息记录真实、完整。

此外,企业还应充分利用现代信息技术,规范成本管理流程,提高成本管理的效率。

第二节 成本性态分析

一、成本性态分析概述

成本性态又称成本习性,是指成本与业务量之间的依存关系。其中,业务量是企业在一定的生产经营期内投入或完成的工作量的统称,如产出量、销售量、人工工时、机器工时等。业务量是进行成本性态研究、变动成本法计算以及本量利分析的依据。

成本性态分析是指在明确各种成本的性态的基础上,按照一定的程序和方法,最终将全部成本区分为固定成本和变动成本两大类,并建立相应成本函数模型的过程。

4.2 固定成本与变动成本认知

二、成本按成本性态分类

按成本性态的不同,成本可分为固定成本、变动成本和混合成本。

(一)固定成本

1. 固定成本的含义和特征

固定成本是指在一定业务量范围内,总额不随业务量变动而增减变动的成本,如按直线法计提的折旧费、行政管理人员工资、房屋租金、广告费、职工培训费等。

固定成本的特征是,在相关范围内,固定成本总额保持不变,但单位固定成本与业务量呈反比例变动。需要注意的是,固定成本总额的不变性是有条件的,即业务量要在一定范围内变动,如果超出这个范围,成本总额是会发生变化的。能够使固定成本总额保持不变的特定的业务量范围,称为相关范围。

【例 4-1】 某公司只生产一种产品,每月最大生产能力为 900 件。采用直线法计提折旧,每月计提折旧 9 000 元。其产量在一定范围内变动对固定成本的影响如表 4-1 所示。

表 4-1　　　　　　　　　固定资产折旧与产品产量的关系

金额单位：元

产量(件)	固定资产月折旧额	单位产品负担的折旧额
150	9 000	60
300	9 000	30
450	9 000	20
600	9 000	15
750	9 000	12
900	9 000	10

根据表 4-1 所列资料，产量变动对固定成本总额和单位固定成本的影响分别如图 4-2 和图 4-3 所示。

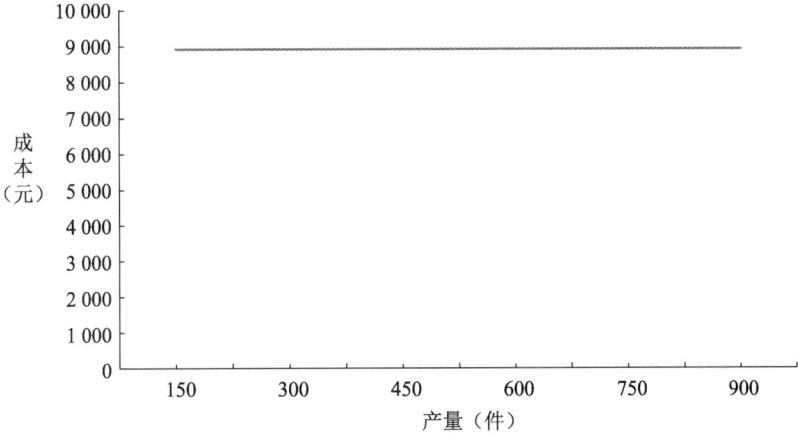

图 4-2　固定成本总额与业务量的关系

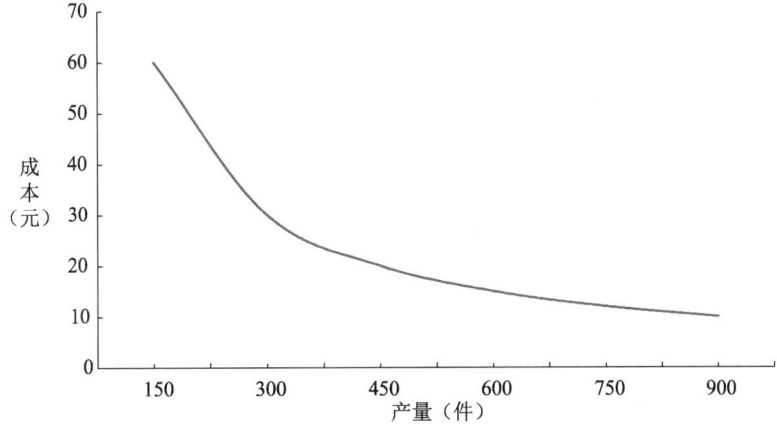

图 4-3　单位固定成本与业务量的关系

从图4-2可以看出,当产量在相关范围内(0至900件)变动时,固定资产每月折旧额保持不变,始终为9 000元,体现出"在相关范围内,固定成本总额保持不变"的特点。

从图4-3可以看出,当产量在相关范围内(0至900件)变动时,单位产品负担的折旧成本随产量的增加而减少,体现出"在相关范围内,单位固定成本与业务量成反比例变动"的特点。

2. 固定成本的分类

按受约束的程度不同,固定成本可分为约束性固定成本和酌量性固定成本。

(1) 约束性固定成本。约束性固定成本是指管理当局的短期经营决策行为不能改变其数额的固定成本,如保险费、财产税、管理人员的基本工资、厂房和机器设备的折旧费等。这类成本与企业的生产能力直接相关,一般是既定的生产能力决定,是维持企业正常生产经营的必要成本,具有很强的约束性。企业要降低约束性固定成本,只能通过合理利用现有的生产能力来降低单位成本,而非降低成本总额。

(2) 酌量性固定成本。酌量性固定成本是指管理当局的短期经营决策行为能改变其数额的固定成本,如研发费、广告费、职工培训费等。这类成本一般是由企业管理当局根据企业的具体情况和财务负担能力确定的,可依据情况的变化作出相应的调整。酌量性固定成本会影响企业的竞争能力,并非可有可无。企业要降低酌量性固定成本,可以厉行节约、精打细算,防止浪费和过度投资。

(二) 变动成本

1. 变动成本的含义和特征

变动成本是指在一定业务量范围内,成本总额随业务量变动而呈正比例变动的成本,如直接材料、直接人工、按业务量计提的折旧费等。

变动成本的特征是,在相关范围内,变动成本总额随业务量的变动呈正比例变动,但单位变动成本保持不变。

【例4-2】 某公司只生产一种产品,每月最大生产能力为900件,单位产品消耗的直接人工为15元。其产量在一定范围内变动对变动成本的影响如表4-2所示。

表4-2   直接人工费用与产品产量的关系

金额单位:元

产量(件)	直接人工费用总额	单位产品负担的直接人工费
150	2 250	15
300	4 500	15
450	6 750	15
600	9 000	15
750	11 250	15
900	13 500	15

根据表4-2所列资料,产量变动对变动成本总额和单位变动成本的影响分别如图4-4和图4-5所示。

从图4-4可以看出,当产量在相关范围内(0至900件)变动时,直接人工费用总额随产

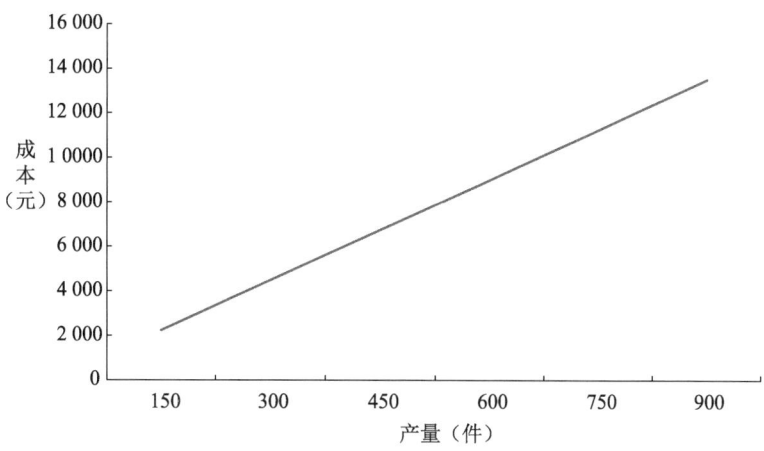

图 4-4 变动成本总额与业务量的关系

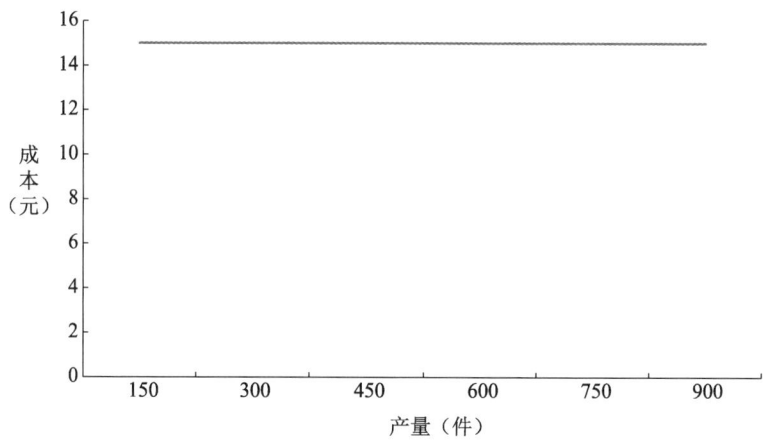

图 4-5 单位变动成本与业务量的关系

量的变动呈正比例变动,体现出"在相关范围内,变动成本总额随业务量变动而呈正比例变动"的特点。

从图4-5可以看出,当产量在相关范围内(0 至 900 件)变动时,单位产品负担的直接人工费用保持不变,体现出"在相关范围内,单位变动成本保持不变"的特点。

2. 变动成本的分类

按发生的原因不同,变动成本可分为技术性变动成本和酌量性变动成本。

(1)技术性变动成本。技术性变动成本是指与产量有明确的生产技术或产品结构设计关系的变动成本,如生产汽车配套的发动机、传动系配件、制动系配件等。技术性变动成本是企业生产产品必然会发生的成本,生产能力利用越充分,技术性变动成本就越高。经理人员无法决定技术性变动成本的发生额。

(2)酌量性变动成本。酌量性变动成本是指可以通过管理决策行动改变的变动成本,如按销售额一定百分比支付的销售佣金、新产品研制费、技术转让费等。酌量性变动成本的发生额由经理人员决定,决策一旦作出,其支出额会随业务量呈正比例变动。

(三) 混合成本

1. 混合成本的含义和特征

在实际工作中,大多数成本与业务量之间的关系介于固定成本和变动成本之间,即成本总额随业务量变动,但不呈正比例变动,这类成本称为混合成本。

4.3 混合成本认知

混合成本的特征是,一方面,成本总额要随业务量的变化而变化;另一方面,成本总额的变化又不能与业务量的变化保持纯粹的正比例关系。

2. 混合成本的分类

混合成本的构成比较复杂,可以进一步分为四类:半变动成本、半固定成本、延期变动成本和曲线变动成本。

(1) 半变动成本。半变动成本通常有一个初始量,类似于固定成本,在这个初始量的基础上,其余部分随业务量的增长而呈正比例增长,又类似于变动成本。例如,企业发生的水电费、电话费等,就属于半变动成本。半变动成本的成本性态模型如图 4-6 所示。

(2) 半固定成本。半固定成本又称阶梯式变动成本,其成本随业务量的变化而呈阶梯式增长。当业务量在一定范围内时,成本总额固定不变;当业务量增长到一定限度后,这种成本就跳跃到一个新的水平,并在新的业务量范围内保持不变。例如,企业管理员、运货员、检验员的工资等,就属于半固定成本。半固定成本的成本性态模型如图 4-7 所示。

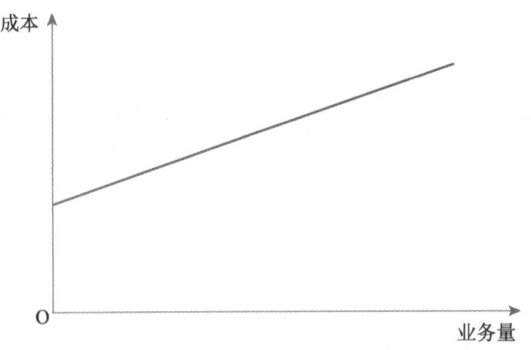

图 4-6 半变动成本性态模型

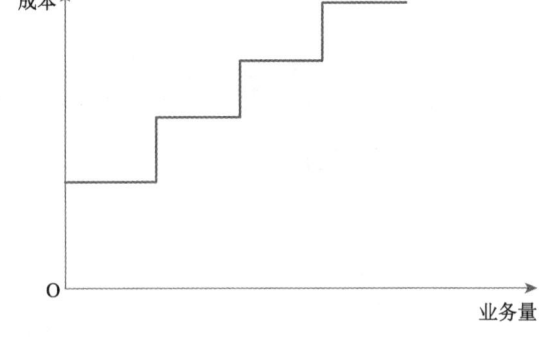

图 4-7 半固定成本性态模型

(3) 延期变动成本。延期变动成本是指在一定业务量范围内,成本总额保持不变,超过特定业务量范围后,则随业务量的变化而呈正比例变化。例如,职工的基本工资在正常工作时间内是固定的,但当工作时间超出正常范围后,企业就需要按加班时长成比例地支付加班工资。延期变动成本的成本性态模型如图 4-8 所示。

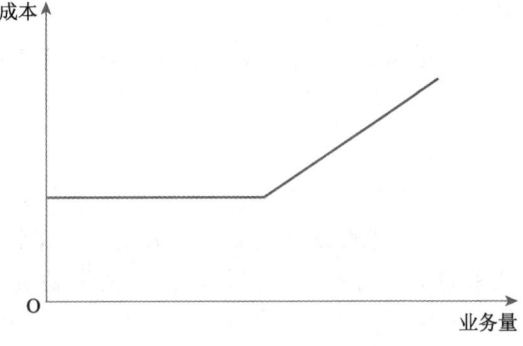

图 4-8 延期变动成本性态模型

(4) 曲线变动成本。曲线变动成本通常有一个不变的初始量,相当于固定成本,在这个初始量的基础上,随着业务量的增加,成本也逐步变化,但它与业务量的关系是非线性的。根据曲线斜率变动的趋势不同,曲线变动成本可进一步分为递增曲线变动成本和递减曲线变动成本。两者的成本总额都是随业务量的增加而逐渐增加的,但递增曲线变动成本的增加幅度是递增的,递减曲线变动成本的增加幅度是递减的。例如,累进计件工资、违约金等,属于递增曲线变动成本;热处理的电炉设备的耗电成本、"费用封顶"的特殊服务费等,属于递减曲线变动成本。递增曲线变动成本和递减曲线变动成本的成本性态模型如图 4-9 和图 4-10 所示。

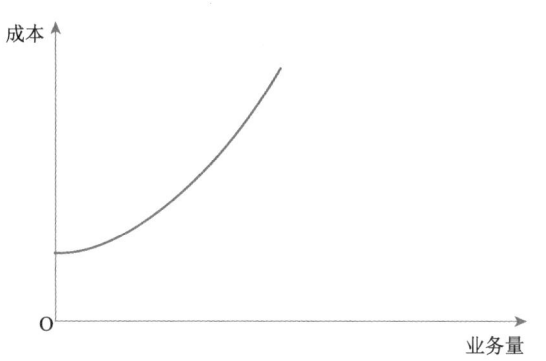

图 4-9　递增曲线变动成本性态模型　　　　图 4-10　递减曲线变动成本性态模型

小思考

递减曲线变动成本的成本总额是随着业务量的增加而逐渐减少的吗?

三、混合成本的分解

成本性态分析的最终结果是将全部成本区分为固定成本和变动成本两大类,并建立相应的成本函数模型。前面已经分析过,成本按性态分为固定成本、变动成本和混合成本三类。所以成本性态分析的关键点是将总成本中的混合成本分解为固定成本和变动成本。如果用 a 表示固定成本,b 表示单位变动成本,x 表示业务量,y 表示混合成本总额,则混合成本总额的模型可以表示为 $y=a+bx$。

混合成本的分解方法主要有高低点法、回归分析法、账户分析法、技术测定法和合同确认法。前两种方法是根据大量的历史成本资料借助数学方法进行分解,后三种方法可以直接分析认定。

1. 高低点法

高低点法是以过去某一会计期间的总成本和业务量资料为依据,从中选取业务量的最高点和最低点,将总成本进行分解,得出成本性态的模型。

运用高低点法来分解混合成本,首先,要根据历史数据资料找出业务量的最高点和最低点;然后,计算出单位变动成本 b;最后,计算出固定成本 a,得出混合成本的模型。其计算公式为:

4.4　高低点法

$$单位变动成本\ b = \frac{最高点业务量成本 - 最低点业务量成本}{最高点业务量 - 最低点业务量}$$

$$固定成本总额\ a = 最高点业务量成本 - 单位变动成本 \times 最高点业务量$$

或：

$$\text{固定成本总额}\,a = \text{最低点业务量成本} - \text{单位变动成本} \times \text{最低点业务量}$$

【例4-3】 某公司2021年1~6月份的机器维修费的有关资料如表4-3所示。

表4-3　　　　　某公司2021年1~6月份机器维修费的资料表

月份	业务量(机器小时)	维修费(元)	月份	业务量(机器小时)	维修费(元)
1	61 500	8 100	4	69 000	8 550
2	57 000	7 650	5	64 500	8 475
3	79 500	9 900	6	73 500	8 670

要求：

(1) 采用高低点法对该公司的机器维修费进行分解，并建立混合成本模型。

(2) 假设2021年7月份机器工作时间为62 000小时，预测机器维修费将达到多少？

(1) 由表4-3中的数据可知，该公司业务量的最高点在3月份，业务量为79 500机器小时，维修费为9 900元；最低点在2月份，业务量为57 000机器小时，维修费为7 650元。则：

$$\text{单位变动成本}\,b = \frac{9\,900 - 7\,650}{79\,500 - 57\,000} = 0.1(\text{元}/\text{机器小时})$$

$$\text{固定成本}\,a = 7\,650 - 0.1 \times 57\,000 = 1\,950(\text{元})$$

或：

$$\text{固定成本}\,a = 9\,900 - 0.1 \times 79\,500 = 1\,950(\text{元})$$

代入 a 和 b 值，建立混合成本模型：

$$y = 1\,950 + 0.1x$$

(2) 将2021年7月份的机器工作时间62 000小时代入混合成本模型：

$$y = 1\,950 + 0.1 \times 62\,000 = 8\,150(\text{元})$$

小思考

高低点法中的最高点和最低点是如何确定的？

【做中学4-1】 某公司2021年1~6月份的业务量与成本的历史数据资料如表4-4所示。

表4-4　　　　　　1~6月份产量与成本的历史资料

月份	产量(件)	混合成本	月份	产量(件)	混合成本
1	1 170	18 900	4	1 275	20 700
2	945	15 600	5	1 230	21 075
3	1 005	16 350	6	840	14 640

要求：采用高低点法对成本进行分解，并建立混合成本模型。

高低点法的优点是操作简便易行，便于理解和掌握。缺点是该方法只选取了两组数据作为计算依据，结果误差较大，可能不具有代表性。因此，该方法适用于各期成本变化幅度不大的企业。

2. 回归分析法

回归分析法是根据过去一定期间的业务量和混合成本的历史资料,运用最小二乘法原理,算出最能代表业务量和混合成本关系的回归直线,借以确定混合成本中固定成本和变动成本的方法。

运用回归分析法,首先,要通过列表法对历史资料进行加工,求出 n,$\sum x$,$\sum y$,$\sum xy$,$\sum x^2$;然后,按照公式求出 a,b 的值,建立混合成本模型。其中:

$$b = \frac{n\sum xy - \sum x \sum y}{n\sum x^2 - (\sum x)^2}$$

$$a = \frac{\sum y - b\sum x}{n}$$

 知识链接 　　**相关系数 r**

在运用回归分析法时,要先计算相关系数 r,判断 x,y 之间的线性关系。

$$r = \frac{n\sum xy - \sum x \sum y}{\sqrt{\left[n\sum x^2 - (\sum x)^2\right] - \left[n\sum y^2 - (\sum y)^2\right]}}$$

相关系数的取值范围为 $[-1, 1]$。

当 $r = -1$ 时,说明 x、y 完全负相关;

当 $r = 0$ 时,说明 x、y 之间不存在线性相关关系;

当 $r = 1$ 时,说明 x、y 完全正相关。

一般来说,只要 r 接近 1,就说明 x、y 基本正相关,可以运用直线回归法。

【例 4-4】 承[例 4-3]。

要求:采用回归分析法对该公司的机器维修费进行分解,并建立混合成本模型。

首先将表 4-3 中的资料进行整理计算,如表 4-5 所示。

表 4-5　　　　　　　　　　　　资料数据整理表

金额单位:元

月份	x	y	xy	x^2
1	61 500	8 100	498 150 000	3 782 250 000
2	57 000	7 650	436 050 000	3 249 000 000
3	79 500	9 900	787 050 000	6 320 250 000
4	69 000	8 550	589 950 000	4 761 000 000
5	64 500	8 475	546 637 500	4 160 250 000
6	73 500	8 670	637 245 000	5 402 250 000
$n=6$	$\sum x = 405\,000$	$\sum y = 51\,345$	$\sum xy = 3\,495\,082\,500$	$\sum x^2 = 27\,675\,000\,000$

将以上数据代入计算公式可得:

$$b = \frac{6 \times 3\,495\,082\,500 - 405\,000 \times 51\,345}{6 \times 27\,675\,000\,000 - 405\,000^2} = 0.086\,8$$

$$a = \frac{51\,345 - 0.086\,8 \times 405\,000}{6} = 2\,698.5$$

代入 a 和 b 值，建立混合成本模型：

$$y = 2\,698.5 + 0.086\,8x$$

> **小思考**
>
> 高低点法和回归分析法计算得到的混合成本模型不同，是因为计算过程出现了错误吗？

【做中学 4-2】 承[做中学 4-1]，采用回归分析法对成本进行分解，并建立混合成本模型。

与高低点法相比，回归分析法的优点是计算结果更为准确，其缺点是计算工作量较大。此方法主要适用于采用计算机进行管理的企业。

> **知识链接**　**分解混合成本的账户分析法、技术测定法和合同确认法**
>
> 1. 账户分析法
>
> 账户分析法是指企业根据有关成本账户及明细账的内容，结合其与产量的依存关系，判断比较接近的成本类别，将其视为该类成本的方法。这种方法适用于管理会计基础工作开展得较好的企业。账户分析法较为简便易行，但其比较粗糙，且带有主观判断。
>
> 2. 技术测定法
>
> 技术测定法又称工程分析法，是指企业根据生产过程中各种材料和人工成本消耗量的技术测定来划分固定成本和变动成本的方法。这种方法仅适用于投入成本和产出数量之间有规律性联系的成本分解。技术测定法分析结果比较准确，有较强说服力，但应用起来比较复杂，需要花费较多的时间和费用。
>
> 3. 合同确认法
>
> 合同确认法是指企业根据订立的经济合同或协议中关于支付费用的规定，来确认并估算哪些项目属于变动成本，哪些项目属于固定成本的方法。合同确认法一般要配合账户分析法使用。

四、总成本模型

将混合成本分解为固定成本和变动成本之后，就可以将混合成本中的固定成本和总成本中的固定成本合并，同时将混合成本中的变动成本和总成本中的变动成本合并，如图 4-11 所示。

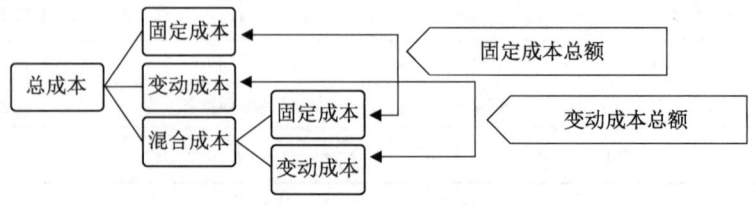

图 4-11　成本性态分析

那么,企业的总成本公式为:

$$\text{总成本} = \text{固定成本总额} + \text{变动成本总额}$$
$$= \text{固定成本总额} + \text{单位变动成本} \times \text{业务量}$$

若用 y 表示总成本,a 表示固定成本总额,b 表示单位变动成本,x 表示业务量,则总成本公式可以表示为:

$$y = a + bx$$

该式是一个直线方程式,成本总额性态模型如图 4-12 所示。

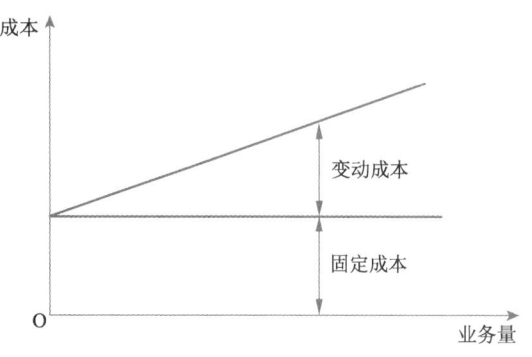

图 4-12　成本总额性态模型

第三节　变动成本法

一、变动成本法概述

(一) 变动成本法产生的背景

随着"机器取代人"的自动化制造时代来临,企业的经营环境正在发生巨大改变。伴随这种改变,产品或劳务的成本结构也发生重大改变,具体来说就是直接人工成本比重大大下降,制造费用(主要是折旧费用等固定成本)比重大大增加,因此,制造费用的分配科学与否将很大程度上决定产品成本计算的准确性和成本控制的有效性。

传统的成本计算方法将固定成本分摊给不同种类的产品。按照这种做法,随着产量的增加,单位产品分摊的固定成本下降,即使单位变动成本不变,平均成本也会随产量增加而下降。在销售收入不变的情况下,增加生产量可以使部分固定成本被存货吸收,减少当期销货成本,增加当期利润,从而刺激经理人员过度生产。变动成本法是针对这个缺点提出来的。

4.5　变动成本法认知

(二) 变动成本法的概念

变动成本法又称直接成本计算法,是指以成本性态分析为前提条件,在计算产品成本时,仅将生产过程中消耗的变动性生产成本(即直接材料、直接人工和变动制造费用)作为产品成本的构成内容,而将固定生产成本(即固定制造费用)和所有的非生产成本(即管理费用、销售费用和财务费用)作为期间成本,直接由当期收益予以补偿的一种成本计算方法。

> **知识链接**　完全成本法的概念
>
> 完全成本法又称吸收成本法,是指以成本按经济职能划分为前提,在计算产品成本时,将生产过程中发生的全部生产成本(即直接材料、直接人工、制造费用)计入产品成本,而只将非生产成本(即管理费用、销售费用和财务费用)作为期间成本在当期损益中扣除的一种成本计算方法。完全成本法是一种传统的财务会计中的核算方法。

（三）变动成本法的理论依据

在变动成本法下，固定制造费用作为期间成本，不计入产品成本，是基于以下两点原因。

1. 固定制造费用应当作为期间成本处理

固定制造费用是定期地创造了可供企业利用的生产经营条件，一经形成，不管实际利用程度如何，费用会固定地在每期发生。它们与产品的实际生产无直接联系，不随产量的变动而增减，在这一点上它与销售费用、管理费用和财务费用类似，都是定期地创造了维持企业经营的必要条件，具有时效性。其效益随着时间的推移而逐渐丧失，不能递延到下期。因此，固定制造费用不应计入产品成本，而应作为期间成本在当期全部扣除。

2. 产品成本只应该包括变动生产成本

一方面，企业在形成固定的生产经营能力后，经营者所关注的信息便是生产什么样的产品，即每件产品的材料消耗、人工消耗、变动制造费用消耗为多少，这就是变动生产成本。只有变动生产成本达到最低，才能使产品自身的盈利能力增强，经营者的经营目标才能实现。变动成本法下的产品成本构成能满足经营者的这种信息需求。所以产品成本只包含变动生产成本。

另一方面，产品是产品成本的物质承担者，有产品就必然有成本，产量越大，成本就会越高，如果当期产量为零，那么产品成本就应该为零。但是在完全成本法下，当产量为零时，由于当期的固定制造费用仍然存在，所以出现产品成本不为零的不合理现象。这也就是财务会计中的"制造费用"账户的期末余额确定为"期末一般无余额"而不是确定为"期末无余额"的原因所在。所以，变动成本法下，产品成本只应该包括变动生产成本。

二、变动成本法与完全成本法的区别

4.6 变动成本法与完全成本法对比1

变动成本法与完全成本法的区别主要体现在以下五个方面。

（一）应用的前提条件不同

变动成本法与完全成本法的应用前提条件不同，亦即两者划分成本的依据和方法不同。为简化见，本节将财务费用并入管理费用，不再单独表述。

变动成本法是以成本性态分析为基础，将全部成本划分为固定成本和变动成本两部分。其中，生产成本划分为变动生产成本和固定生产成本，只有变动生产成本计入产品成本；非生产成本划分为变动管理及销售费用和固定管理及销售费用。

完全成本法是按照成本的经济用途将全部成本划分为生产成本和非生产成本两大类。其中，在产品生产过程中所发生的各项耗费均由产品承担，归属于生产成本，计入产品成本，而企业管理、销售等非生产环节所发生的费用，归属于非生产成本，作为期间成本直接计入当期损益。

变动成本法与完全成本法应用前提的比较如图4-13和图4-14所示。

（二）产品成本与期间成本的构成内容不同

两种成本计算方法产品成本和期间成本的构成内容如表4-6所示。

表4-6　　　　　　　两种成本法产品成本和期间成本的构成内容表

项目	变动成本法		完全成本法	
产品成本	变动生产成本	直接材料	生产成本	直接材料
		直接人工		直接人工
		变动制造费用		制造费用

(续表)

项目	变动成本法			完全成本法	
期间成本	变动非生产成本		变动管理费用	非生产成本	管理费用
			变动销售费用		
	固定成本	固定生产成本	固定制造费用		销售费用
		固定非生产成本	固定管理费用		
			固定销售费用		

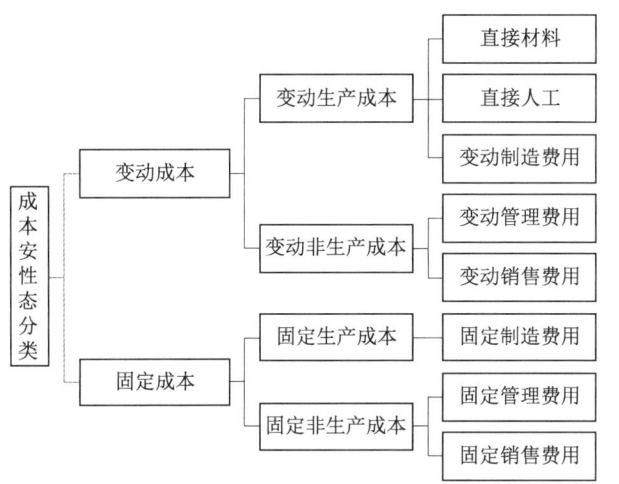

图 4-13 变动成本法的应用前提　　　　图 4-14 完全成本法的应用前提

从表 4-6 可以看出,变动成本法下的产品成本只包括变动生产成本,而固定生产成本(即固定制造费用)和所有的非生产成本都计入期间成本。完全成本法下的产品成本包括所有的生产成本,所有的非生产成本计入期间成本。所以,两种成本法下产品成本和期间成本构成内容的差别点就在"固定制造费用"的划分上:变动成本法下的固定制造费用是计入期间成本的,完全成本法下的固定制造费用是计入产品成本的。这一差别是两种成本法下后续其他相关指标的计算结果产生差异的原因。

【例 4-5】 某公司只生产一种产品,销售单价为 300 元,期初存货量为 0,本期生产量为 9 000 件,本期销售量为 6 000 件,期末存货量为 3 000 件,其成本有关资料如表 4-7 所示。请采用两种成本计算法分别计算产品总成本和单位成本。

表 4-7　　　　　　　　　　　　成本资料表

成本项目	金额(元)	成本项目	金额(元)
直接材料	630 000	变动管理费用	27 000
直接人工	270 000	固定管理费用	108 000
变动制造费用	90 000	变动销售费用	54 000
固定制造费用	180 000	固定销售费用	72 000

为了更加清晰直观地展示两种成本法下产品成本计算过程和结果的差异,编制表4-8。

表4-8　　　　　　　　　总成本和单位成本计算表

成本项目	完全成本法		变动成本法	
	总成本	单位成本	总成本	单位成本
直接材料	630 000	70	630 000	70
直接人工	270 000	30	270 000	30
变动制造费用	90 000	10	90 000	10
固定制造费用	180 000	20	—	—
合计	1 170 000	130	990 000	110

表4-8中,单位成本=总成本/本期生产量。从表中可以看出,完全成本法下的总成本比变动成本法下的总成本多180 000元,单位成本多20元,这个差异就是由固定制造费用的划分不同造成的。

小思考

在完全成本法下,前后各期产品的单位成本相等吗?变动成本法下的呢?

【做中学4-3】　某公司只生产一种产品,其2021年2月的相关资料如下:销售单价为90元;期初存货量150件(假定上期产品的成本水平与本期相同),本期生产量为1 200件,销售量为900件,期末存货量为450件。变动成本法下产品的单位成本为45元,固定制造费用为7 200元,单位产品变动非生产成本为0元,固定非生产成本为4 500元。请采用完全成本法和变动成本法分别计算产品的总成本和单位成本。

(三)销货成本与期末存货成本水平不同

1. 两种成本法下销货成本和期末存货成本的理论分析

完全成本法将固定制造费用计入了产品成本,若期末存货不为零,则固定制造费用要在本期的已销产品和期末存货之间进行分配,因此,一部分固定制造费用被本期的已销产品吸收作为销货成本计入当期利润表,另一部分固定制造费用则被期末存货吸收并递延到下一会计期间。即各会计期间的已销产品和期末存货都是按全部成本计价,既包括变动生产成本,又包括部分固定制造费用。

采用变动成本法,产品成本只包括变动生产成本,无论是已销产品还是期末存货,其成本都只包含变动生产成本。因此,期末存货是按变动生产成本计价的,并不包括固定成本(固定制造费用)。

2. 两种成本法下销货成本和期末存货成本的计算公式

1) 期末存货成本

期末存货成本是指已完工入库但还未销售出去的产品成本,其通用计算公式为:

期末存货成本 = 期末存货量 × 单位成本

变动成本法下的产品成本只包含变动生产成本,而完全成本法下的产品成本包括变动

4.7　变动成本法与完全成本法对比2

生产成本和固定制造费用,因此,完全成本法下的期末存货成本必然大于变动成本法下的期末存货成本。

2) 销货成本

销货成本是指已经销售出去的产品成本,其通用计算公式为:

$$销货成本 = \begin{pmatrix}期初存\\货成本\end{pmatrix} + \begin{pmatrix}本期生\\产成本\end{pmatrix} - \begin{pmatrix}期末存\\货成本\end{pmatrix} = \begin{pmatrix}期初\\存货量\end{pmatrix} \times \begin{pmatrix}上期单\\位成本\end{pmatrix} + \begin{pmatrix}本期\\生产量\end{pmatrix} \times \begin{pmatrix}本期单\\位成本\end{pmatrix} - \begin{pmatrix}期末\\存货量\end{pmatrix} \times \begin{pmatrix}本期单\\位成本\end{pmatrix}$$

(注:本书中的存货计价采用先进先出法,期末存货均为当期的完工产品)

在变动成本法下,由于前后各期的产品成本都是变动成本,且单位变动成本具有相关范围内的不变性,所以上式中的"上期单位成本"和"本期单位成本"是相等的,上式可以进一步整理为简化公式:

$$销货成本 = \begin{pmatrix}期初\\存货量\end{pmatrix} + \begin{pmatrix}本期\\生产量\end{pmatrix} - \begin{pmatrix}期末\\存货量\end{pmatrix} \times \begin{pmatrix}单位\\成本\end{pmatrix} = \begin{pmatrix}本期\\销售量\end{pmatrix} \times \begin{pmatrix}单位\\成本\end{pmatrix}$$

在完全成本法下,由于产品成本中除了变动生产成本,还含有固定制造费用,每期产品的单位固定制造费用会随着生产量的变化而变化,导致每期产品的单位成本也随着生产量的变化而变化,因此,完全成本法下的销货成本公式不能直接简化,需要分情况讨论:

当前后各期产量相等时,前后各期产品的单位固定制造费用相等,单位变动成本不变,则前后各期的单位成本相等,完全成本法下的销货成本公式也可以采用简化公式:

$$销货成本 = 本期销售量 \times 单位成本$$

当前后各期产量不相等时,前后各期的单位固定制造费用也不相等,完全成本法下的销货成本只能采用通用计算公式:

$$销货成本 = 期初存货成本 + 本期生产成本 - 期末存货成本$$

【例 4-6】 承[例 4-5],请用两种成本计算法分别计算本期销货成本和期末存货成本。

为了更加清晰直观地展示两种成本法下本期销货成本和期末存货成本计算过程和结果的差异,编制表 4-9。

表 4-9　　　　　　　　　　本期销货成本和期末存货成本计算表

项目	完全成本法	变动成本法
期初存货成本	0	0
本期生产成本	1 170 000	990 000
本期可供销售成本	1 170 000	990 000
期末存货成本	390 000(3 000×130)	330 000(3 000×110)
本期销货成本	780 000	660 000

从表 4-9 可以看出,按完全成本法计算的期末存货成本比按变动成本法计算的期末存货成本多 60 000 元。这是因为完全成本法下的期末存货成本包含了部分固定制造费用,金额为 6 000 元(期末存货数量×单位固定制造费用=3 000×20)。按完全成本法计算的本期

销货成本比按变动成本法计算的本期销货成本多120 000元,这是因为完全成本法的本期销货成本包含了另一部分固定制造费用,金额为120 000元(本期销售量×单位固定制造费用=6 000×20)。

【做中学4-4】 承[做中学4-3]。请采用完全成本法和变动成本法分别计算产品的本期销货成本和期末存货成本。

(四)税前利润的计算程序不同

1. 变动成本法下税前利润的计算程序

其计算公式为:

$$销售收入 - 变动成本 = 边际贡献$$

$$边际贡献 - 固定成本 = 税前利润$$

其中:

变动成本 = 变动生产成本(即本期销货成本) + 变动非生产成本
　　　　 = 本期销售量×单位产品成本 + 变动管理费用 + 变动销售费用
固定成本 = 固定制造费用 + 固定管理费用 + 固定销售费用

2. 完全成本法下税前利润的计算程序

其计算公式为:

$$销售收入 - 销货成本 = 销售毛利$$

$$销售毛利 - 期间成本 = 税前利润$$

其中:

销货成本 = 期初存货成本 + 本期生产成本 - 期末存货成本
期间成本 = 管理费用 + 销售费用

4.8 变动成本法与完全成本法对比3

(五)利润表的编制方法不同

两种成本法下的利润表格式和编制方法是不同的。完全成本法下的利润表称为职能式利润表,是按照完全成本法下税前利润的计算程序编制的;变动成本法下的利润表称为贡献式利润表,是按照变动成本法下税前利润的计算程序编制的。

【例4-7】 承[例4-5]。请采用两种成本法编制利润表。

两种成本法编制的利润表如表4-10所示。

表4-10　　　　　　　　　两种成本法编制的利润表对比表

单位:元

完全成本法——职能式利润表		变动成本法——贡献式利润表	
销售收入(300×6 000)	1 800 000	销售收入(300×6 000)	1 800 000
减:销售成本		减:变动成本	
期初存货成本	0	变动生产成本(110×6 000)	660 000
本期生产成本(130×9 000)	1 170 000	变动管理费用	27 000
本期可供销售成本	1 170 000	变动销售费用	54 000

(续表)

完全成本法——职能式利润表		变动成本法——贡献式利润表	
减：期末存货成本(130×3 000)	390 000	变动成本合计	741 000
销售成本合计	780 000	边际贡献	1 059 000
销售毛利	1 020 000	减：固定成本	
减：期间成本		固定制造费用	180 000
管理费用(27 000+108 000)	135 000	固定管理费用	108 000
销售费用(54 000+72 000)	126 000	固定销售费用	72 000
期间成本合计	261 000	固定成本合计	360 000
税前利润	759 000	税前利润	699 000

小思考

为什么变动成本法下的税前利润比完全成本法下的税前利润少60 000元？

【做中学4-5】 承[做中学4-3]。请采用完全成本法和变动成本法编制利润表。

三、变动成本法与完全成本法下的利润差额分析

如前所述，两种成本法下计算得出的税前利润是有差额的。那么，这个差额到底是如何产生的呢？

（一）公式推导分析

从两种成本法下税前利润的计算公式和利润表可以看出，两种成本法下的销售收入是完全相同的，不会导致税前利润出现差额；两种成本法下的期间成本（管理费用和销售费用）在利润表中的位置不同，但都是被全额扣除的，也不会导致税前利润出现差额；两种成本法下的变动销售成本（当期已销产品所包含的变动生产成本，即销售量与单位变动生产成本之积）相等，同样不会导致税前利润出现差额。所以，两种成本法下的税前利润出现差额的根本原因还是在于固定制造费用的扣除金额不同。利润差额的具体推导公式如下：

完全成本法下的利润－变动成本法下的利润
= （销售收入－销货成本－期间成本）－（销售收入－变动成本－固定成本）
= －销货成本－期间成本＋变动成本＋固定成本
= －（变动销货成本＋固定销货成本）－（变动期间费用＋固定期间费用）＋
　（变动销货成本＋变动期间费用）＋（本期固定制造费用＋固定期间费用）
= －固定销货成本＋本期固定制造费用
= －（期初存货中的固定制造费用＋本期存货中的固定制造费用－期末存货中的固定制造费用）＋
　本期固定制造费用
= 期末存货中的固定制造费用－期初存货中的固定制造费用
= 期末存货量×期末存货的单位固定制造费用－期初存货量×期初存货的单位固定制造费用

由该公式可以看出，两种成本法下的利润差异确实是由固定制造费用导致的，具体来说，是由完全成本法下期初、期末存货中包含的固定制造费用导致的。

知识链接 两种成本法下税前利润的相互转化

$$\begin{pmatrix}\text{变动成本法下}\\\text{的税前利润}\end{pmatrix}=\begin{pmatrix}\text{完全成本法下}\\\text{的税前利润}\end{pmatrix}-\left(\begin{pmatrix}\text{期末}\\\text{存货量}\end{pmatrix}\times\begin{pmatrix}\text{期末存货的单位}\\\text{固定制造费用}\end{pmatrix}-\begin{pmatrix}\text{期初}\\\text{存货量}\end{pmatrix}\times\begin{pmatrix}\text{期初存货的单位}\\\text{固定制造费用}\end{pmatrix}\right)$$

$$\begin{pmatrix}\text{完全成本法下}\\\text{的税前利润}\end{pmatrix}=\begin{pmatrix}\text{变动成本法下}\\\text{的税前利润}\end{pmatrix}+\left(\begin{pmatrix}\text{期末}\\\text{存货量}\end{pmatrix}\times\begin{pmatrix}\text{期末存货的单位}\\\text{固定制造费用}\end{pmatrix}-\begin{pmatrix}\text{期初}\\\text{存货量}\end{pmatrix}\times\begin{pmatrix}\text{期初存货的单位}\\\text{固定制造费用}\end{pmatrix}\right)$$

(二) 实例计算分析

以下通过一道例题来分析固定制造费用对两种成本法下税前利润的影响。

【例4-8】 天成公司只产销一种产品,每件产品单价为60元,直接材料为10元,直接人工为9元,变动制造费用为3元,每年固定性制造费用总额为720 000元,单位变动管理及销售费用为5元,每年固定管理及销售费用总额为100 000元,存货按先进先出法计价。该公司最近3年的产销量资料如表4-11所示。

表4-11　　　　　　　　　　　近3年的产销量资料表

单位:件

项目	第一年	第二年	第三年
期初存货量	0	0	15 000
本期生产量	45 000	60 000	36 000
本期销售量	45 000	45 000	45 000
期末存货量	0	15 000	6 000

请用两种成本法编制利润表,并进行简单分析。

(1) 计算3年的单位成本数据,如表4-12所示。

表4-12　　　　　　　　　　　单位成本计算表

项目	第一年	第二年	第三年
变动成本法下的单位成本	22	22	22
单位固定制造费用	16	12	20
完全成本法下的单位成本	38	34	42

(2) 编制两种成本法下的利润表,计算结果如表4-13和表4-14所示。

表4-13　　　　　　　　　　　变动成本法下的利润表

项目	第一年	第二年	第三年
销售收入	2 700 000	2 700 000	2 700 000
减:变动成本			
变动生产成本	990 000	990 000	990 000
变动管理及销售费用	225 000	225 000	225 000
变动成本合计	1 215 000	1 215 000	1 215 000

(续表)

项目	第一年	第二年	第三年
边际贡献	1 485 000	1 485 000	1 485 000
减：固定成本			
固定制造费用	720 000	720 000	720 000
固定管理及销售费用	100 000	100 000	100 000
固定成本合计	820 000	820 000	820 000
税前利润	665 000	665 000	665 000

表 4-14　　　　　　　　　　完全成本法下的利润表

项目	第一年	第二年	第三年
销售收入	2 700 000	2 700 000	2 700 000
减：销售成本			
期初存货成本	0	0	510 000
本期生产成本	1 710 000	2 040 000	1 512 000
本期可供销售成本	1 710 000	2 040 000	2 022 000
减：期末存货成本	0	510 000	252 000
销售成本合计	1 710 000	1 530 000	1 770 000
销售毛利	990 000	1 170 000	930 000
减：期间成本			
固定管理及销售费用	100 000	100 000	100 000
变动管理及销售费用	225 000	225 000	225 000
期间成本合计	325 000	325 000	325 000
税前利润	665 000	845 000	605 000

(3) 对两种成本法下的利润变化分别进行分析。

第一，在变动成本法下，天成公司3年的销售量都是45 000件，计算得出的税前利润都是665 000元。这是因为固定制造费用被作为期间成本全额扣除了。变动成本法下的营业利润计算公式为：

$$税前利润 = 销售收入 - 变动成本 - 固定成本$$
$$= 销售量 \times (单价 - 单位变动成本) - 固定成本$$

销售量在一定范围内变动时，单价、单位变动成本、固定成本都是保持不变的，因此，若各期销售量相同，变动成本法下的税前利润也是相等的。而且税前利润会随着销售量的增加而增加，但并非呈正比例变动。

第二，在完全成本法下，天成公司3年的税前利润都不相等。这是因为完全成本法下的固定制造费用要分摊到产品成本中去,当各期产量不相等时,产品的单位固定制造费用就不同。因此,即使各期销售量相同,完全成本法下的税前利润也不一定相等。

(4) 对两种成本法下的利润差额进行分析。

第一年,两种成本法下的利润相等。这是因为期初存货量和期末存货量均为零,即期初存货释放的固定制造费用等于期末存货吸收的固定制造费用,两种成本法下扣除的都是当期全额的固定制造费用。

第二年,完全成本法下的利润比变动成本法下的利润多 180 000 元(845 000-665 000)。这是因为期初存货量为 0,期初存货释放的固定制造费用为 0,但期末存货量为 15 000 件,期末存货吸收的固定制造费用为 180 000 元(12×15 000)。完全成本法下期末存货吸收的固定制造费用比期初存货释放的固定制造费用多 180 000 元(180 000-0),因此,完全成本法下的利润比变动成本法下的利润多 180 000 元。

第三年,完全成本法下的利润比变动成本法下的利润少 60 000 元(665 000-605 000)。这是因为期初存货量为 15 000 件,期初存货释放的固定制造费用为 180 000 元(12×15 000);期末存货量为 6 000 件,期末存货吸收的固定制造费用为 120 000 元(20×6 000)。完全成本法下期末存货吸收的固定制造费用比期初存货释放的固定制造费用少 60 000 元(180 000-120 000),因此,完全成本法下的利润比变动成本法下的利润少 60 000 元。

 知识链接 两种成本法下税前利润大小的归纳总结

两种成本法下税前利润大小的对比归纳总结如表 4-15 所示。

表 4-15　　　　　　　　两种成本法下税前利润大小对比表

情形	税前利润的比较
期末存货吸收的固定制造费用＞期初存货释放的固定制造费用 期初存货量=0,期末存货量≠0	完全成本法下的税前利润＞变动成本法下的税前利润
期末存货吸收的固定制造费用=期初存货释放的固定制造费用 期初存货量=0,期末存货量=0	完全成本法下的税前利润=变动成本法下的税前利润
期末存货吸收的固定制造费用＜期初存货释放的固定制造费用 期初存货量≠0,期末存货量=0	完全成本法下的税前利润＜变动成本法下的税前利润

四、变动成本法的评价及适用条件

(一) 变动成本法的优点

(1) 促使管理者重视市场销售,防止盲目扩大生产。变动成本法可以排除产量变动对利润的影响,建立起销售量与利润的同向变动关系,从而促使管理者更加重视销售环节,注意研究市场动态,做到以销定产。相应地,变动成本法也可以避免管理人员通过增大生产量,使部分固定制造费用留存于存货中来"提高"盈利水平的做法,防止了盲目生产、积压仓库、沉淀资金现象的发生。

(2) 便于分清各部门的责任,有利于进行成本控制与业绩评价。固定成本在短期内是无法改变的,因此变动成本信息可以使管理人员集中关注变动成本,进行成本控制。变动成本法下的产品成本仅由变动成本构成,因此其单位产品成本的变化将直接说明相关部门成本控制的业绩。而在完全成本法下,单位产品成本还会受到产量的影响,其变动难以说明相关部门控制成本的效果。

(二)变动成本法的缺点

(1)不符合财务会计产品成本的传统概念以及对外报告的要求。按照传统观念的理解,产品成本是指在生产领域为生产产品而发生的全部生产成本,既包括变动生产成本,也包括固定生产成本。这种观点长期以来在世界范围内得到广泛的支持和认可,并被吸收到企业会计基本准则之中,作为对外报告的标准。但是按变动成本法确定的产品成本显然不能满足这一要求。以变动成本法编制财务报表,可能导致股东、债权人、员工及其他利益相关者作出错误的决策。所以在对外报告方面,这种方法未被接受。而且变动成本与固定成本的划分在很大程度上是假设的结果,而不是一种非常精确的计算。

(2)不能适应长期决策的需要。变动成本法建立在成本性态分析的基础之上,因此它以相关范围假定为存在前提,但是成本性态受到多个因素的影响,因此,固定成本和变动成本的水平不可能长期不变。而长期决策涉及的时间较长,又要解决增加或减少生产能力和扩大或缩小经营规模的问题,必然要突破相关范围这个前提。因此,变动成本法所提供的资料,一般不适用于长期决策。

(三)变动成本法的适用条件

变动成本法一般适用于同时具备以下特征的企业:①企业固定成本比重较大,当产品更新换代的速度较快时,分摊计入产品成本中的固定成本比重大,采用变动成本法可以正确反映产品盈利状况。②企业规模大,产品或服务的种类多,固定成本分摊存在较大困难。③企业作业保持相对稳定。

第四节 标准成本法

一、标准成本法概述

标准成本法是指企业以预先制定的标准成本为基础,通过比较标准成本与实际成本,计算和分析成本差异、揭示成本差异动因,进而实施成本控制、评价经营业绩的一种成本管理方法。其中,标准成本是指通过调查分析、运用技术测定等方法制定的,在有效经营条件下所能达到的目标成本。标准成本主要用来控制成本开支,衡量实际工作效率。企业在确定标准成本时,可以根据自身的技术条件和经营水平,在以下类型中进行选择:

一是理想标准成本,这是一种理论标准,它是指在现有条件下所能达到的最优成本水平,即在生产过程无浪费、机器无故障、人员无闲置、产品无废品等假设条件下制定的成本标准。

二是正常标准成本,是指在正常情况下,企业经过努力可以达到的成本标准,这一标准考虑了生产过程中不可避免的损失、故障、偏差等。

通常来说,理想标准成本小于正常标准成本。理想标准成本要求异常严格,一般很难达到,而正常标准成本具有客观性、现实性、激励性、稳定性等特点,所以,正常标准成本在实践中得到广泛应用。

知识链接　　正常标准成本的特点

正常标准成本具有以下特点：它是用科学方法根据客观实验和过去实践经充分研究后制定出来的，具有客观性和科学性；它既排除了各种偶然性和意外情况，又保留了目前条件下难以避免的损失，代表正常情况下的消耗水平，具有现实性；它是应该发生的成本，可以作为评价业绩的尺度，成为督促职工去努力争取的目标，具有激励性；它可以在工艺技术水平和管理有效性水平变化不大时持续使用，不需要经常修订，具有稳定性。

二、标准成本的制定

制定标准成本时，要分别确定用量标准和价格标准两部分，两者相乘就得到标准成本，即：

$$标准成本 = 用量标准 \times 价格标准$$

其中，用量标准是每单位产品所需消耗资源的数量限定标准，包括单位产品材料消耗量、单位产品直接人工工时、单位产品机器工时等。用量标准的潜在来源主要有历史经验、工艺研究及生产操作人员的意见。价格标准是指每单位资源的价格限定标准，包括原材料单价、小时工资率、小时制造费用分配率等。制定价格标准是生产、采购、人事和会计部门的共同责任。

产品成本由直接材料、直接人工和制造费用三个项目组成。无论是确定哪一个项目的标准成本，都需要分别确定其用量标准和价格标准，两者的乘积就是每一成本项目的标准成本，将各项目的标准成本汇总，即得到单位产品的标准成本。其计算公式为：

$$单位产品的标准成本 = 直接材料标准成本 + 直接人工标准成本 + 制造费用标准成本$$
$$= \sum(用量标准 \times 价格标准)$$

（一）直接材料标准成本的制定

直接材料的标准成本，由材料的用量标准和价格标准确定。

直接材料的用量标准是指在现有生产技术条件下，生产单位产品所需的材料数量。它包括构成产品实体的材料和有助于产品形成的材料，以及生产过程中的合理损耗和难以避免的损失所耗用的材料。材料的用量标准一般应根据科学的统计调查，以技术分析为基础计算确定。

直接材料的价格标准通常采用企业编制的计划价格，它通常是以订货合同的价格为基础，并考虑到未来物价、供求等各种变动因素后按材料种类分别计算的，包括买价、运杂费、保险费、包装费、检验费和运输途中的合理损耗等成本费用。直接材料的标准成本一般由财务部门、采购部门等共同制定。

单位产品直接材料标准成本的计算公式为：

$$单位产品直接材料标准成本 = \sum(单位产品的材料用量标准 \times 材料价格标准)$$

【例 4-9】　天成公司生产甲产品需要使用 A、B 两种材料，相关资料及标准成本计算如

表4-16所示。

表4-16 直接材料标准成本计算表

项目	A材料	B材料
价格标准(元)		
买价	10	12
采购费用	0.8	0.8
每千克材料价格标准	10.8	12.8
用量标准(千克)		
正常耗用量	19	18
合理损耗量	0.6	1.2
废品损耗量	0.4	0.8
单位产品用量标准	20	20
各材料标准成本(元)	216	256
单位产品直接材料标准成本(元)	472	

(二) 直接人工标准成本的制定

直接人工的标准成本,由直接人工的用量标准和直接人工的价格标准确定。

直接人工用量标准,即工时用量标准,是指在现有的生产技术条件下,生产单位产品所耗用的必要的工作时间,包括对产品直接加工工时、必要的间歇或停工工时,以及不可避免的废次品所耗用的工时等。直接人工的标准成本一般由生产技术部门、劳动工资部门等运用特定的技术测定方法和分析统计资料后确定。

直接人工的价格标准就是标准工资率,通常由劳动工资部门根据用工情况制定。当采用计时工资时,标准工资率就是小时标准工资率,是由标准工资总额与标准总工时的商来确定的,即:

$$标准工资率 = \frac{标准工资总额}{标准总工时}$$

因此:

$$直接人工标准成本 = 标准工时 \times 标准工资率$$

【例4-10】 天成公司生产甲产品的直接人工标准成本计算及结果如表4-17所示。

表4-17 直接人工标准成本计算表

项目	第一车间	第二车间
工资总额(元)	6 600	6 800
总工时(小时)	275	400
小时标准工资率(元)	24	17

(续表)

项目	第一车间	第二车间
直接加工工时（小时）	7	8
必要的间歇和停工时间（小时）	0.4	0.5
废品所耗用时间（小时）	0.6	0.5
单位产品标准工时（小时）	8	9
各车间单位产品直接人工标准成本（元）	192	153
单位产品直接人工标准成本（元）	345	

（三）制造费用标准成本的制定

制造费用的标准成本，是由制造费用的用量标准和制造费用的价格标准确定的。

制造费用的标准成本一般先按车间分别编制，然后将同一车间涉及的各车间单位制造费用标准加以汇总，得出整个产品制造费用标准成本。

制造费用按成本性态分为变动制造费用和固定制造费用两类，因此，制造费用标准成本也分为变动制造费用标准成本和固定制造费用标准成本两部分。

1. 变动制造费用标准成本的制定

变动制造费用的用量标准，通常采用单位产品直接人工工时标准，它在制定直接人工标准成本时已经确定。用量标准的选择需要考虑用量与成本的相关性，有的企业采用机器工时和其他用量标准。

变动制造费用的价格标准是单位工时变动制造费用的标准分配率，它根据变动制造费用预算数和直接人工（或机器）总工时计算得出。其计算公式为：

$$变动制造费用分配率 = \frac{变动制造费用预算数}{直接人工（或机器）标准总工时}$$

确定用量标准和价格标准之后，两者相乘即可得出变动制造费用标准成本，即：

$$变动制造费用标准成本 = 标准工时 \times 变动制造费用分配率$$

【例4-11】 天成公司生产甲产品的变动制造费用标准成本计算及结果如表4-18所示。

表4-18　　　　　　　　变动制造费用标准成本计算表

项目	第一车间	第二车间
变动制造费用预算（元）		
间接人工费	7 500	4 500
间接材料费	750	300
燃料费	10 500	7 800
其他	500	900
合计	19 250	13 500

(续表)

项目	第一车间	第二车间
直接人工总工时(小时)	275	400
变动制造费用分配率	70	33.75
单位产品标准工时(小时)	8	9
各车间变动制造费用标准成本	560	303.75
单位产品变动制造费用标准成本	863.75	

2. 固定制造费用标准成本的制定

固定制造费用的用量标准与变动制造费用的用量标准一样,通常采用单位产品直接人工工时、机器工时和其他用量标准。为了进行差异分析,两者要保持一致。

固定制造费用的价格标准是单位工时固定制造费用的标准分配率,它根据固定制造费用预算数和直接人工(或机器)总工时计算得出。其计算公式为:

$$固定制造费用分配率 = \frac{固定制造费用预算数}{直接人工(或机器)标准总工时}$$

确定用量标准和价格标准之后,两者相乘即可得出固定制造费用标准成本,即:

$$固定制造费用标准成本 = 标准工时 \times 固定制造费用分配率$$

【例 4-12】 天成公司生产甲产品的固定制造费用标准成本计算及结果如表 4-19 所示。

表 4-19　　　　　　　　　固定制造费用标准成本计算表

项目	第一车间	第二车间
固定制造费用预算(元)		
折旧费	15 000	13 500
管理人员工资	9 000	9 000
保险费	150	150
维修费	150	120
其他	450	350
合计	24 750	23 120
直接人工总工时(小时)	275	400
固定制造费用分配率	90	57.8
单位产品标准工时(小时)	8	9
各车间固定制造费用标准成本	720	520.2
单位产品固定制造费用标准成本	1 240.2	

将以上确定的直接材料、直接人工和制造费用的标准成本按产品进行汇总,即可得出甲产品的标准成本,如表 4-20 所示。通常天成公司通过编制"标准成本卡"来反映产品标准成

103

本的具体构成。在每种产品生产之前，它的标准成本卡要送达有关部门及职工，包括各生产车间负责人、会计部门、仓库保管员等，作为领料、派工和支出其他费用的依据。

表 4-20　　　　　　　　甲产品的单位产品标准成本卡

成本项目	用量标准	价格标准	标准成本
直接材料：			
A 材料	20 千克	10.8 元/千克	216 元
B 材料	20 千克	12.8 元/千克	256 元
直接材料合计			472 元
直接人工			
第一车间	8 小时	24 元/时	192 元
第二车间	9 小时	17 元/时	153 元
直接人工合计			345 元
变动制造费用			
第一车间	8 小时	70 元/时	560 元
第二车间	9 小时	33.75 元/时	303.75 元
变动制造费用合计			863.75 元
固定制造费用			
第一车间	8 小时	90 元/时	720 元
第二车间	9 小时	57.8 元/时	520.2 元
固定制造费用合计			1 240.2 元
单位产品标准成本合计		2 920.95 元	

三、标准成本的差异分析

（一）标准成本差异分析概述

标准成本是目标成本的一种，由于各种原因，产品的实际成本与目标成本往往不一致。实际成本与标准成本之间的差额称为标准成本差异，或简称成本差异。成本差异是反映实际成本脱离预定目标程度的信息。

企业进行标准成本差异分析的主要目标是找出差异产生的原因，提出可行的对策，以便采取措施加以纠正，提高工作效率，不断改善产品成本。

当实际成本高于标准成本时，形成超支差异；当实际成本低于标准成本时，形成节约差异。

标准成本差异分为直接材料成本差异、直接人工成本差异和制造费用差异，其中制造费用差异又分为变动制造费用差异和固定制造费用差异。

（二）变动成本差异分析

直接材料、直接人工和变动制造费用都属于变动成本，其成本差异分析的基本方法相同。由于它们实际成本的高低取决于实际用量和实际价格,标准成本的高低取决于标准用量和标准价格,所以成本差异可以归结为两类:一是实际价格脱离标准价格形成的价格差异,二是实际用量脱离标准用量造成的数量差异。其计算公式为:

$$
\begin{aligned}
成本差异 &= 实际成本 - 标准成本 \\
&= 实际用量 \times 实际价格 - 标准用量 \times 标准价格 \\
&= 实际用量 \times 实际价格 - 实际用量 \times 标准价格 + 实际用量 \times 标准价格 \\
&\quad - 标准用量 \times 标准价格 \\
&= 实际用量 \times (实际价格 - 标准价格) + (实际用量 - 标准用量) \times 标准价格 \\
&= 价格差异 + 用量差异
\end{aligned}
$$

其中,
$$价格差异 = 实际用量 \times (实际价格 - 标准价格)$$
$$用量差异 = (实际用量 - 标准用量) \times 标准价格$$

小思考

公式中的"标准成本"和"标准用量"是实际产量下的还是预算产量下的?

1. 直接材料差异分析

直接材料成本差异是直接材料实际成本与标准成本之间的差额,由直接材料价格差异和直接材料用量差异两部分组成。其中,直接材料价格差异是直接材料实际价格脱离标准价格形成的差异,按实际用量计算;直接材料用量差异是直接材料实际用量脱离标准用量形成的差异,按标准价格计算。其计算公式为:

$$直接材料成本差异 = 实际成本 - 标准成本 = \dfrac{直接材料}{价格差异} + \dfrac{直接材料}{用量差异}$$

$$直接材料价格差异 = (实际价格 - 标准价格) \times 实际用量$$

$$直接材料用量差异 = (实际用量 - 标准用量) \times 标准价格$$

4.9 直接材料成本差异分析

【例 4-13】 某公司本月生产产品 400 件,使用材料 2 000 千克,每件材料单价为 1.5 元,每件产品的直接材料标准用量为 6 千克,每千克材料的标准价格为 1.2 元。按照上述公式计算成本差异如下:

直接材料成本差异 = 2 000 × 1.5 - 400 × 6 × 1.2 = 120(元)
直接材料价格差异 = (1.5 - 1.2) × 2 000 = 600(元)
直接材料用量差异 = (2 000 - 400 × 6) × 1.2 = -480(元)

直接材料成本差异应该等于直接材料价格差异和直接材料用量差异之和,即 600 + (-480) = 120(元),可据此验算差异分析计算的正确性。

一般来说,材料价格差异是在材料采购过程中形成的,不应由耗用材料的生产部门负责,而应由材料的采购部门负责。采购部门未能按标准价格进货的原因是多方面的,如供应厂家调整售价、本企业未批量进货、使用不必要的快速运输方式、违反合同被罚款、承接紧急订货造成额外采购等。但是有时采购价格偏高并非采购部门的责任,对此需要进行具体分析和调查,才能明确最终原因和责任归属。例如,生产计划安排不合理或材料浪费等原因,导致采购部门采取应急措施,则不应该由采购部门负责,而应由生产部门负责。又如,由于市场供求关系发生变化所引起的材料价格变动,也不应该由采购部门负责。

材料用量差异是在材料耗用过程中形成的,反映了生产部门的成本控制业绩。材料用量差异形成的具体原因也有许多,例如,工人操作疏忽造成废品或废料增加、操作技术改进而节省材料、新工人上岗造成用料增多、机器或工具不适造成用料增加等。但是,有时用料量增多并非生产部门的责任,对此,需要进行具体的调查研究才能明确责任归属。例如,购入材料质量低劣、规格不符造成使用量超过标准,则是采购部门的责任。

小思考

直接材料价格差异和用量差异产生的原因还有哪些?

【做中学4-6】 某公司本月生产甲产品8 000件,领用材料32 000千克,其每千克实际价格为40元,每千克材料的标准价格为45元,单位产品材料的标准耗用量为3千克。请计算分析直接材料标准成本差异。

4.10 直接人工和制造费用差异分析

2. 直接人工差异分析

直接人工成本差异是直接人工实际成本与标准成本之间的差额,由直接人工工资率差异和直接人工效率差异两部分组成。其中,直接人工工资率差异属于价格差异,是直接人工实际工资率脱离标准工资率形成的差异,按实际工时计算;直接人工效率差异属于用量差异,是直接人工实际工时脱离标准工时形成的差异,按标准工资率计算。其计算公式为:

$$直接人工成本差异 = 实际成本 - 标准成本 = 直接人工工资率差异 + 直接人工效率差异$$

$$直接人工工资率差异 = (实际工资率 - 标准工资率) \times 实际工时$$

$$直接人工效率差异 = (实际工时 - 标准工时) \times 标准工资率$$

【例4-14】 承[例4-13],某公司本月生产产品400件,实际工时总量为1 650小时,支付工资5 000元。每件产品的标准工时为3小时,标准工资率为4元/小时。按照上述公式计算成本差异如下:

直接人工成本差异 = 5 000 − 400 × 3 × 4 = 200(元)

直接人工工资率差异 = (5 000/1 650 − 4) × 1 650 = −1 600(元)

直接人工效率差异 = (1 650 − 400 × 3) × 4 = 1 800(元)

直接人工成本差异应该等于直接人工工资率差异和直接人工效率差异之和,即 −2 400 + 3 000 = 600(元),可据此验算差异分析计算的正确性。

直接人工工资率差异的形成原因比较复杂,直接生产工人升级或降级使用、工资率调整、加班或使用临时工、出勤率变化等都将导致工资率差异。一般而言,这种差异的责任主要在人力资源部门,但形成差异的具体原因可能还会涉及生产部门或其他部门。

直接人工效率差异的形成原因也是多方面的,包括工作环境不良、工人经验不足、劳动情绪不佳、新工人上岗太多、机器或工具选用不当、设备故障较多、生产计划安排不当、产量规模太小而无法发挥经济批量优势等。直接人工效率差异主要是生产部门的责任,但也不是绝对的。例如,材料质量不高也会影响生产效率,由此产生的直接人工效率差异应主要由采购部门负责。

【做中学 4-7】 某公司本月生产乙产品 8 000 件,实际用工 10 000 小时,实际应付直接人工工资 110 000 元。直接人工每小时的标准工资率为 10.8 元,每件 A 产品的标准工时为 1.5 小时。请计算直接人工标准成本差异。

3. 变动制造费用差异分析

变动制造费用差异是实际变动制造费用与标准变动制造费用之间的差额,由变动制造费用耗费差异和变动制造费用效率差异两部分组成。其中,变动制造费用耗费差异属于价格差异,反映耗费水平的高低,是变动制造费用的实际分配率脱离标准分配率形成的差异,按实际工时计算;变动制造费用效率差异属于用量差异,反映工作效率变化引起的费用节约或超支,是实际工时脱离标准工时形成的差异,按标准的小时费用率计算。其计算公式为:

变动制造费用成本差异 = 实际变动制造费用 − 标准变动制造费用
　　　　　　　　　　 = 变动制造费用耗费差异 + 变动制造费用效率差异
变动制造费用耗费差异 = (变动制造费用实际分配率 − 变动制造费用标准分配率) × 实际工时
变动制造费用效率差异 = (实际工时 − 标准工时) × 变动制造费用标准分配率

【例 4-15】 承[例 4-13]和[例 4-14],某公司本月生产产品 400 件,实际工时总量为 1 650 小时,实际发生变动制造费用 3 500 元。每件产品的标准工时为 3 小时,标准的变动制造费用分配率为 2.5 元/小时。按照上述公式计算成本差异如下:

变动制造费用成本差异 = 3 500 − 400 × 3 × 2.5 = 500(元)
变动制造费用耗费差异 = (3 500/1 650 − 2.5) × 1 650 = −625(元)
变动制造费用效率差异 = (1 650 − 400 × 3) × 2.5 = 1 125(元)

变动制造费用成本差异应该等于变动制造费用耗费差异和变动制造费用效率差异之和,即 −625 + 1 125 = 500(元),可据此验算差异分析计算的正确性。

变动制造费用的耗费差异,是实际支出与按实际工时和标准分配率计算的预算数之间的差额。后者承认实际工时是在必要的前提下计算出来的弹性预算数,因此该项差异反映耗费水平即每小时业务量支出的变动制造费用脱离了标准。耗费差异是部门经理的责任,他们有责任将变动制造费用控制在弹性预算限额之内。

变动制造费用效率差异,是由于实际工时脱离了标准工时,多用工时导致费用增加,因此其形成原因与人工效率差异相似。

【做中学 4-8】 某公司本月实际生产 A 产品 8 000 件,用工 10 000 小时,实际发生变动制造费用 40 000 元。变动制造费用的标准分配率为 3.6 元/小时,单位产品的标准工时为 1.5 小时。请计算分析变动制造费用标准成本差异。

(三) 固定制造费用差异分析

固定制造费用属于固定成本,其差异分析与各项变动成本差异的分析不同,分为两种方法:二因素分析法和三因素分析法。

1. 二因素分析法

二因素分析法即将固定制造费用差异分为耗费差异和能量差异。

耗费差异是指固定制造费用的实际金额与固定制造费用预算金额之间的差额。固定制造费用不随业务量的变动而变动,因此在考核时不考虑业务量的变动,而是以原来的预算数

作为标准,实际数超过预算数即视为耗费过多。其计算公式为:

$$\text{固定制造费用耗费差异} = \text{固定制造费用实际数} - \text{固定制造费用预算数}$$

能量差异是指固定制造费用预算数与固定制造费用标准成本的差额,也就是生产能量与实际业务量的标准工时的差额用标准分配率计算的金额。它反映实际产量标准工时未能达到生产能量而造成的损失。其计算公式为:

$$\begin{aligned}\text{固定制造费用能量差异} &= \text{固定制造费用预算数} - \text{固定制造费用标准成本}\\ &= \text{固定制造费用标准分配率} \times \text{生产能量} - \text{固定制造费用标准分配率} \times \text{实际产量下的标准工时}\\ &= (\text{生产能量} - \text{实际产量下的标准工时}) \times \text{固定制造费用标准分配率}\end{aligned}$$

【例4-16】 承[例4-13]至[例4-15],某公司本月生产产品400件,发生固定制造费用4 500元,实际工时为1 650小时;企业生产能量为1 500小时;每件产品的固定制造费用标准成本为10.5元,即每件产品标准工时为3小时,标准分配率为3.5元/小时。则:

固定制造费用成本差异 = 实际固定制造费用 − 标准固定制造费用
= 4 500 − 400×10.5 = 300(元)
固定制造费用耗费差异 = 4 500 − 1 500×3.5 = −750(元)
固定制造费用能量差异 = (1 500 − 400×3)×3.5 = 1 050(元)

固定制造费用成本差异应该等于固定制造费用耗费差异和固定制造费用能量差异之和,即 −750 + 1 050 = 300(元),可据此验算差异分析计算的正确性。

2. 三因素分析法

三因素分析法即将固定制造费用成本差异分为耗费差异、效率差异和闲置能量差异三部分。耗费差异的计算与二因素分析法相同。不同的是要将二因素分析法中的"能量差异"进一步分为两部分:一部分是实际工时未达到生产能量而形成的闲置能量差异;另一部分是实际工时脱离标准工时而形成的效率差异。其计算公式如下:

$$\begin{aligned}\text{固定制造费用闲置能量差异} &= \text{固定制造费用预算数} - \text{实际工时} \times \text{固定制造费用标准分配率}\\ &= (\text{生产能量} - \text{实际工时}) \times \text{固定制造费用标准分配率}\end{aligned}$$

$$\begin{aligned}\text{固定制造费用效率差异} &= \text{实际工时} \times \text{固定制造费用标准分配率} - \text{实际产量下的标准工时} \times \text{固定制造费用标准分配率}\\ &= (\text{实际工时} - \text{实际产量下的标准工时}) \times \text{固定制造费用标准分配率}\end{aligned}$$

【例4-17】 沿用[例4-16]的资料,则:

固定制造费用闲置能量差异 = (1 500 − 1 650)×3.5 = −525(元)
固定制造费用效率差异 = (1 650 − 400×3)×3.5 = 1 575(元)

三因素分析法中的闲置能量差异(−525元)与效率差异(1 575元)之和为1 050元,与二因素分析法中的"能量差异"金额相等。

【做中学4-9】 某公司本月A产品的预算产量为10 400件,实际生产A产品8 000件,用工10 000小时,实际发生固定制造费用190 000元。A产品的固定制造费用标准分配率为12元/小时,单位产品的标准工时为1.5小时。请分别使用二因素分析法和三因素分析法计算分析固定制造费用标准成本差异。

固定制造费用的耗费差异是固定制造费用的实际数脱离预算数造成的,一般应由部门主管负责。出现差异的原因主要为：预算编制不全面,缺乏适当或足够的经营控制造成过度开支。

固定制造费用闲置能量差异主要反映企业生产能力是否被充分利用。如果是正差异,说明设计的生产能力出现闲置,产生了不利的差异；如果是负差异,说明设计的生产能力被充分利用,产生了有利的差异。导致固定制造费用闲置能量差异出现不利差异的原因可能有多种,如生产安排的不均衡、机器设备发生故障、设备检修引起停工,以及不能得到足够订单而无法保持正常生产能力等。管理人员应该分清不利差异产生的具体原因并采取相应的措施。需要注意的是,固定制造费用生产能力利用差异经常导致生产管理人员追求高于正常生产能力的生产水平。如果多生产的产品可以及时销售出去,那么这样做就是有利的；但是如果多生产的产品不能及时销售出去,而不得不成为存货,那么固定制造费用的有利差异实际上反而会导致不利后果。

固定制造费用效率差异产生的原因与直接人工效率差异的原因相同,是由企业劳动组织和人员配备情况、工人技术熟练程度和责任感、材料质量、动力供应等情况引起的工时利用造成的,反映了劳动生产率的高低。

四、标准成本法的评价及适用范围

标准成本法的优点如下：

（1）能及时反馈各成本项目的不同性质,有利于考核相关部门及人员的业绩。

（2）标准成本的制定及其差异和动因的信息可以使企业预算的编制更为科学和可行,有助于企业作出科学的经营决策。

标准成本法主要有以下三个缺点：

（1）要求企业产品的成本标准比较准确、稳定,在使用条件上存在一定的局限性。

（2）对标准管理水平要求较高,系统维护成本较高。

（3）标准成本需要根据市场价格波动频繁更新,导致成本差异可能缺乏可靠性,从而会降低成本控制效果。

标准成本法一般适用于产品及其生产条件相对稳定,或生产流程与工艺标准化程度较高的企业。

第五节 作业成本法

一、作业成本法概述

（一）作业成本法的含义

作业成本法是指以"作业消耗资源、产品消耗作业"为原则,按照资源动因先将资源费用追溯或分配至各项作业,计算出作业成本,然后再根据作业动因,将作业成本追溯或分配至各成本对象,最终完成成本计算的成本管理方法。

作业成本法是将间接成本更准确地分配到产品和服务中的一种成本计算方法。依据作业成本法的观念,企业的全部经营活动是由一系列相互关联的作业组成的,企业每进行一项作业都要耗用一定的资源;与此同时,产品被一系列的作业生产出来。产品成本是全部作业所消耗资源的总和,产品是消耗全部作业的成果。

在作业成本法下,直接成本可以直接计入有关产品,与传统的成本计算方法并无差异。不能追溯到产品的成本,则先追溯到有关作业或分配到有关作业,计算作业成本,然后再将作业成本分配到有关产品。

(二) 作业成本法的核心概念

要正确理解作业成本法,需要明确一些相关的核心概念。

1. 资源

资源是企业生产耗费的最初形态,是成本产生的源泉。企业作业活动系统所耗费的人力、物力、财力都属于资源。执行任何一项作业都要耗费一定的资源。制造型企业的资源项目一般包括原材料、辅助材料、燃料及动力、职工工资、折旧费、修理费、运输费等。

2. 作业

作业是指企业中特定组织为了某种目的重复执行的任务或活动,是连接资源和成本对象的桥梁,例如,签订材料采购合同、将材料运达仓库、对材料进行质量检验等。

一项作业可能是一项非常具体的活动,如车工作业;也可以是多项连续作业的合并,如机加工车间的车、铣、刨、磨等所有作业可以统称为机加工作业;甚至可以将机加工作业、产品组装作业等统称为生产作业。

> **小思考**
>
> 你能列举出哪些作业?

> **知识链接**　　**作业的分类**
>
> 作业可从不同的角度来进行分类。
>
> 按作业的层次,可以把作业分为以下四类:
>
> (1) 单位作业(unit activity),指使单位产品受益的作业,如机器的折旧及动力等。这种作业的成本与产品产量成比例变动。
>
> (2) 批别作业(batch activity),指使一批产品受益的作业,如对每批产品的检验、生产准备、原料处理等。这种作业的成本与产品的批数成比例变动。
>
> (3) 产品作业(product activity),指使某种产品的每个单位都受益的作业,如对某一种产品的设计、编制数控程序等。这种作业的成本与产品产量及批数无关,而与产品线的数量成比例变动。
>
> (4) 维持性作业(sustaining activity),指使某个部门或整个企业受益的作业,它与产品的种类和数量无关。
>
> 根据作业能否从客户角度增加产品的价值,可以把作业分为以下两类:
>
> (1) 增值作业,指能增加产品价值的作业,如运输、表面加工等。
>
> (2) 非增值作业,指不能增加产品价值的作业,这类作业又可分为必要的和非必要的两类作业。
>
> 根据执行部门,可以把作业分为以下四类:
>
> (1) 投入作业,指为生产产品而准备的作业,如产品设计、采购原材料等。

(2) 生产作业,指为生产产品而进行的作业,如机器加工、检查产品等。
(3) 产出作业,指与客户交易的作业,如销售、发货、售后服务等。
(4) 管理作业,指为了支持上述三种作业顺利进行的作业,如人事、会计等。

按作业的重要程度,可以把作业分为以下三类:
(1) 核心作业,指企业生存的中心作业,一般具有竞争优势,如销售部的核心作业为与客户达成交易。
(2) 支持作业,指使核心作业得以发挥作用的作业,如上门拜访客户。
(3) 牵制作业,指由于系统中的缺陷而产生的补救作业,如处理客户投诉事件。

3. 作业中心与作业成本库

由一系列相互关联的、能够实现某种特定功能的具体作业组成的作业集合,称为作业中心。作业中心是资源费用分配的对象。一般来讲,一个作业中心就是生产流程的一个组成部分,企业可以把相同的成本动因引起的作业集合设置为一个作业中心。例如,材料采购、材料检验、材料入库、材料仓储保管等一系列作业相互联系,可以归类于材料处理作业中心。作业中心有助于企业更明晰地分析一组相关的作业,以便进行作业管理以及企业组织机构和责任中心的设计与考核。

把相关的一系列作业消耗的资源费用归集到作业中心,则构成该作业中心的作业成本库,作业成本库是作业中心的货币表现形式。

4. 成本动因

成本动因又称成本驱动因素,是指引起成本发生的因素,即成本的诱因。例如,采购订单数决定着采购作业的资源消耗,采购订单数便是采购作业的成本动因。在作业成本法下,成本动因是成本分配的依据。根据成本动因在资源流动中所处的位置,成本动因又可以分为资源动因和作业动因。

资源动因是引起资源耗用的成本动因,反映作业量与资源耗费之间的因果关系。资源动因被用来计量各项作业对资源的耗用,根据资源动因可以将资源成本分配给各有关作业,如机器钻孔作业的资源动因是机器工作小时。

作业动因是引起作业耗用的成本动因,反映产品产量与作业成本之间的因果关系。作业动因计量各种产品对作业耗用的情况,并被用来作为作业成本的分配基础,是沟通资源消耗与最终产出的中介。如材料搬运作业的衡量标准是搬运的零件数量,生产调度作业的衡量标准是生产订单数量,加工作业的衡量标准是直接人工工时,自动化设备作业的衡量标准是机器作业小时数等。

> **小思考**
>
> 资源动因和作业动因的区别是什么?

(三) 作业成本法与传统成本法的区别

作业成本法与传统成本法下,直接材料成本与直接人工成本都可以直接归集到成本对象,两者的区别集中在对间接成本的分配上,主要是制造费用的分配。为便于说明,本节后面的内容都以"制造费用"代替"间接成本"。

1. 制造费用分配的路径不同

作业成本法的基本指导思想是"作业消耗资源、产品消耗作业"。根据这一指导思想,作业成本法把成本计算过程划分为两个阶段。第一阶段,将作业执行中耗费的资源分配到作业,计算作业的成本;第二阶段,将第一阶段计算出的作业成本分配到各有关成本对象。

完全成本法与作业成本法对制造费用的分配路径如图 4-15 和图 4-16 所示。

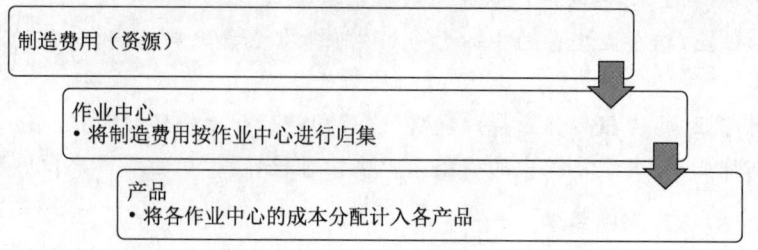

图 4-15 作业成本法下制造费用的分配路径

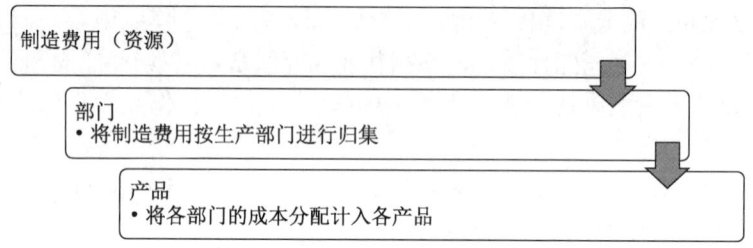

图 4-16 完全成本法下制造费用的分配路径

作业成本法下成本计算的第一阶段,除了把直接成本追溯到产品,还要将各项制造费用分配到各有关作业,并把作业看成是按产品生产需求重新组合的"资源";在第二阶段,按照作业消耗与产品之间不同的因果关系,将作业成本分配到产品。因此,作业成本法下制造费用的分配路径是"制造费用(资源)→作业→产品"。

传统的成本法也是分两步进行,但是中间的成本中心是按部门建立的。第一步除了把直接成本追溯到产品,还要把不同性质的各种制造费用按部门归集在一起;第二步是以产量为基础,将各部门归集的制造费用分配到各种产品。因此,传统成本法下,制造费用的分配路径是"制造费用(资源)→部门→产品"。

2. 制造费用分配的动因不同

在传统成本法下,制造费用分配的动因比较单一,通常以直接人工工时或机器工时为分配依据,当企业生产多样性明显时,生产量小、技术要求高的产品成本分配偏低,而生产量大、技术要求低的产品成本分配偏高。

在作业成本法下,制造费用分配的动因较多。首先,确认发生制造费用的一个或多个作业环节,如维修机器作业、搬运作业、质量检验作业等;然后,根据作业量的大小,将制造费用分配到各作业中;最后,依据相应的成本动因,如维修工时、搬运数量、检查次数等,将各作业中心的成本分配到成本对象。采用作业成本法,制造费用按照成本动因直接分配,避免了传统成本计算法下的成本扭曲。

(四) 作业成本法的实施步骤

1. 设立资源库,将确认和计量的各种资源归集到各资源库

企业在生产产品或提供劳务过程中会消耗各种资源,如原材料、厂房、设备等有形资源,

信息、知识产权等无形资源。企业首先应为各类资源设置相应的资源库,并对一定期间内耗费的各种资源价值进行计量,将计量结果归入各资源库。

2. 确认主要作业,并设立相应的作业中心

在进行作业确认时,理论上要求将有关费用划分得越细越好,但基于成本效益的考虑,一般按重要性和同质性的要求进行作业划分,纳入同一个作业组。纳入同一个作业组的作业应具备两个条件:一是属于同一类作业;二是对于不同产品来说,有着大致相同的消耗比率。比如,"材料搬运"是一项作业,也可以作为一个作业中心,所有与材料搬运相关的费用都归属到"材料搬运"这一作业中心。

知识链接 某企业作业清单示例

表4-21是某变速冰箱制造企业列示的作业清单。需要说明的是,这仅仅是一个示例,各企业可以结合自身的产品生产特点认定作业。

表4-21　　　　　　　　　某变速冰箱制造企业作业清单

作业名称	作业说明
材料订购	包括选择供应商、签订合同、明确供应方式等
材料检验	对每批购入的材料进行质量、数量检验
生产准备	每批产品投产前,进行设备调整等准备工作
发放材料	每批产品投产前,将生产所需材料发往各生产车间
材料切割	将管材、圆钢切割成适于机加工的毛坯工件
车床加工	使用车床加工零件(轴和连杆)
铣床加工	使用铣床加工零件(齿轮)
刨床加工	使用刨床加工零件(变速箱外壳)
产品组装	人工装配变速箱
产品质量检验	人工检验产品质量
包装	用木箱将产品包装
车间管理	组织和管理车间生产、提供维持生产的条件

3. 确定资源动因,并将各资源库汇集的价值分配到各作业中心

资源动因是把资源库价值分配到各作业中心的依据。首先,企业应根据不同的资源,选择合适的资源动因,如电力资源可以选择"消耗的电力度数"作为资源动因。然后,根据资源费用和资源动因数量,计算出资源动因分配率。最后,根据各项作业所消耗的资源动因数,将各资源库的价值分配到各作业中心。其计算公式为:

$$资源动因分配率 = 资源费用 \div 各作业消耗的资源动因数量$$
$$分配到某作业中心的资源 = 作业中心消耗的资源动因数量 \times 资源动因分配率$$

例如,电力的资源动因是耗电度数,资源动因分配率是0.55元/度,若"产品质量检验"作业消耗了2 000度电,那么,"产品质量检验"作业分配到的"电力成本"为1 100元。

在分配过程中,对于为执行某种作业直接消耗的资源,应直接追溯至该作业中心;对于为执行两种或两种以上作业共同消耗的资源费用,应按照各作业中心的资源动因量比例分配至各作业中心。企业为执行每一种作业所消耗的资源费用的总和,构成该种作业的总成本。

> **知识链接**　常用的资源动因

常用的资源动因如表 4-22 所示。

表 4-22　　　　　　　　　　　常用的资源动因

作业	资源动因
机器运行作业	机器小时
安装作业	安装小时
清洁作业	平方米
材料移动作业	搬运次数、搬运距离、吨千米
人事管理作业	雇员人数、工作时间
能源消耗	电表、流量表、装机功率和运行时间
制作订单作业	订单数量
顾客服务作业	服务电话次数、服务产品品种数、服务的时间

4. 确定作业动因,并计算作业动因分配率,归集各产品应负担的作业成本

一般来说,作业动因的选择由企业工程技术人员和成本会计师等组成的专门小组讨论确定。选择作业动因时,要确保作业消耗量与作业动因消耗量相关,综合权衡收益与成本,并考虑确认成本动因后的行为结果。

作业动因分为业务动因、持续时间动因和强度动因三类,企业要根据具体情况进行选择。其中,业务动因是指用执行次数计量的成本动因,适用于每次执行所需要的资源数量相同或接近的情形,如发出订单数、处理收据数等;持续时间动因是指用执行时间计量的成本动因,适用于每次执行所需要的时间显著不同的情形,如机器检查时间、设备安装时间等;强度动因是指需要直接衡量每次执行所需资源的作业动因,包括特别复杂产品的安装、质量检验等。

当各作业中心已经建立、作业动因已经选定后,就可以计算出以作业动因数量为单位的分配率和分配到产品上的作业成本。其计算公式为:

$$作业动因分配率 = 作业中心归集的作业成本总额 \div 作业动因总量$$
$$分配到某产品的作业成本 = 某产品耗用的作业动因数量 \times 作业动因分配率$$

> **知识链接**　作业动因分配率的具体分类

作业动因分配率可以分为实际作业动因分配率和预算作业动因分配率两种形式。

(1) 实际作业动因分配率。实际作业动因分配率是根据各作业中心实际发生的成本和作业的实际产出计算得出的单位作业产出的实际成本。其计算公式为:

$$实际作业动因分配率 = \frac{当期实际发生的作业成本}{当期实际作业动因总量}$$

实际作业动因分配率主要用于作业产出比较稳定的企业。其主要优点在于计算的成本是实际成本,无须分配实际成本与预算成本的差异。其主要缺点表现在三个方面:一是作业成本资料只能在会计期末才能取得,不能随时提供进行决策的有关成本信息;二是不同会计期间作业成本不同,作业需求量也不同,因此,计算出的成本分配率时高时低;三是容易忽视作业需求变动对成本的影响,不利于划清造成成本高低的责任归属。

(2)预算作业动因分配率。预算作业动因分配率根据预算年度预计的作业成本和预计作业产出计算。其计算公式为:

$$预算作业成本分配率 = \frac{预计作业成本}{预计作业动因总量}$$

预算作业成本分配率可以克服实际作业成本分配率的缺点,能够随时提供决策所需的成本信息,可以避免因作业成本变动和作业需求不足引起的产品成本波动,并且有利于及时查清成本升高的原因。

5. 计算各成本对象的总成本和单位成本

根据每种产品所耗用的各项作业成本,可以计算该产品应负担的总成本和单位成本。其计算公式为:

$$某产品总成本 = 当期投入该产品的直接成本 + 分配至该产品的作业成本总和$$
$$= 当期投入该产品的直接成本 + \sum(某产品耗用的作业动因数量 \times 作业动因分配率)$$

视野拓展　长安汽车的作业成本法探索实践

重庆长安汽车股份有限公司(以下简称长安汽车)以产品盈利为核心、以达成公司整体盈利能力提升为目标,在运用传统管理工具的同时,根据企业内部管理需求改革创新,积极应用如作业成本管理等管理会计工具,更精确地控制成本,较大程度地提高了产品利润。长安汽车作业成本法的实施步骤分为七个部分:一是培训动员;二是采集基础信息,如生产车间的组织架构、设备能耗参数等;三是确认计量资源,如人工成本、燃油费、折旧费等;四是为资源消耗选择动因,如人工成本的消耗动因是"人工作业时间",即按照对应生产线,分作业项目统计人员有效工作时间、停线等待时间、停工时间;五是按照一定逻辑计算作业成本,如人工成本=某生产线某项作业耗用人工时间×固定人工分配率,固定人工分配率=某生产线固定人工成本总额÷该生产线人工作业时间之和;六是选择作业动因;七是产品成本计算。

资料来源:华领国际 CMA. 管理会计在12家企业集团的12个应用案例[EB/OL]. (2018-10-10)[2023-07-02]. https://www.sohu.com/a/258576542_768760.

二、作业成本法的具体应用

如前所述,对于直接材料、直接人工等直接成本的核算,作业成本法与传统的完全成本法一样,都是直接计入产品成本。两者的区别主要体现在对制造费用的分配上。作业成本法的分配路径是"制造费用→作业→产品",而完全成本法的分配路径是"制造费用→部门→产品"。

【例4-18】 天成公司某车间生产甲、乙两种电子配件,其中甲配件是标准配件,工艺较为简单,乙配件是定制配件,工艺较为复杂。为了更加准确地核算产品成本,提高经营效益,公司决定尝试采用作业成本法。产品相关资料如表4-23所示。

表4-23　　　　　　　　　　甲、乙配件基本资料表

项目	甲配件	乙配件	项目	甲配件	乙配件
产量(件)	6 000	1 500	直接材料成本(元)	225	300
直接人工工时(小时)	3.75	9	制造费用总额	750 000	
小时工资率(元)	37.5	37.5			

其中,资源(制造费用)的具体构成内容如表4-24所示。

表4-24　　　　　　　　　　资源(制造费用)构成内容表

单位:元

项目	金额	项目	金额
人工费	225 000	折旧费	300 000
水电费	75 000	办公费及其他费用	150 000

该公司经过专业分析和设计,将耗费资源的作业划分为五项,并找出对应的资源动因和作业动因。该公司本月的资源动因及其数量表如表4-25所示,作业动因及其数量表如表4-26所示。

表4-25　　　　　　　　　　资源动因及其数量表

资源类别	资源动因	资源动因量					
		设备调试	生产流程监控	产品包装	产品检验	工厂管理	合计
人工费	工人人数(人)	9	15	20	10	6	60
水电费	用电度数(度)	3 750	8 250	18 000	4 500	3 000	37 500
折旧费	机器工时(小时)	300	600	1 500	375	225	3 000
办公费及其他费用	工人人数(人)	9	15	20	10	6	60

表4-26　　　　　　　　　　作业动因及其数量表

作业	作业动因	甲配件	乙配件	合计
设备调试	调整次数(次)	4	8	12
设备流程监控	监控小时(小时)	45	75	120
产品包装	包装次数(次)	32	68	100
产品检验	检验小时(小时)	38	62	100
工厂管理	直接人工(元)	6 000	9 000	15 000

要求：分别采用作业成本法和完全成本法计算产品成本。

（1）作业成本法。

首先，根据资源动因将资源分配到各作业成本库，如表4-27所示。

表4-27　　　　　　　　　　　资源耗费分配表

金额单位：元

资源类别	资源费用	资源动因数量	分配率	作业成本库				
				设备调试	生产流程监控	产品包装	产品检验	工厂管理
人工费	225 000	60	3 750	33 750	56 250	75 000	37 500	22 500
水电费	75 000	37 500	2	7 500	16 500	36 000	9 000	6 000
折旧费	300 000	3 000	100	30 000	60 000	150 000	37 500	22 500
办公费及其他费用	150 000	60	2 500	22 500	37 500	50 000	25 000	15 000
作业成本合计	750 000	—	—	93 750	170 250	311 000	109 000	66 000

然后，根据作业动因，将各成本作业库归集的成本分配到甲、乙配件，如表4-28所示。

表4-28　　　　　　　　　　　作业耗费分配表

金额单位：元

作业成本库	作业成本合计	作业动因数量	分配率	作业量		作业成本	
				甲配件	乙配件	甲配件	乙配件
设备调试	93 750	12	7 812.5	4	8	31 250	62 500
设备流程监控	170 250	120	1 418.75	45	75	63 843.75	106 406.25
产品包装	311 000	100	3 110	32	68	99 520	211 480
产品检验	109 000	100	1 090	38	62	41 420	67 580
工厂管理	66 000	15 000	4.4	6 000	9 000	26 400	39 600
合计	750 000	—	—			262 433.75	487 566.25

最后，将耗费的直接材料、直接人工和制造费用汇总，计算得出甲、乙配件的总成本和单位成本，如表4-29所示。

表4-29　　　　　　　作业成本法下的产品成本计算表

单位：元

成本项目	甲配件（6 000件）		乙配件（1 500件）	
	总成本	单位成本	总成本	单位成本
直接材料	1 350 000	225	450 000	300
直接人工	843 750	140.625	506 250	337.5

(续表)

成本项目	甲配件(6 000件)		乙配件(1 500件)	
	总成本	单位成本	总成本	单位成本
制造费用(作业成本)	262 433.75	≈43.74	487 566.25	≈325.04
合计	2 456 183.75	409.365	1 443 816.25	962.54

(2) 完全成本法。

首先,按照人工工时比例将制造费用分配到甲、乙配件,如表4-30所示。

表4-30　　　　　　　　完全成本法下的制造费用分配表

金额单位:元

项目	甲配件	乙配件	合计
直接人工工时	22 500	13 500	36 000
分配率	20.833 3		
制造费用	468 750	281 250	750 000

然后,将耗费的直接材料、直接人工和制造费用汇总,计算得出甲、乙配件的总成本和单位成本,如表4-31所示。

表4-31　　　　　　　　完全成本法下的产品成本计算表

单位:元

成本项目	甲配件(6 000件)		乙配件(1 500件)	
	总成本	单位成本	总成本	单位成本
直接材料	1 350 000	225	450 000	300
直接人工	843 750	140.625	506 250	337.5
制造费用(作业成本)	468 750	78.125	281 250	187.5
合计	2 662 500	443.75	1 237 500	825

(3) 对比分析。

将作业成本法和完全成本法下的单位成本、单位制造费用放到同一张表格中进行对比分析,如表4-32所示。

表4-32　　　　　　　作业成本法和完全成本法计算结果对比分析表

单位:元

成本核算方法	单位成本		单位制造费用	
	甲配件	乙配件	甲配件	乙配件
作业成本法	409.365	962.54	43.74	325.04
完全成本法	443.75	825	78.125	187.5
差额	−34.385	137.54	−34.385	137.54

通过比较作业成本法和完全成本法的计算结果可以发现，甲、乙配件的单位成本和单位制造费用在两种成本计算法下的差异都较大。从结果来看，甲配件作为工艺简单的标准配件，在完全成本法下计算的单位成本被高估；乙配件作为工艺复杂的定制配件，在完全成本法下计算的单位成本被低估。从原因来看，两种方法对直接成本的归集和分配方法一致，所以差异源于制造费用的分配。在完全成本法下，所有的制造费用都是按照直接人工工时分配，实际上，制造费用各项目的成本动因并非都是直接人工工时。而在作业成本法下，制造费用的各项目是按照不同的成本动因进行分配的，因而计算的结果更加准确，能够更真实地反映产品耗费资源的实际情况。

【做中学 4-10】 某企业生产甲、乙两种产品，其中甲产品 1 200 件，乙产品 400 件，其间接费用作业情况数据如表 4-33 所示。

表 4-33　　　　　　　　　　　间接费用作业情况数据表

金额单位：元

作业中心	资源耗费	动因	动因量（甲产品）	动因量（乙产品）	合计
材料处理	18 000	移动次数（次）	400	200	600
材料采购	25 000	订单件数（件）	350	150	500
使用机器	35 000	机器小时（小时）	1 200	800	2 000
设备维修	22 000	维修小时（小时）	700	400	1 100
质量控制	20 000	质检次数（次）	250	150	400
产品运输	16 000	运输次数（次）	50	30	80
合计	136 000				

要求：按作业成本法计算甲、乙两种产品应承担的间接成本，并填制表 4-34。

表 4-34　　　　　　　　　　　作业成本计算表

金额单位：元

作业中心	成本库	动因量	动因率	甲产品	乙产品
材料处理	18 000	600			
材料采购	25 000	500			
使用机器	35 000	2 000			
设备维修	22 000	1 100			
质量控制	20 000	400			
产品运输	16 000	80			
合计总成本	136 000				
单位成本					

三、作业成本法的评价及适用条件

(一) 作业成本法的优点

作业成本法的优点包括以下两个方面:

(1) 成本计算更加真实准确,有助于提高企业经营决策的质量。

作业成本法将多种成本动因作为间接成本的分配基础,使得分配基础与被分配成本的相关性得到改善。准确的成本信息可以提高经营决策的质量。

(2) 成本控制与成本管理更有效

作业成本法提供了了解产品作业过程的途径,使管理人员知道成本是如何发生的。成本动因的确定,使管理人员将注意力集中于成本动因的耗用上,而不仅仅关心产量和直接人工。从成本动因上改进成本控制,有助于持续降低成本和不断消除浪费。

(二) 作业成本法的局限性

作业成本法的局限性包括以下两个方面:

(1) 开发和维护费用较高

作业成本法的成本动因多于完全成本法,成本动因的数量越大,开发和维护费用越高。企业在运用作业成本法时,要遵循成本效益原则,否则可能得不偿失。

(2) 确定成本动因比较困难

间接成本并非都与特定的成本动因相关联,有时会出现人为主观分配、扭曲产品成本数据的现象。

(三) 作业成本法的适用条件

采用作业成本法的公司一般应具备以下条件:制造费用在产品成本中占有较大比重;产品多样性程度高;公司面临的竞争激烈;公司规模较大。

总之,在企业生产自动化程度较高、直接人工较少、制造费用比重较大、作业流程较清晰、相关业务数据完备且可获得、信息化基础工作较好、以产量为基础计算产品成本容易产生成本扭曲时,适合采用作业成本法。企业可以根据自身经营管理的特点和条件,采用作业成本法对不能直接归属于成本核算对象的成本进行归集和分配,提升企业科学决策的能力,促进企业高质量发展。

本章小结

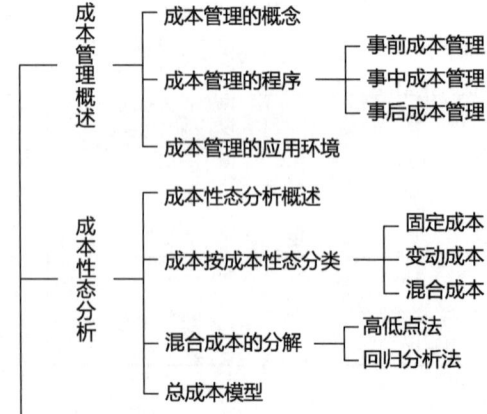

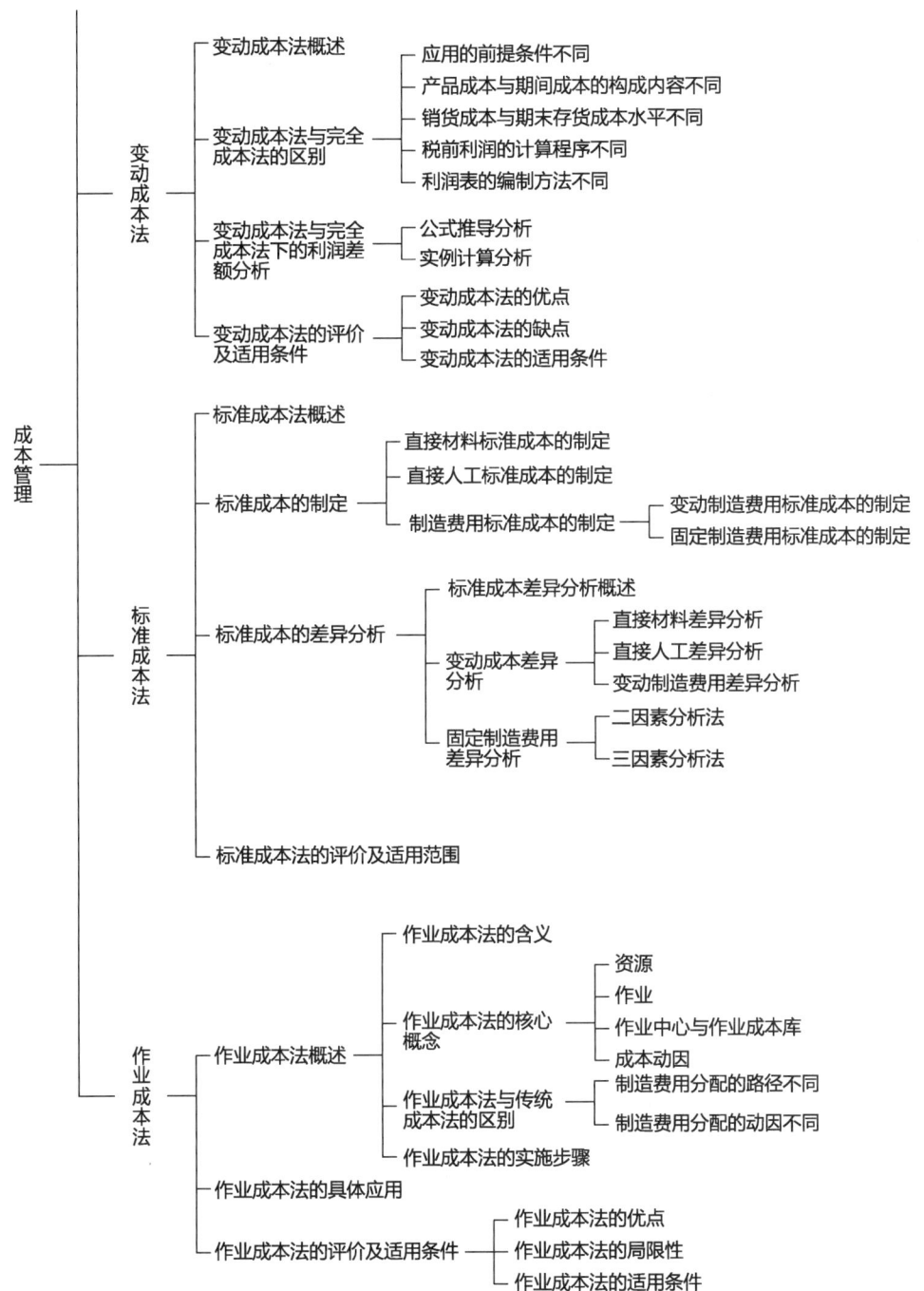

岗位·1+X证书·职称考试训练

一、单选题

1. (　　)成本管理阶段,主要是对营运过程中发生的成本进行监督和控制,并根据实际情况对成本预算进行必要的修正,即成本控制步骤。
   A. 事前　　　　B. 事中　　　　C. 事后　　　　D. 不确定

2. 下列费用中,属于酌量性固定成本的是(　　)。
   A. 房屋及设备租金　　　　　B. 技术研发费
   C. 不动产税金　　　　　　　D. 行政管理人员的薪酬

3. 在一定业务量范围内,成本总额保持不变,超过特定业务量范围后,则随业务量的变化呈正比例变化的是(　　)。
   A. 延期变动成本　　　　　　B. 半变动成本
   C. 半固定成本　　　　　　　D. 曲线变动成本

4. 在历史资料分析法中,高低点法所用的"高低"是指(　　)。
   A. 最高或最低的成本　　　　B. 最高或最低的成本或业务量
   C. 最高或最低的业务量　　　D. 最高或最低的成本和业务量

5. 变动成本法的产品成本是指(　　)。
   A. 固定生产成本　　　　　　B. 变动生产成本
   C. 固定非生产成本　　　　　D. 变动非生产成本

6. 在变动成本法下,其利润表所提供的中间指标是(　　)。
   A. 销售毛利　　B. 边际贡献　　C. 营业利润　　D. 期间成本

7. 在实际工作中运用得最广泛的一种标准成本是(　　)。
   A. 理想标准成本　　　　　　B. 宽松标准成本
   C. 现实标准成本　　　　　　D. 正常标准成本

8. 直接人工工资率差异属于(　　)。
   A. 用量差异　　B. 价格差异　　C. 能力差异　　D. 效率差异

9. 在作业成本法下,分配作业成本的标准是(　　)。
   A. 人工工时　　B. 机器工时　　C. 资源动因　　D. 作业动因

10. 作业成本法主要适用于(　　)的企业。
    A. 直接材料成本所占比重大　　B. 制造费用所占比重大
    C. 直接人工成本所占比重大　　D. 生产过程简单

二、多选题

1. 成本管理是指企业在生产经营过程中实施的成本预测、(　　)、成本分析和成本考核等一列管理活动的总称。

A. 成本决策　　　B. 成本计划　　　C. 成本控制　　　D. 成本核算
2. 在相关范围内,固定不变的有(　　)。
　　A. 固定成本总额　　　　　　　B. 单位固定成本
　　C. 变动成本总额　　　　　　　D. 单位变动成本
3. 混合成本按其表现形式不同,可以分为(　　)。
　　A. 延期变动成本　　　　　　　B. 半变动成本
　　C. 半固定成本　　　　　　　　D. 曲线变动成本
4. 完全成本法与变动成本法的区别在于(　　)。
　　A. 应用的前提条件不同
　　B. 产品成本与期间成本的构成内容不同
　　C. 销货成本与期末存货成本水平不同
　　D. 税前利润的计算程序不同
5. 完全成本法下的税前利润与变动成本法下的税前利润之间的关系有(　　)。
　　A. 可能大于　　　B. 可能小于　　　C. 可能等于　　　D. 无规律可循
6. 三因素分析法下,固定制造费用的差异可以分解为(　　)。
　　A. 耗费差异　　　　　　　　　B. 闲置能量差异
　　C. 效率差异　　　　　　　　　D. 工资率差异
7. 作业成本法的优点在于(　　)。
　　A. 生成的成本信息更详细准确　　B. 费用的分配过程简单
　　C. 更有利于成本控制　　　　　　D. 便于企业绩效考核
8. 与作业成本法相比,下列关于传统成本计算方法的说法中,正确的有(　　)。
　　A. 传统成本法低估了产量大而技术复杂程度低的产品成本
　　B. 传统成本法高估了产量大而技术复杂程度低的产品成本
　　C. 传统成本法低估了产量小而技术复杂程度高的产品成本
　　D. 传统成本法高估了产量小而技术复杂程度高的产品成本

三、判断题

1. 在任何条件下,固定成本总额均不随业务量的增减变动发生变化。　　　　(　　)
2. 生产工人的工资不论采取何种工资形式,都属于变动成本。　　　　　　　(　　)
3. 完全成本法下的固定制造费用不可能转化为期末存货成本和销货成本。　　(　　)
4. 如果期初存货为零,本期生产量大于本期销售量,则变动成本法下的税前利润大于完全成本法下的税前利润。　　　　　　　　　　　　　　　　　　　　　　(　　)
5. 在变动成法下,如果各期产品的销售量相同,则各期所对应的税前利润也相同。(　　)
6. 直接材料数量差异的形成应该完全由生产部门负责。　　　　　　　　　　(　　)
7. 资源动因是指资源被各种作业消耗的方式和原因,是作业中心的成本分配到产品中的标准。　　　　　　　　　　　　　　　　　　　　　　　　　　　　(　　)

四、计算题

1. 某企业2021年1～6月份机器工时与维修费用的历史数据资料如表4-35所示。

表 4-35　　　　某企业 2021 年 1～6 月份机器工时与维修费用数据表

月份	机器工时(小时)	维修费用(元)	月份	机器工时(小时)	维修费用(元)
1	1 650	9 750	4	1 875	10 875
2	1 725	10 125	5	1 950	11 250
3	1 500	9 000	6	2 625	14 625

要求：

（1）请运用高低点法对维修费用进行分解并建立混合成本模型。

（2）假设 2022 年 7 月份的机器工时为 2 500 小时，请预测其相应的维修费用。

2. 假设某公司只生产一种产品，2021 年的生产量为 3 000 件，销售量为 2 000 件，每件产品的成本为直接材料 12 元、直接人工 8 元、变动制造费用 6 元。固定制造费用总额为 24 000 元。

要求：计算完全成本法和变动成本法下的产品总成本和单位成本。

3. 某企业生产一种产品，有关数据如下：期初存货量 0，本年投产完工量 1 200 件，本年销售量 900 件，单位售价 50 元，直接材料和直接人工合计 8 000 元，变动制造费用 4 000 元，固定制造费用 6 000 元。

要求：计算完全成本法和变动成本法下的期末存货成本和销货成本。

4. 某公司 2021 年 3～5 月份产品的销售量均为 3 000 件，3 个月的生产量分别为 3 000 件、4 000 件和 2 000 件，销售单价为 60 元。单位产品直接材料为 12 元，单位产品直接人工为 6 元，单位产品变动制造费用为 5 元，单位产品变动销售及管理费用为 2 元，每个月的固定制造费用总额为 30 000 元，固定销售及管理费用总额为 6 000 元。

要求：

（1）根据资料编制公司 2021 年 3～5 月份两种成本计算法下的利润表。

（2）分析两种成本法下税前利润产生差异的原因。

5. 某企业本月生产产品 400 件，实际耗用材料 2 500 千克，材料单价为 0.55 元/千克；每件产品的直接材料标准用量为 6 千克，每千克材料的标准价格为 0.5 元。

要求：计算直接材料成本差异并进行分解。

6. 某企业本月生产产品 400 件，实际使用工时 890 小时，支付工资 4 539 元；每件产品的标准工时为 2 小时，标准工资率为 5 元/小时。

要求：计算直接人工成本差异并进行分解。

7. 本月实际产量 400 件，使用工时 890 小时，实际发生变动制造费用 1 958 元；每件产品的标准工时为 2 小时，标准的变动制造费用分配率为 2 元/小时。

要求：计算变动制造费用成本差异并进行分解。

8. 本月实际产量 400 件，发生固定制造成本 1 424 元，实际工时为 890 小时；企业生产能量为 500 件，即 1 000 小时；每件产品的标准工时为 2 小时，标准分配率为 1.5 元/小时。

要求：计算固定制造费用成本差异，并用二因素分析法和三因素分析法进行分解。

9. 某公司生产甲、乙两种产品，其相关数据资料如表 4-36 和表 4-37 所示。

表 4-36　　　　　　　　　　　　　　产品相关资料表

项目	甲产品	乙产品	项目	甲产品	乙产品
产量(件)	2 000	20 000	单位人工工时(小时)	5	2
单位直接材料(元)	25	15	制造费用总额(元)	875 000	
单位直接人工(元)	25	10			

表 4-37　　　　　　　　　　　　　　作业相关资料表

金额单位：元

作业中心	作业成本	作业动因	作业量		
			甲产品	乙产品	合计
调整机器	230 000	机器调整次数(次)	3 000	2 000	5 000
质量检验	160 000	质量检验次数(次)	5 000	3 000	8 000
接受订单	81 000	生产订单数(件)	200	400	600
产品包装	404 000	包装次数(次)	10 000	40 000	50 000
合计	875 000				

要求：
(1) 以人工工时为分配标准，采用完全成本法计算甲、乙产品的单位产品成本。
(2) 采用作业成本法计算甲、乙产品的单位产品成本。

五、1+X 证书训练

任务目标

1. 能够掌握直接材料差异的计算分析方法。
2. 能够根据背景材料计算直接材料差异，分析差异原因，完成表 4-38 的数据计算。

任务背景

企业为了控制生产成本，需要分析成本差异中直接材料差异的大小，以及直接材料引起差异的原因，即直接材料差异是耗量引起的还是材料价格引起的，从而深层次挖掘生产流程或供应商管理的问题，继而针对这些问题制定具体的解决方案。

本任务通过直接材料的标准成本和实际成本，采用标准成本法，计算分析直接材料的价格差异和数量差异。

任务要求

1. 根据标准成本制定的任务数据，采用标准成本法计算直接材料数量差异和价格差异。
2. 直接材料差异需要按照材料的分类进行计算。
3. 计算的所有过程和最终结果都四舍五入保留两位小数。例如：12.333 445 四舍五入保留两位小数为 12.33。

4. 若填写过程中没有保留两位小数，系统将自动保留两位小数。

表 4-38 直接材料成本差异分析表

单位：元

项目	数量差异	价格差异	项目	数量差异	价格差异
阿胶			红枣		
蜂蜜			蔗糖		
枸杞子			核桃仁		
党参			黑芝麻		

技 能 过 关

成本管理岗位资源 1：作业成本管理制度

一、成本控制概况

浙江立达速运有限公司成本控制以快递运输服务作为控制对象，之前采用传统的成本核算方法对各作业中心发生的资源耗费进行核算，各作业中心发生的资源费用统一计入间接物流成本，然后以快件数量为分配标准分配物流成本。但是随着公司服务品种增加，客户量增加，类似设备折旧费用、装卸费、堆存费、劳保支出等间接营运费用不断提高，公司的成本费用构成发生了根本的改变，这种改变使传统的以数量为基础的成本核算在营运间接费用的分配上不再适用，也无法满足公司正确进行成本核算及管控的需求。

因此，浙江立达速运有限公司管理层和治理层积极寻求新型成本核算方式，通过调研发现行业内优秀的竞争对手多采用作业成本法，因而公司决定在内部建立以作业成本法为核心的成本控制模型，从而解决营运间接费用分摊不准确的问题，使公司成本核算及管控更加精确化。

由于公司初次尝试作业成本法，为保持管理的稳定性和连贯性，避免成本变革失败或实施不力带来的不利影响，2022 年成本预算依然按照传统成本方法和预算方法进行编制。2022 年季度营业成本预算、成本核算、成本分摊、成本归集则采用作业成本法进行尝试。

二、作业成本实施情况

快递企业的业务流程具有较强的可分解性，因此在确定作业时，绘制企业的作业流程图，在确定主要作业时坚持重要性原则；太粗则难以细化作业链，不易发现问题；太细则会造成分析复杂、工作量增加而不能实现预期效果。此外，还要注重同质性原则，尽量降低人为主观因素可能造成的负面影响。

在经过实地调研，并与公司各部门代表人员反复研究和探讨之后，公司按照各部门的职能总结出重点作业，最终按照快件经历的环节划分为四个作业中心：营运中心、分拣中心、运输中心和投递中心。

三、作业成本法具体资料

1. 业务流程

公司作业流程如图 4-17 所示。

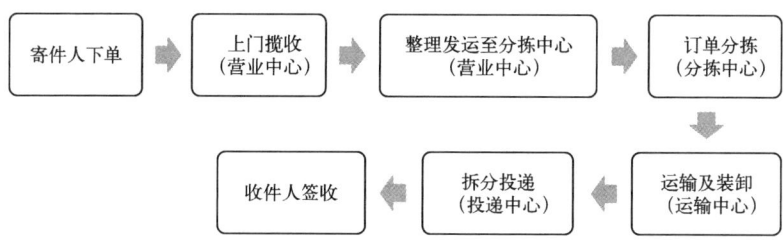

图 4-17 公司作业流程

2. 作业清单

作业清单如表 4-39 所示。

表 4-39　　　　　　　　　　作业清单

类型	营业中心	分拣中心	运输中心	投递中心
主要作业	揽收	分拣	运输	拆分
主要作业	发运	—	装卸	投递

3. 资源清单

各作业中心资源清单如表 4-40 所示。

表 4-40　　　　　　　　各作业中心资源清单

序号	营业中心	分拣中心	运输中心	投递中心
1	人工支出	人工支出	人工支出	人工支出
2	租赁费	租赁费	办公费	办公费
3	办公费	办公费	折旧费	折旧费
4	折旧费	折旧费	运输费	能耗费
5	能耗费	能耗费	能耗费	—
6	包装耗材	包装耗材	—	—

4. 成本对象

成本对象如表 4-41 所示。

表 4-41　　　　　　　　　　成本对象

序号	成本对象	序号	成本对象
1	文件类	2	物品类

5. 资源动因

资源动因清单如表 4-42 所示。

表 4-42　　　　　　　　　　　资源动因清单

作业中心	营业中心		分拣中心	运输中心		投递中心	
作业活动	揽收	发运	分拣	运输	装卸	拆分	投递
序号　资源名称	—	—	—	—	—	—	—
1　人工支出	工天数	工天数	工天数	工天数	工天数	工天数	工天数
2　租赁费	面积	面积	面积	—	—	—	—
3　办公费	人数	人数	人数	人数	人数	人数	人数
4　折旧费	工时	工时	工时	工时	工时	工时	工时
5　运输费	—	—	—	工时	—	—	—
6　能耗费	工时	工时	工时	工时	工时	工时	工时
7　包装耗材	件数	件数	件数	—	—	—	—

6. 作业动因

作业动因清单如表 4-43 所示。

表 4-43　　　　　　　　　　　作业动因清单

作业中心	营业中心		分拣中心	运输中心		投递中心	
作业活动	揽收	发运	分拣	运输	装卸	拆分	投递
序号　成本对象	—	—	—	—	—	—	—
1　文件类	收件数量	车数	分拣数量	运输数量	车数	车数	投递件数
2　物品类	收件数量	车数	分拣数量	运输数量	车数	车数	投递件数

成本管理岗位资源 2：作业动因统计

2021 年作业动因统计如表 4-44 所示。

表 4-44　　　　　　　　　　2021 年作业动因统计

作业中心	营业中心		分拣中心	运输中心		投递中心	
作业活动	揽收（件数）	发运（车数）	分拣（件数）	运输（车数）	装卸（车数）	拆分（车数）	投递（件数）
序号　成本对象	—	—	—	—	—	—	—
1　文件	5 450 000	5 450	5 450 000	545	545	545	5 450 000
2　物品	4 360 000	8 720	4 360 000	872	872	872	4 360 000
合计	9 810 000	14 170	9 810 000	1 417	1 417	1 417	9 810 000

成本管理岗位资源3：资源动因统计

2021年资源动因统计如表4-45所示。

表4-45 2021年资源动因统计

项目	营业中心		分拣中心	运输中心		投递中心	
	揽收	发运	分拣	运输	装卸	拆分	投递
人工支出(工天数)	30 000	2 040	28 480	3 000	1 500	20 000	65 440
租赁费(面积/平方米)	2 000	670	1 424	—	—	—	—
办公费(人数)	100	10	80	20	10	60	200
折旧费(使用天数)	300	180	360	200	100	100	300
运输费(里程/千米)	—	—	—	1 000 000	—	—	—
能耗费(工时)	3 600	360	3 600	3 600	360	360	3 600
包装耗材(件数)	9 810 000	—	9 810 000	—	—	—	—

成本管理岗位资源4：资源费用预算

2022年资源费用预算如表4-46所示。

表4-46 2022年资源费用预算

单位：元

项目	营业中心	分拣中心	运输中心	投递中心	合计
	第一季度金额	第一季度金额	第一季度金额	第一季度金额	第一季度金额
人工支出	3 086 880.00	2 797 485.00	1 511 285.00	9 646 500.00	17 042 150.00
租赁费	760 950.00	338 200.00	0	0	1 099 150.00
办公费	152 190.00	169 100.00	274 787.50	507 300.00	1 103 377.50
折旧费	76 095.00	169 100.00	824 362.50	169 100.00	1 238 657.50
运输费	0	0	3 054 725.00	0	3 054 725.00
能耗费	225 085.00	546 635.00	1 511 285.00	932 495.00	3 215 500.00
包装耗材	514 480.00	385 860.00	0	0	900 340.00

岗位任务：成本管理   岗位任务答案：成本管理

第五章 营运管理

案例导入

兴悦科技公式只生产电子定时装置一种产品,该公司是2014年成立的高新科技公司,成立以来一直遵循科技和质量并抓住思路,销售量成稳定上升的良好势头。到了2021年市场逐步趋于饱和。公司决定生产一种更好的家用定时器,该定时器应具有优于市场现有其他产品的特性。由于市场上已有其他定时器,要想打开市场,价格成为极为重要的因素。

兴悦科技公司设计的新定时器单位成本为36元。公司不需要增加新机器但是必须对现有设备进行调整,为此需要支出54 000元,固定制造费用360 000元,固定销售费用180 000元。新设计的定时器定价为43.2元。

资料来源 自编案例。

请思考 兴悦科技公司需要销售多少新产品才能盈利?要解决该公司的问题,本章的本量利分析的学习将帮你作出决策。

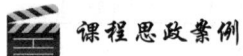

技术创新是成本优势的源头

科技是国家强盛之基,创新是民族进步之魂。当今世界,科学技术日益渗透到经济社会发展和人类进步的各个领域,在企业经营中,节约开支、修旧利废、堵塞漏洞、降低消耗等,都能大幅度地降低生产成本,但是,这些方面降低成本只是一个方面,而且效果会随着时间推移变得越来越有限,对于企业来讲,科技创新特别是核心技术的研发,从当前的经济效益的实际考虑是必要的,企业是创新的主体,是推动创新创造的生力军。结合案例资料分析技术创新如何降低保本点,增加效益?

据商务部例行发布会消息,今年前4月,我国汽车出口149.4万辆,同比增长76.5%,汽车出口稳中向好,产品结构持续优化,贸易规模逐步扩大。其中,向"一带一路"沿线国家出口136.4亿美元,增长1.2倍,占比45.9%;向发达经济体出口124.1亿美元,增长1.2倍,占比41.8%。新能源汽车贡献重要的增量,前4月,新能源汽车出口占汽车整体出口金额比重提升至42.9%,对汽车出口增长贡献率达51.6%。总的来看,今年以来,我国汽车出口交出了亮眼的成绩单。

我国汽车"走出去"持续发力的背后,是国家科技创新上台阶、求突破的强力支撑。近年来,我国品牌汽车的科技含量和综合竞争实力大幅提升,电动化、智能化方面的技术优势日趋明显,在产品质量管理和控制体系、供应链质量和效率管理、服务体系的发展和创新方面,都已经与合资企业差距不大。尤其是新能源、智能网联汽车方面,我国品牌新能源汽车不断填补国际新能源汽车的技术空白,并在部分领域实现世界领先,进一步获得海外消费者的青睐。这一方面印证了我们聚焦前沿科技强化基础研究、为创新驱动发展筑牢战略支撑的路子走得对、走得稳,另一方面也激励我们更加坚定不移地走好科技创新之路。

"一带一路"铺通共赢大道。在经济全球化时代,没有哪个国家可以独善其身,协调合作是必然选择。作为开放的国际公共合作平台,"一带一路"正吸引着越来越多的国家和国际组织参与其中,不断实现中国与共建国家的互利共赢。就汽车出口而言,当前,"一带一路"沿线国家和地区大多为新兴经济体,汽车消费处于初级阶段,消费需求日趋旺盛,这与我国汽车产品的市场定位正好吻合,有出有进可谓互利共赢。

计长远谋大局,抢抓发展机遇,完整、准确、全面贯彻新发展理念,充分发挥科技创新的引领带动作用,不断实现高水平科技自立自强。同时,持续推动共建"一带一路"高质量发展,助力构建开放型世界经济。

资料来源 人民网. 积蓄新动能技术创新助力国产手机提高竞争力[EB/OL].(2023-06-01)[2023-07-02]. https://m.gmw.cn/2023-06-01/content_1303391361.htm.

请思考 节约成本的方法有哪些?列举企业通过技术创新降低成本的案例与同学讨论分享。

知识目标

1. 理解本量利分析的基本模型;掌握保本点分析与保利点分析。
2. 理解敏感性分析的含义;掌握敏感系数的计算;掌握利润的敏感性分析。
3. 理解短期经营决策的成本内容;掌握短期经营决策的方法。

思政目标

1. 培养学生爱岗敬业、尽职尽责的职业精神。
2. 培养学生诚实守信、不弄虚作假、不泄露企业商业机密的品质。
3. 培养学生吃苦耐劳、团结协作的品质。

典型工作任务

1. 能计算单一产品与多品种保本点、保利点,并进行分析。
2. 能计算敏感系数并分析因素变动对利润的影响。
3. 能运用短期经营决策的方法进行生产决策和定价决策。

第一节 营运管理概述

一、营运管理的概念

营运管理是指为了实现企业战略和营运目标,各级管理者通过计划、组织、指挥、协调、控制、激励等活动,实现对企业生产经营过程中的物料供应、产品生产和销售等环节的价值增值管理。

企业进行营运管理应遵循 PDCA 原则,即区分计划(plan)、实施(do)、检查(check)和处理(act)四个阶段(简称 PDCA 管理原则),形成闭环管理,使营运管理工作更加条理化、系统化、科学化。PDCA 管理原则如图 5-1 所示。

计划 → 实施 → 检查 → 处理

图 5-1　PDCA 管理原则

营运管理领域应用的管理会计工具方法,一般包括本量利分析、敏感性分析、边际分析和标杆管理等。

二、营运管理的程序

企业应用营运管理工具方法,一般按照营运计划的制定、营运计划的执行、营运计划的调整、营运监控分析与报告、营运绩效管理等程序进行。

视野拓展　营运计划的制定:华尔泰公司市场开拓计划

为了实现企业的整体经营目标,公司制订了市场开拓计划:一是紧紧围绕"品牌兴企"的发展目标,大力实施品牌战略,不断提升公司产品的美誉度和"华硝"商标的知名度。二是增强销售市场辐射,巩固和扩大客户群,增强抵御市场风险的能力。公司生产的系列化工产品在关乎国计民生的多个行业中均有广泛应用,随着社会经济发展和人民生活水平提升,化工产品的整体市场需求呈稳定增长的态势。三是公司将围绕细分市场需求,提供更多和更高质量的服务。公司在不断推进产品质量升级的前提下,力争按照客户的需求,在产品定制、运输安全监护、环保技术支持、安全防护指导和质量指标响应等方面给予全面的服务提升,确保以优质的服务,赢得客户的青睐。四是公司将继续加强客户信用管理和资金风险管控,对客户资信进行科学评价,实行信誉分级管理,严格控制客户信用风险,进一步提高销售质量,降低经营风险。

资料来源:证券之星智库. 市场开拓计划为顺利地将产品产能全面、及时地投放市场,并取得合理的经济效益,公司将持续推进经营管理创新,提高经营绩效水平[EB/OL]. (2021-12-17)[2023-07-02]. http://stock.stockstar.com/RB2021122700003695.shtml.

三、营运管理的应用环境

企业营运管理的应用环境包括组织架构、管理制度和流程、信息系统以及相关外部环境等。

为确保营运管理的有序开展,企业应建立健全营运管理组织架构,明确各管理层级或管理部门在营运管理中的职责,有效组织开展营运计划的制定审批、分解下达、执行监控、分析报告、绩效管理等日常营运管理工作。

企业应建立健全营运管理的制度体系,明确营运管理各环节的工作目标、职责分工、工作程序、工具方法、信息报告等内容。

企业应建立完整的业务信息系统,规范信息的收集、整理、传递和使用等,有效支持管理者决策。

第二节 本量利分析

5.1 本量利分析概述

一、本量利分析概述

(一) 本量利分析的定义

本量利分析是指以成本性态分析和变动成本法为基础,运用数学模型和图式,对成本、利润、业务量与单价等因素之间的依存关系进行分析,发现变动的规律性,为企业进行预测、决策、计划和控制等活动提供支持的一种方法。其中,"本"是指成本,包括固定成本和变动成本;"量"是指业务量,一般指销售量;"利"一般指营业利润。本量利分析主要用于企业生产决策、成本决策和定价决策,也可以广泛地用于投融资决策等。

> **知识链接** 本量利分析的基本假设
>
> 本量利分析的基本假设如表5-1所示。

表5-1 本量利分析的基本假设

相关范围假设	成本按性态划分的基本假设,包括期间假设和业务量假设
模型线性假设	固定成本不变;变动成本与业务量呈完全线性关系(即单位变动成本不变);销售收入与销售数量呈完全线性关系(销售价格不变)
产销平衡假设	本量利分析中的"量"是指销售量或销售收入,站在销量角度进行本量利分析,必须假设产销平衡
品种结构不变假设	各种产品的销售收入在总收入中所占的比重不变

(二) 本量利分析的基本公式

本量利分析的基本公式如下:

$$销售收入-(变动成本+固定成本)=利润$$
$$单价\times 销售量-单位变动成本\times 销售量-固定成本=利润$$
$$(单价-单位变动成本)\times 销售量-固定成本=利润$$

这个方程式是明确表达本量利之间数量关系的基本方程式,它含有5个相互联系的变量,给定其中4个,便可求出第5个变量的值。在规划期间利润时,通常把单价、单位变动成本和固定成本视为稳定的常量,只有销量和利润两个自由变量。给定销量时,可利用方程式直接计算出预期利润;给定目标利润时,可直接计算出应达到的销量。

【例5-1】 益百公司生产A产品,单位售价60元,单位变动成本30元,固定成本总额为60 000元,预测销售量为25 000件,则预测益百公司的利润为:

预计利润=(60-30)×25 000-60 000=690 000(元)

【做中学5-1】 帝凯公司经营W产品,预计单价28元,单位变动成本20元,固定成本总额为320 000元,计划期产销量为65 000件。请计算W产品预期的利润。

(三) 边际贡献

边际贡献是产品的销售收入减去变动成本的差额。有两种表现形式:一是绝对数表示,即边际贡献总额和单位边际贡献;二是相对数表示,即边际贡献

5.2 边际贡献

率。在本量利分析中,边际贡献是对企业提供的服务或产品进行盈利性强弱衡量的关键指标。边际贡献相关指标计算公式如表 5-2 所示。

表 5-2 边际贡献相关指标计算公式

绝对数指标	边际贡献	边际贡献＝销售收入－变动成本＝(单价－单位变动成本)×销量
	单位边际贡献	单位边际贡献＝单价－单位变动成本
相对数指标	边际贡献率	边际贡献率＝边际贡献/销售收入×100％＝1－变动成本率
	变动成本率	变动成本率＝变动成本/销售收入×100％
	提示:由于销售收入被分为变动成本和边际贡献两部分,前者是产品自身的耗费,后者是给企业作的贡献,边际贡献率与变动成本率两者百分率之和应等于 1。	

本量利分析的基本公式可以用边际贡献和边际贡献率表示为：

单位边际贡献×销售量－固定成本＝利润

销售收入×边际贡献率－固定成本＝利润

  知识链接   制造边际贡献与产品边际贡献

由于变动成本既包括生产制造过程的变动成本即产品的变动生产成本(简称产品变动成本),又包括销售、管理费用中的变动成本即变动期间成本,所以,边际贡献也可以具体分为制造边际贡献(生产边际贡献)和产品边际贡献(总营业边际贡献)。

制造边际贡献＝销售收入－变动生产成本

产品边际贡献＝制造边际贡献－变动销售和管理费用

【例 5-2】 沿用[例 5-1]的资料,计算益百公司单位边际贡献、边际贡献、边际贡献率、变动成本率。

单位边际贡献＝60－30＝30(元)

边际贡献＝25 000×(60－30)＝750 000(元)

边际贡献率＝30÷60×100％＝750 000÷(25 000×60)＝50％

变动成本率＝1－50％＝30÷60×100％＝50％

【做中学 5-2】 帝凯公司生产销售泳衣,近期相关信息如下:产量 10 000 件,销售量 7 000 件,单位售价 50 元,变动生产成本 80 000 元,变动销售及管理费用 2 元/件,固定制造费用 51 000 元,固定销售及管理费用 70 000 元。

要求:计算单位边际贡献、利润,并分析公司可以采取哪些措施提高单位边际贡献。

二、保本分析

保本点又称盈亏临界点,是指企业一定期间内总收入等于总成本,即利润为零,达到不赢不亏状态的销售量或销售额。当企业处于这种情况时,达到保本状态。保本分析就是研究企业恰好处于保本状态时本量利关系的一种定量分析法。

保本分析的关键是确定保本点。保本点通常包括保本销售量和保本销售额两种表现形式,这两个指标表示企业达到盈亏平衡、实现保本。

(一) 单一产品的保本分析

单一产品的保本点计算方法有公式法和图解法。

1. 公式法

其计算公式为：

5.3 单一产品保本分析

保本销售量＝固定成本÷(单价－单位变动成本)＝固定成本÷单位边际贡献
保本销售额＝保本销售量×单价＝固定成本/边际贡献率

保本点越低,表明盈利能力越强,经营安全程度越高,经营风险越低。降低保本点的途径包括：一是降低固定成本总额(同向)；二是降低单位变动成本(同向)；三是提高销售单价(反向)。

【例 5-3】 假设益百公司本期只生产 B 产品,预计单价为 40 元,单位变动成本为 24 元,固定成本总额为 240 000 元,预计产销量为 50 000 件。请计算 B 产品的保本销售量和保本销售额。

保本销售量＝240 000÷(40－24)＝15 000(件)
保本销售额＝15 000×40＝600 000(元)

【做中学 5-3】 凯帝公司本期产销一种产品,相关资料如表 5-3 所示,销售佣金为售价的 10%。请计算产品的保本销售量。

表 5-3 凯帝公司资料表　　　　　　　　　　　　　　　　单位:元

项目	金额	项目	金额
单位售价	30	固定制造费用	95 000
单位变动制造成本	7	固定管理费用	65 000

2. 图解法

图解法是指通过绘制本量利图来确定保本点的一种方法,它可以更加直观地反映本量利之间的内在规律。

1) 基本本量利分析图

基本本量利分析图如图 5-2 所示。

具体绘制步骤如下：

第一步,选定直角坐标系,以横轴表示销售数量,以纵轴表示成本和销售收入金额。

第二步,绘制固定成本线。在纵轴上找出固定成本数值,以点(0,固定成本)为起点,绘制一条与横轴平行的固定成本线。

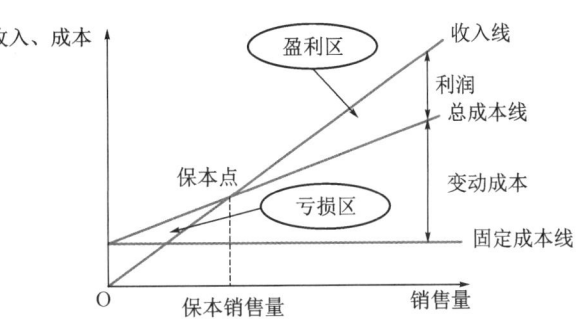

图 5-2 基本本量利分析图

第三步,绘制总成本线。以点(0,固定成本)为起点,以单位变动成本为斜率,总成本线 $y=a+bx$。

第四步,绘制收入线。以原点(0,0)为起点,单价为斜率,绘制销售收入线。

第五步,确定保本点。销售收入线与总成本线交点为保本点,对应到横轴的点就是保本点销售量,对应到纵轴的点就是保本点销售额。

基本本量利分析图表达的意义是当销售量(额)小于保本点时,企业就进入了亏损区,当销售量(额)大于保本点时,企业就进入了盈利区。

2) 边际贡献式本量利分析图

边际贡献式本量利分析图如图 5-3 所示。

绘制边际贡献式本量利分析图，先画变动成本线，然后在此基础上以点(0,固定成本值)为起点画一条与变动成本线平行的总成本线。其他部分的绘制方法与基本本量利分析图相同。在图5-3中可以直观地看到边际贡献的数值。销售收入随着销售量的增加呈正比例增长，销售收入先用于弥补产品自身的变动成本，剩余的是边际贡献。边际贡献随着销售量的增加而扩大，当其达到固定成本值时，企业处于保本状态，当边际贡献超过固定成本后，企业进入盈利状态。

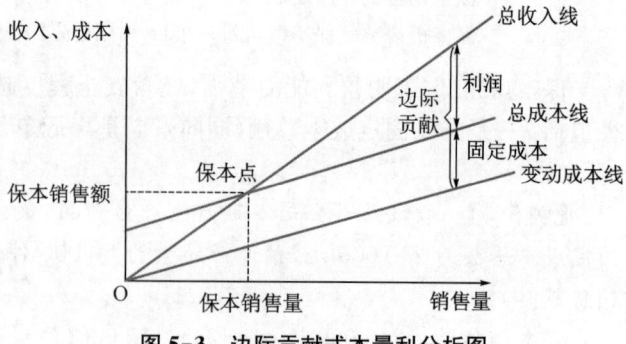

图5-3　边际贡献式本量利分析图

> **小思考**
>
> 边际贡献式本量利关系图与基本本量利关系图比较有哪些特点？

（二）多品种的保本分析

多品种的本量利分析原理和单一品种本量利分析的原理相同，但是在计算保本点时，由于各种产品的销售单价和单位变动成本不同，产品的实物量单位不同，保本点不能直接用实物量表示，而只能用价值形式反映。常用的多品种本量利分析法有主要品种法、分算法、加权平均边际贡献率法等。

（1）主要品种法。如果企业生产经营的多种产品中，有一种产品能够给企业提供的边际贡献占企业全部边际贡献总额的比重很大，而其他产品给企业提供的边际贡献比重较小，则可以将这种产品认定为主要品种。此时，企业的固定成本几乎由主要产品来负担，所以，可以根据这种产品的边际贡献率来计算企业的保本点。

（2）分算法。分算法是在一定的条件下，将全部固定成本按一定标准在各种产品之间进行合理分配，确定每种产品应补偿的固定成本数额，然后再对每一种产品按单一品种条件下的情况分别进行量本利分析的方法。这种方法的关键点是如何正确地分配企业发生的全部固定成本。专属固定成本属于某种产品所特有，直接计入该种产品的固定成本总额；共同固定成本属于几种产品或全部产品共有，需要选择特定的分配标准在有关产品之间进行分配，分配标准可采用产品的销售收入、销售量、重量、体积、工时或在一定条件下的边际贡献等。

5.4 多品种保本分析——分算法

【例5-4】　宏达公司生产销售A、B、C三种产品，销售单价分别为20元、30元、40元；预计销售量分别为30 000件、20 000件、10 000件；预计各产品的单位变动成本分别为12元、24元、28元；预计固定成本总额为180 000元。请按分算法计算各产品的保本量和保本额(假设固定成本按边际贡献比重分摊)。

计算边际贡献总额如下：

A产品：(20－12)×30 000＝240 000(元)

B产品：(30－24)×20 000＝120 000(元)

C产品：(40－28)×10 000＝120 000(元)

边际贡献总额＝240 000＋120 000＋120 000＝480 000(元)

计算固定成本分配率,分配固定成本如下:
固定成本分配率=180 000÷480 000=0.375
分配给 A 产品的固定成本=240 000×0.375=90 000(元)
分配给 B 产品的固定成本=120 000×0.375=45 000(元)
分配给 C 产品的固定成本=120 000×0.375=45 000(元)
计算每一产品的保本量和保本额如下:
A 产品的保本量=90 000÷(20-12)=11 250(件)
A 产品的保本额=11 250×20=225 000(元)
同理,B 产品和 C 产品的保本量分别为 7 500 件、3 750 件,它们的保本额分别为 225 000 元、150 000 元。

【做中学 5-4】 凯帝公司生产甲、乙、丙三种产品,资料如表 5-4 所示,假定该公司固定成本按照各种产品的边际贡献比重分配。

要求:用分算法进行多品种的保本分析。

表 5-4 销量、价格、成本资料表　　　　　　　金额单位:元

产品	销量(件)	单价	单位变动成本	固定成本
甲	10 000	50	40	
乙	20 000	15	9	108 000
丙	25 000	8	6	

3. 加权平均边际贡献率法

加权平均边际贡献率法是进行多品种保本点最常用的方法,计算时,首先,根据各种产品的销售及成本资料计算出加权平均边际贡献率;然后,运用加权平均边际贡献率计算综合保本销售额;最后,将综合保本销售额进行分解,分别计算出各种产品的保本销售额。

1) 计算各种产品的销售比重

$$每种产品的销售比重=每种产品的销售额÷总销售额$$

2) 计算加权平均边际贡献率

$$加权平均边际贡献率=\left(\sum 各产品边际贡献 \Big/ \sum 各产品销售收入\right)\times 100\%$$
$$=\sum (各产品边际贡献率\times 各产品占总销售比重)$$

5.5 多品种保本分析——加权平均边际贡献率法

3) 计算综合保本销售额

$$综合保本点销售额=固定成本/加权平均边际贡献率$$

4) 计算每种产品的保本销售额与保本销售量

$$某产品保本额=综合保本额\times 该产品的销售比重$$
$$某产品保本量=该产品保本额/单价$$

【例 5-5】 宏达公司生产销售 D、E、F 三种产品,有关资料如表 5-5 所示。

表 5-5 销售量、价格、成本资料表　　　　　　　　　　金额单位：元

项目	D产品	E产品	F产品
预计销售量(件)	100 000	25 000	10 000
单价	10	20	50
单位变动成本	8.5	16	25
固定成本	300 000		

要求：计算三种产品的保本销售额和保本销售量。

根据数据作资料整理，如表 5-6 所示。

表 5-6 资料整理表　　　　　　　　　　金额单位：元

产品	单位边际贡献	边际贡献率	销售收入	边际贡献	销售比重
D产品	1.5	15%	1 000 000	150 000	50%
E产品	4	20%	500 000	100 000	25%
F产品	25	50%	500 000	250 000	25%
合计			2 000 000	500 000	100%

加权平均边际贡献率＝15%×50%＋20%×25%＋50%×25%＝25%

综合保本销售额＝300 000÷25%＝1 200 000(元)

计算各产品保本销售额：

D产品保本销售额＝1 200 000×50%＝600 000(元)

E产品保本销售额＝1 200 000×25%＝300 000(元)

F产品保本销售额＝1 200 000×25%＝300 000(元)

计算各种产品的保本销售量：

D产品保本销售量＝600 000÷10＝60 000(件)

E产品保本销售量＝300 000÷20＝15 000(元)

F产品保本销售量＝300 000÷50＝6 000(件)

【做中学 5-5】 凯蒂公司生产销售 X、Y、Z 三种产品，销售单价分别为 20 元、30 元、40 元；预计销售量分别为 30 000 件、20 000 件、10 000 件；预计各产品的单位变动成本分别为 12 元、24 元、28 元；预计固定成本总额为 180 000 元。

要求：计算综合边际贡献率、综合保本额和每一种产品的保本额。

知识链接　　联合单位法

联合单位法是指在事先确定各种产品间产销实物量比例的基础上，将各种产品产销实物量的最小比例作为一个联合单位，确定每一联合单位的单价、单位变动成本，进行量本利分析的一种分析方法。

所谓联合单位，是指固定实物比例构成的一组产品。例如，企业同时生产甲、乙、丙三种产品，且三种产品之间的销量长期保持固定的比例关系，产销量比为 1∶2∶3。那么，1 件甲产品、2 件乙产品和 3 件丙产品就构成一组产品，简称联合单位。其计算公式为：

$$联合保本量=\frac{固定成本总额}{联合单价-联合单位变动成本}$$

某产品保本量＝联合保本量×一个联合单位包含的该产品数量

(三) 与保本点相关的指标

1. 安全边际

企业进行保本分析,可以明确保本点。但是企业经营还要评价经营的安全程度,确定安全边际指标。

安全边际是实际或预计业务量超过保本业务量的差额,体现企业营运的安全程度,其表现形式包括绝对数指标(安全边际量和安全边际额)和相对数指标(安全边际率)。安全边际的计算公式如下:

5.6 保本点分析的相关指标

安全边际(额)＝正常销售额－保本销售额
安全边际(量)＝正常销售量－保本销售量
安全边际率＝安全边际÷正常销售额(或实际订货额)×100%

安全边际主要用于衡量企业承受营运风险的能力,尤其是销售量下降时承受风险的能力,也可以用于盈利预测。安全边际量或安全边际额的数值越大,企业发生亏损的可能性就越小,企业也就越安全。上述指标属于绝对数指标,不便于不同企业和不同行业之间进行比较。不同企业之间经营安全性比较,可使用安全边际率指标评价,安全边际率数值越大,企业发生亏损的可能性就越小,说明企业的业务经营也就越安全。西方企业评价安全程度的经验标准如表5-7所示。

表5-7 企业经营安全性评价指标

安全边际率	40%以上	30%～40%	20%～30%	10%～20%	10%以下
安全程度	很安全	安全	比较安全	值得注意	危险

【例5-6】 沿用[例5-3]的资料,计算益百公司安全边际指标并对公司经营安全性进行评价。

安全边际量＝50 000－15 000＝35 000(件)
安全边际额＝40×35 000＝1 400 000(元)
安全边际率＝35 000÷50 000×100%＝70%

查表5-7可知,安全边际率在40%以上,公司经营状况很安全。

【做中学5-6】 沿用[做中学5-3]的资料,假定公司预计销售量为12 000件,计算公司安全边际指标并对经营安全性进行评价。

2. 保本作业率

保本作业率是指保本销售量(额)与实际或预计销售量(额)的比率。其计算公式为:

保本作业率＝保本销售量(额)÷正常销售量(额)×100%

保本作业率表明企业达到保本点时的业务量在企业正常生产经营能力中所占的比重。该指标是一个反指标,保本作业率越小说明企业经营越安全。

保本作业率与安全边际率的关系如下:

保本作业率＋安全边际率＝1

利润＝安全边际量×单位边际贡献＝安全边际额×边际贡献率

销售利润率＝安全边际率×边际贡献率

可见提高销售利润率的途径包括：一是扩大现有销售水平，提高安全边际率；二是降低变动成本水平，提高边际贡献率。

【例 5-7】 沿用[例 5-3]的资料，计算保本作业率、销售利润和销售利润率。

保本作业率＝15 000÷50 000×100％＝30％

销售利润＝35 000×(40－24)＝560 000(元)

销售利润率＝70％×[(40－24)÷40]＝28.00％

【做中学 5-7】 仍沿用[做中学 5-3]的资料，假定公司预计销售量为 12 000 件，计算保本作业率、销售利润、销售利润率。

三、保利分析

保利点分析又称目标利润预测分析，揭示了目标利润为零的情况下业务量与单价、单位变动成本、固定成本总额等因素之间的内在联系。企业管理的目标是生存、发展、获利，保本是企业经营的底线，追求利润是企业发展壮大的目标之一。只有在考虑盈利存在的情况下，才能充分揭示本量利之间的关系。

保利点是指在单价和成本水平既定的情况下，为确保事先确定的目标利润能够实现而应当达到的业务量的统称。保利点的表现形式有两种：保利点销售量和保利点销售额。

5.7 保利分析

(一) 保利点的确定

根据本量利基本模型，目标利润的计算公式为：

$$目标利润 = (销售单价 - 单位变动成本) \times 销售量 - 固定成本总额$$

则实现目标利润的销售量(保利量)为：

$$保利量 = \frac{固定成本总额 + 目标利润}{单价 - 单位变动成本} = \frac{固定成本总额 + 目标利润}{单位边际贡献}$$

$$保利点销售额 = 保利量 \times 单价 = \frac{固定成本总额 + 目标利润}{边际贡献率}$$

> **知识链接** 保净利点确定
>
> 保净利点是企业在一定时期缴纳所得税后实现的目标利润。只有净利润才是企业可支配的目标利润，所以该指标对于企业管理而言非常重要。保净利点有两种表示方式：一是保净利点销售量；二是保净利点销售额。
>
> $$保净利点销售量 = \frac{固定成本 + \frac{净利润}{1 - 所得税税率}}{单价 - 单位变动成本} = \frac{固定成本 + \frac{净利润}{1 - 所得税税率}}{单位边际贡献}$$
>
> $$保净利点销售额 = 单价 \times 保净利点销售量 = \frac{固定成本 + \frac{净利润}{1 - 所得税税率}}{边际贡献率}$$

【例 5-8】 益百公司生产甲产品,单价为 16 元,单位变动成本为 8 元,固定成本为 50 000 元。①假定该公司的目标利润为 60 000 元,计算益百公司的保利点。②假定该公司的目标利润为 60 000 元,所得税税率为 25%,计算该公司的保利点和保净利点。

保利点销售量 =(60 000+50 000)÷(16−8)=13 750(件)
保利点销售额 =13 750×16=220 000(元)
保净利点销售量 =[50 000+60 000÷(1−0.25)]÷(16−8)=16 250(件)
保净利点销售额 =16 250×16=260 000(元)

【做中学 5-8】 凯蒂公司生产 G 产品,单价为 40 元,单位变动成本为 20 元/件,固定成本总额为 10 000 元。①假定凯蒂公司目标利润为 100 000 元,计算凯蒂公司的保利点。②假定凯蒂公司税后目标利润为 90 000 元,企业所得税税率为 25%,计算凯蒂公司的保净利点。

(二)多品种产品的保利点确定

企业产销多种产品时,根据保利点的含义和本量利分析公式,运用加权平均边际贡献率法确定保利点如下:

$$综合保利销售额 = \frac{固定资产总额 + 目标利润}{加权平均边际贡献率}$$

各种产品的保利销售额 = 综合保利销售额 × 各种产品的销售收入比重

【例 5-9】 仍沿用[例 5-5]的资料,假定公司的目标利润为 1 500 000 元,计算综合保利销售额和各种产品的保利销售额。

根据[例 5-5]的计算可知,加权平均边际贡献率为 25%,D、E、F 产品的销售比重分别为 50%、25% 和 25%,固定成本为 300 000 元,则:

综合保利销售额 =(1 500 000+300 000)÷25%=7 200 000(元)
D 产品的保利销售额 =7 200 000×50%=3 600 000(元)
E 产品的保利销售额 =7 200 000×25%=1 800 000(元)
F 产品的保利销售额 =7 200 000×25%=1 800 000(元)

【做中学 5-9】 沿用[做中学 5-5]的资料,假定公司目标利润为 1 200 000 元,计算公司综合保利销售额和各产品的保利销售额。

(三)相关因素变动对实现目标利润的影响

1. 单价对目标利润的影响

【例 5-10】 假定益百公司计划年度只生产一种丁产品,根据公司战略规划确定年度目标利润为 500 000 元,全年固定成本预计为 700 000 元,该产品单价为 50 元,单位变动成本为 25 元。计划年度实现目标利润的销售量为:

实现目标利润的销售量 =(700 000+500 000)÷(50−25)=48 000(件)

【例 5-11】 沿用[例 5-10]的资料,假定产品单价由 50 元下降到 45 元,其他因素不变,此时实现目标利润的销售量为:

实现目标利润的销售量 =(700 000+500 000)÷(45−25)=60 000(件)

可见当单价降低到 45 元,要想实现目标利润 700 000 元,销售量需要提高到 60 000 件。若公司此时销售量还是 48 000 件,则目标利润无法实现,导致目标利润缺口为:

目标利润差额＝－12 000×(45－25)＝－240 000(元)

2. 单位变动成本对目标利润的影响

【例5-12】 沿用[例5-10]的资料,假定其他条件不变,单位变动成本从25元降低到20元,则实现目标利润的销售量为:

实现目标利润的销售量＝(700 000＋500 000)÷(50－20)＝40 000(件)

若销量保持在48 000件,此时可以实现的目标利润差额为:

目标利润差额＝8 000×(50－20)＝240 000(元)

3. 固定成本总额对目标利润的影响

边际贡献弥补了固定成本才会形成利润。若其他条件不变,固定成本总额降低,目标利润会增加;或者实现目标利润的销售量会下降。

【例5-13】 沿用[例5-10]的资料,假定其他条件不变,固定成本总额增加为750 000元,则实现目标利润的销售量为:

(500 000＋750 000)÷(50－25)＝50 000(件)

此时如果销售量达不到50 000件,目标利润无法实现。若销售量仍保持48 000件,则目标利润缺口为:

目标利润差额＝－2 000×(50－25)＝－50 000(元)

该差额为固定成本增加的金额750 000－700 000＝50 000(元)

4. 所得税税率对目标利润的影响

如果企业目标利润确定为税后利润,则需要考虑所得税税率变动对目标利润的影响。

【例5-14】 沿用[例5-10]的资料,假定其他条件不变,税后目标利润为300 000元,企业所得税税率为25%,则实现税后目标利润的销售量为:

实现目标利润的销售量＝[700 000＋300 000÷(1－25%)]÷(50－25)＝44 000(件)

如果计划年度所得税税率由25%降为15%,则实现税后目标利润的销售量为:

实现目标利润的销售量＝[700 000＋300 000÷(1－15%)]÷(50－25)＝42 118(件)

由于税率降低,销量达到42 118件就可以实现目标利润,若税率降低后销售量仍保持48 000件,则税后目标利润可以增加:

目标利润差额＝(44 000－42 118)×(50－25)×(1－15%)＝39 992.50(元)

【做中学5-10】 凯蒂公司计划年度只生产K产品,根据总体目标规划确定计划年度目标利润为1 000 000元,全年固定成本预计1 400 000元。该产品单价为100元,单位变动成本为60元。

要求:

(1)计算实现目标利润的销售量。

(2)若其他因素不变,产品单价从100元降低到90元,计算实现目标利润的销售量。

(3)若其他因素不变,单位变动成本从60元降低到45元,计算实现目标利润的销售量。

(4)若其他因素不变,固定成本总额增加100 000元,计算实现目标利润的销售量。

(5)若其他因素不变,税后目标利润为600 000元,企业所得税税率为25%,计算实现目标利润的销售量;若计划年度所得税税率降低为15%,计算实现目标利润的销售量。

5. 多因素同时变化对目标利润的影响

上述分析是假定影响目标利润的诸多因素中只有其中一个因素变动,其他因素不变。而企业实际经营中往往是多因素同时变动,如单价降低,产品的单位边际贡献会下降,同时会增加销售量,有可能带动边际贡献总额的增加。销量增加突破生产能力又需要增加生产设备,会导致固定成本增加。产品性能提升可以扩大市场占有率,但是广告费、单位变动成本又会增加。因此,企业应采取综合措施,测算如何保证目标利润的实现。

【例5-15】 假定益百公司计划年度只生产一种丁产品,基期销售量为48 000件,全年固定成本预计为700 000元,该产品单价为50元,单位变动成本为25元,实现税前利润500 000元。根据公司战略规划确定计划年度目标利润为650 000元,则计划年度实现目标利润的销售量为:

实现目标利润的销售量=(700 000+650 000)÷(50-25)=54 000(件)

如果计划年度各因素变化较为复杂,假定公司采用以下计划实现目标利润:

首先,经过生产部门分析,公司目前最大产能为52 000件,如果突破产能,需要增加生产设备导致固定成本增加90 000元。同时,市场出现同类竞争性产品,销售价格会下降2%,且固定营销推广费预计会增加10 000元,预计销售量最大为51 500件。此时,预计计划年度可以实现利润为:

51 500×[50×(1−2%)−25]−(700 000+10 000)=526 000(元)

可以实现的利润与计划年度目标利润的差额为124 000元(650 000−526 000)。

其次,生产部门考虑在成本开支方面挖掘潜力。通过对基期预算考核结果结合计划年度有关因素分析,固定管理费用预计可以降低35 000元。若销量和单价无潜力可挖的情况下,目标利润的缺口为89 000元(124 000−35 000),此时唯一可以考虑的因素就是降低单位变动成本。根据本量利基本公式可以推出,实现目标利润的单位变动成本为:

$$单位变动成本=\frac{单价 \times 销售量 - 固定成本总额 - 目标利润}{销售量}$$

单位变动成本=[49×51 500−(710 000−35 000)−650 000]÷51 500=23.27(元)

即单位变动成本从25元降低到23.27元,降低1.73元(25−23.27),可以实现目标利润650 000元。生产部门分析成本项目构成,测算通过技术革新替代新材料可以降低直接材料成本,单位材料成本可以降低2元。测算利润为:

51 500×(49−23)−675 000=664 000(元)>650 000(元)目标利润可以实现。

可见在销售量增加到51 500件,单价降低2%为49元,单位变动成本降低为23元(25−2),固定成本降低675 000元(710 000−35 000),可以保证目标利润的实现。

第三节 敏感性分析

一、敏感性分析认知

敏感性分析即对影响目标实现的因素变化进行量化分析,以确定各因素变化对实现目标的影响及其敏感程度。敏感性分析有助于确定哪些风险对项目具有最大的潜在影响。它把所有其他不确定因素保持在基准值的条件下,考察项目的每项要素的不确定性对目标产生多大程度的影响。

在实际财务分析中,敏感性分析具有广泛的适用性,有助于识别、控制和防范短期经营决策、长期投资决策等相关风险,也适用于企业营运计划的制订调整以及监控分析。根据对决策的影响不同,敏感性分析可以分为短期经营决策中的敏感性分析和长期投资决策中的敏感性分析。

短期经营决策中的敏感性分析主要应用于目标利润的规划(利润敏感性分析)。其应用程序包括确定短期经营决策目标、根据决策环境确定决策目标的基准值、分析确定影响决策目标的各个因素、计算敏感系数、根据敏感系数对各因素排序等。长期投资决策中的敏感性分析是指通过衡量投资方案中某个因素的变动对该方案预期结果的影响程度,作出对项目投资决策的可行性评价。

本节主要介绍短期经营决策中的敏感性分析。

二、利润敏感性分析

基于本量利关系的利润敏感性分析,主要研究分析有关因素发生多大变化会导致企业从盈利转为亏损,各因素变动对利润变动的影响程度,以及各因素变动时应如何调整应对,从而确保目标利润的实现。

(一) 有关因素极限值的确定

从利润公式可见,单价、单位变动成本、销量和固定成本发生变化,会影响到利润的高低。这种变化达到一定程度时,企业从盈利转为亏损,经营状况发生质变。

5.8 敏感性分析

敏感性分析的目的之一,就是提供能引起目标发生质变的各因素的变动界限,其方法为最大最小法。

1. 单价的最小值

单价下降会使利润下降,下降到一定程度,利润变成零,这个价格是企业能容忍的单价的最小值。

【例 5-16】 益百公司生产某产品,预计下月销售量为 2 000 件,生产线固定成本投入为 28 000 元,单价为 80 元,单位变动成本为 50 元,计算公司能接受的单价最小值。

用 P 表示单价最小值,则:

$2\,000 \times (P - 50) - 28\,000 = 0$

由等式计算可得:

$P = 64(元)$

这表明单价降低至 64 元,即降低 20% 时,公司由盈利转入亏损。

【做中学 5-11】 凯蒂公司计划年度只生产 K 产品,根据总体目标规划预计年度销售量为 60 000 件,全年固定成本预计为 1 400 000 元。该产品单价为 100 元,单位变动成本为 60 元。计算公司能接受的单价最小值。

2. 销量的最小值

销量最小值是使企业利润为零时候的销售量,即前面介绍的保本点销售量。

【例 5-17】 沿用[例 5-16]的资料,计算公司能接受的销量最小值。

用 Q 表示销量最小值,则:

$Q \times (80 - 50) - 28\,000 = 0$

由等式计算可得:

$Q = 934$(件)

这表明销售计划若完成 46.7%(934÷2 000×100%),公司利润为零。

【做中学 5-12】 沿用[做中学 5-11]的资料,计算公司能接受的销量最小值。

3. 单位变动成本的最大值

单位变动成本上升会导致利润下降,并逐步趋于零,此时的单位变动成本为企业能容忍的最大值。

【例 5-18】 沿用[例 5-16]的资料,计算公司能接受的单位变动成本最大值。

用 b 表示单位变动成本最大值,则:

$2\,000 \times (80 - b) - 28\,000 = 0$

由等式计算可得:

$b = 66$(元)

这表明当单位变动成本从 50 元上升到 66 元,增长 32% 时,公司的利润降为零。

【做中学 5-13】 沿用[做中学 5-11]的资料,计算公司的单位变动成本最大值。

4. 固定成本总额的最大值

固定成本上升会导致利润下降,并逐步趋于零。

【例 5-19】 沿用[例 5-16]的资料,计算公司能接受的固定成本最大值。

用 a 表示固定成本最大值,则:

$2\,000 \times (80 - 50) - a = 0$

由等式计算可得:

$a = 60\,000$(元)

这表明当固定成本增加到 60 000 元,增长 114.29% 时,公司利润降为零。

【做中学 5-14】 沿用[做中学 5-11]的资料,计算公司能接受的固定成本最大值。

(二) 敏感系数的计算

各因素变动都会引起利润的变动,但其影响程度各不相同。有的因素发生微小的变动会导致利润发生很大的变动,利润对这些因素变动十分敏感,这些因素为敏感因素。反之,有些因素发生变动后,利润变动不大,即利润对这些因素变动不敏感。反映敏感程度的指标为敏感系数:

$$\text{敏感系数} = \frac{\text{利润变动百分比}}{\text{因素变动百分比}}$$

如敏感系数为正值,表明它与利润为同向增减;如敏感系数为负值,表明它与利润为反向增减。敏感系数绝对值大于 1,则属于敏感因素。

小思考

如果销售量的敏感系数为 2,企业目标利润要求增长 10%,销售量需要增长多少?

【例5-20】 假定益百公司本期为生产和销售单一产品，计划年度内有关数据预测如下：销售量为100 000件，单价为30元，单位变动成本为20元，固定成本为200 000元。假设销售量、单价、单位变动成本和固定成本均分别增长了10%，计算各因素的敏感系数。

预计的目标利润＝(30－20)×100 000－200 000＝800 000(元)

(1) 销量的敏感程度计算如下：

销售量＝100 000×(1＋10%)＝110 000(件)

息税前利润＝(30－20)×110 000－200 000＝900 000(元)

利润变动百分比＝(900 000－800 000)÷800 000×100%＝12.5%

销售量的敏感系数＝12.5%÷10%＝1.25

(2) 销售单价的敏感程度计算如下：

单价＝30×(1＋10%)＝33(元)

息税前利润＝(33－20)×100 000－200 000＝1 100 000(元)

利润变化的百分比＝(1 100 000－800 000)÷800 000×100%＝37.5%

单价的敏感系数＝37.5%÷10%＝3.75

(3) 单位变动成本的敏感程度计算如下：

单位变动成本＝20×(1＋10%)＝22(元)

息税前利润＝(30－22)×100 000－200 000＝600 000(元)

利润变化的百分比＝(600 000－800 000)÷800 000×100%＝－25%

单位变动成本的敏感系数＝－25%÷10%＝－2.5

(4) 固定成本的敏感程度计算如下：

固定成本＝200 000×(1＋10%)＝220 000(元)

息税前利润＝(30－20)×100 000－220 000＝780 000(元)

利润变化的百分比＝(780 000－800 000)÷800 000×100%＝－2.5%

固定成本的敏感系数＝－2.5%÷10%＝－0.25

【做中学5-15】 假设凯蒂公司本期只生产一种产品，单价为2元，单位变动成本为1.20元，预计明年固定成本为40 000元，产销量计划达100 000件。假设没有利息支出和所得税，计算各因素的敏感系数。

知识链接　　**敏感系数的简化公式及影响利润的各因素敏感性评价**

单价的敏感系数＝基期营业收入÷基期息税前利润

单位变动成本的敏感系数＝－基期变动成本÷基期息税前利润

销量的敏感系数＝基期边际贡献÷基期息税前利润

固定成本的敏感系数＝－基期固定成本÷基期息税前利润

各因素敏感程度的大致排序如下：①单价的敏感程度最高；②盈利状态下，边际贡献＞固定成本，则销量的敏感程度大于固定成本的敏感程度；③销量和单位变动成本的敏感程度的高低取决于边际贡献率(变动成本率)的大小。

第四节 短期经营决策

一、短期经营决策概述

(一) 短期经营决策的含义和步骤

短期经营决策是指对企业1年以内或者维持当前的经营规模的条件下所进行的决策。短期经营决策的主要特点是在既定的规模条件下决定如何有效地进行资源的配置,以获得最大的经济效益,通常不涉及固定资产投资和经营规模的改变,是在成本性态分析时提到的"相关范围"内所进行的决策。其内容主要包括生产决策和定价决策。

短期经营决策过程主要步骤如下。

1. 明确决策问题和目标

制定决策必须先明确决策的问题和目标,例如,是否接受某一客户的特殊订单,或者生产何种产品。在一项决策作出之前,必须首先弄清楚该问题。弄清楚问题以后,就应该对决策的标准进行界定,目标是利润最大化,是尽可能扩大市场的份额,还是使成本最小化?在作出决策之前,必须清晰界定决策的标准,作为选择最优方案的依据和准绳。

2. 收集相关资料并制订可选方案

对决策问题明确之后,应该收集相关资料和数据,并充分考虑现实与可能,设计制订各种可能实现目标的备选方案。备选方案的制订要集思广益,充分考虑各种可能的情况和因素。各备选方案要尽可能详细,以有利于分析各方案的优劣。

3. 对备选方案作出评价,选择最优方案

这一过程需要对各备选方案进行详细的定性和定量分析,从各个方面分析各方案的可行性和优劣。这个过程是正确决策的关键,它要求对各方案的决策标准(例如利润)作出细致的分析,进而通过各方案的决策标准进行比较,从而得出最优方案。

4. 决策方案的实施与控制

最优方案选定以后,就要组织实施。在方案的实施过程中,可能会出现不曾预料到的新情况,根据新情况可能要调整和修改原方案。对方案实施过程的监控,可以保证决策的顺利实施,同时能够积累经验和数据,为之后的类似决策提供指导。

企业决策即从各个备选方案中选出最优方案。判断方案优劣的经济标准有两个:成本和经济效益,而成本又是影响经济效益高低的一个重要因素。因此,为了使企业的决策更加准确可靠,我们必须先弄清各种成本同决策之间的关系。从与企业决策是否相关的角度划分,成本可分为两大类:相关成本和无关成本。

(二) 相关成本和无关成本

短期经营决策中的相关信息应该满足以下特点:一是相关信息是面向未来的,二是相关信息在各个备选方案之间应该有所差异。

1. 短期经营决策中的相关成本

相关成本应该是未来成本,并且在不同备选方案之间应该有所差异,主要包括以下内容。

1) 边际成本

边际成本是指产量增加或减少一个单位所引起的成本变动。在经济学中,边际成本是指产量向无限小变化时,成本的变动数额。但是事实上,产量不可能向无限小变化,最小产量应为1个单位的产量。

 **小思考**

边际成本等于变动成本吗?

边际成本和变动成本是有区别的,变动成本反映的是增加单位产量所追加成本的平均变动,而边际成本是反映每增加1个单位产量所追加的成本实际数额。所以,只有在相关范围内,固定成本保持不变时,增加1个单位产量的单位变动成本才能和边际成本一致。

2) 机会成本

机会成本是指在两个备选方案中因选择一个方案而放弃另一个方案所丧失的潜在的收益,这种被放弃的潜在收益即所选方案的机会成本。如果在两个以上方案中选择一个最优方案,所选方案的机会成本就是所放弃次优方案的预期收益。

机会成本虽然没有发生实际支出,也不入账,但在决策时,必须把它作为现实的、重要的因素加以考虑,否则就可能作出错误决策。

小思考

分析下列资料中的机会成本是多少?

某技术服务公司接到客户80 000元的订单,需要为客户完成一项紧急任务。该任务要求一名高级工程师为此工作80小时。公司现在所有的高级工程师手里都有订单,且平均每小时收费600元。

3) 重置成本

重置成本又称现时成本或现行成本,是指目前从市场上购置一项原有资产所需支付的成本,备选方案动用企业现有的资产应按其重置成本估价。

例如,库存材料账面单位成本为400元,重置成本为500元。若按历史成本考虑,售价定为460元,认为可获利60元;但是这些材料售出后再依据重置成本补进时,反而每件亏损40元。可见,重置成本在定价决策中是不可忽视的重要因素。

4) 付现成本

付现成本是指需要在将来或最近期间支付现金的成本,是一种未来成本。例如,某企业需要更新设备一台,但企业资金紧张,银行存款余额为12 000元。有A和B两家工厂可提供设备,A厂售价100 000元,一次付清货款;B厂售价120 000元,只要求预付8 000元,余款10个月内付清,很显然在这种情况下,企业以选择B厂设备为最优,它可以使企业迅速恢复生产,多付的总成本可以从提早恢复生产所获取的利润中得到补偿。

5) 可避免成本

可避免成本是指当方案或决策改变时,这项成本可以避免或其数额发生变化,如酌量性固定成本。

6) 可延缓成本

可延缓成本是指同已经选定、但可以延期实施而不会影响大局的某方案相关联的成本。

7) 专属成本

专属成本是指可以明确归属于特定决策方案的固定成本或混合成本。它往往是为了弥补生产能力不足的缺陷,增加有关装备(装置、设备、工具)等固定资产而发生的。专属成本的确认与取得上述装备的方式有关。若采用租入的方式,则专属成本就是与此相关联的租金成本。若采用购买的方式,则专属成本的确认还必须考虑有关装备的性质。如果取得的装备等是专用的,即只能用于特定方案,则专属成本就是这些装备的全部取得成本。如果取得的装备等是通用的,则专属成本就是与使用这些装备有关的主要使用成本(如折旧费、摊销费等)。

8) 差量成本

差量成本是指两个备选方案的预期成本之间的差异数,又称差别成本或差额成本。

2. 短期经营决策中的无关成本

无关成本或者是过去已经发生的成本,或者是虽未发生,但在各种替代方案下数额相同,对未来决策没有影响的成本。无关成本主要包括以下几种:

(1) 沉没成本。沉没成本是指过去已经发生、现在和未来的决策无法改变的成本。

> **小思考**
>
> 分析以下资料的沉没成本,公司应如何决策?
>
> 凯蒂公司准备将一台使用了6年的生产设备出售,设备原价为450 000元,已经步入大修年。修理费为40 000元,大修理后可按照160 000元出售。如果不修理直接出售,可得130 000元。

(2) 不可避免成本。不可避免成本是指通过管理当局决策行动而不能改变其数额的成本,如约束性固定成本。

(3) 不可延缓成本。不可延缓成本是指即使财力有限也必须在企业计划期间发生,否则就会影响企业大局的已选定方案的成本。

(4) 无差别成本。无差别成本是指两个或两个以上方案之间没有差别的成本。

(5) 共同成本。共同成本是指需要由几种、几批或有关部门共同分担的固定成本。

(三) 短期经营决策的方法

短期经营决策中使用的方法很多,常用的方法有本量利分析法(前已述及)、边际贡献分析法、差量分析法和成本无差别点分析法等。以下主要介绍后三种。

1. 边际贡献分析法

1) 边际贡献总额分析法

即通过对比各个备选方案的边际贡献额的大小来确定最优方案的决策方法。该方法的决策原则是边际贡献总额最大的方案为优。当有关方案相关收入均不为零、相关成本全部为变动成本时,可以将边际贡献总额作为决策评价指标。边际贡献总额的计算方法为:

$$边际贡献总额 = 单位边际贡献 \times 销量$$

2) 单位资源边际贡献分析法

即通过对比备选方案提供的单位资源边际贡献大小来确定最优方案决策的方法。单位资源边际贡献的计算方法为:

$$单位资源边际贡献 = \frac{单位产品边际贡献}{单位产品资源消耗定额}$$

该方法的决策原则是选择单位资源边际贡献最大的方案为最优方案。在企业生产只受到某一项资源(如工时、机器工时)的约束,并已知备选方案中各种产品的单位边际贡献和单位资源消耗定额的条件下,可以采用单位资源边际贡献法进行分析。

> **小思考**
> 使用边际贡献分析法进行决策时,可以采用单位产品的边际贡献大小来进行方案决策吗?

2. 差量分析法

差量分析法是根据两个备选方案差量收入与差量成本比较所确定的差量损益,来确定哪个方案最优的方法。具体计算与决策指标如下:

$$差额收入 = 两个方案的相关收入之差$$
$$差额成本 = 两个方案的相关成本之差$$
$$差额利润 = 差额收入 - 差额成本$$

如果差额利润大于 0,则前一个方案优于后一个方案;反之,则后一个方案优于前一个方案。需要注意的是计算差量收入与差量成本时,方案的前后排列次序必须一致。此外,如果有两个以上的方案可供选择时,可对两个方案进行比较,最终确定最优方案。

3. 成本无差别点分析法

成本无差别点是指两个备选方案的预期总成本相等时的业务量。成本无差别点分析法是指通过确定两个备选方案的成本无差别点来确定在什么业务量范围内选择哪个方案最优的一种决策方法。成本无差别点的业务量计算公式如下:

$$成本无差别点的业务量 = \frac{两方案相关固定成本之差}{两方案相关单位变动成本之差}$$

当预计业务量水平低于成本无差别点时,则固定成本较小,单位变动成本较大的方案为优选方案;当预计业务量高于成本无差别点时,则固定成本较大,单位变动成本较小的方案为优选方案。

二、生产决策

5.9 亏损产品决策

(一) 亏损产品是否停产决策

亏损产品是指企业经营的某种产品或服务的销售收入补偿其变动成本和应负担的固定成本后利润出现负值的状态。亏损产品一般包括两种情况,即实亏产品和虚亏产品,实亏产品是指销售收入小于变动成本,边际贡献为负数;虚亏产品是指提供的边际贡献虽为正数,但不足以弥补全部的固定成本。对于实亏产品,由于其边际贡献为负数,属于无经营价值的产品,不管企业生产资源多么充分,都应避免这种产品的投产。生产的越多,亏损就越多,最终导致资金链断裂使企业破产。(政策性亏损产品除外,如电、暖气等能源产品。)对于虚亏产品,其边际贡献为正数,是自身能给企业创造价值的产品,这种产品亏损是因为提供的边际贡献不足弥补其承担的固定成本(只能补偿部分固定成本)。这种亏损产品是否停产,要具体分析。

1. 生产能力无法转移时,亏损产品是否停产决策

生产能力是指在计划期内,企业参与生产的全部固定资产,在既定组织技术条件下,所

能生产的产品数量,或所能处理的原材料数量。生产能力无法转移时,只要亏损产品的边际贡献大于零,就不应该停产。如果盲目停产,会导致企业利润减少。

2. 生产能力可以转移时,亏损产品是否停产决策

如果生产能力可以转移,即停产亏损产品后导致闲置生产能力能够用于企业其他方面,如闲置设备出租取得租金收入、转产其他产品、承揽外加工业务等。此时,亏损产品停产的条件是,亏损产品带来的边际贡献小于生产能力转移带来的收益。

【例 5-21】 某公司本期生产甲、乙、丙三种产品,有关资料如表 5-8 所示,固定成本按照三种产品销售收入比重分摊。

要求:

(1) 如果亏损产品剩余生产能力无法转移,作出亏损产品是否停产的决策。

(2) 如果亏损产品停产后,闲置设备可以承揽外加工业务,该业务本期可获得边际贡献 1 700 000 元,亏损产品是否停产?

表 5-8 产品利润计算表   金额单位:元

项目	甲产品	乙产品	丙产品	合计
销售量(件)	20 000	30 000	40 000	
单价	200	160	180	
单位变动成本	120	100	140	
销售收入	4 000 000	4 800 000	7 200 000	16 000 000
变动成本总额	2 400 000	3 000 000	5 600 000	11 000 000
边际贡献总额	1 600 000	1 800 000	1 600 000	5 000 000
固定成本	1 000 000	1 200 000	1 800 000	4 000 000
税前利润	600 000	600 000	−200 000	1 000 000

(1) 表 5-8 资料显示,丙产品为亏损产品,亏损 200 000 元,但是其边际贡献为 1 600 000 元,所以该产品属于虚亏产品,分别就丙产品是否停产进行分析,如表 5-9 所示。

表 5-9 丙产品是否停产损益计算表   金额单位:元

项目	丙产品不停产	丙产品停产
相关收入	16 000 000	8 800 000
相关成本	15 000 000	9 400 000
相关损益	1 000 000	−600 000

分析:如果丙产品停产,总收入为 8 800 000 元(4 000 000+4 800 000),变动成本合计为 5 400 000 元(2 400 000+3 000 000),固定成本仍为 4 000 000 元,甲产品负担 1 818 200 元(4 000 000÷8 800 000×4 000 000),乙产品负担 2 181 800 元(4 000 000−1 818 200),总成本为 9 400 000 元。从表 5-9 计算可知,如果丙产品停产,会导致企业税前利润为 −600 000 元。利润减少 1 600 000 元,因此丙产品不应该停产。

(2) 剩余生产能力可以转移,丙产品是否停产决策如表 5-10 所示。

表 5-10 剩余生产能力可以转移丙产品是否停产计算表　　金额单位：元

项目	丙产品不停产	丙产品停产,剩余生产能力可以转移
相关收入	16 000 000	8 800 000
相关成本	15 000 000	9 400 000
转移带来的相关损益		1 700 000
相关损益	1 000 000	1 100 000

从表 5-10 计算结果可知,丙产品停产后,设备承揽外加工的收益为 1 100 000 元,高于丙产品不停产时的收益。丙产品应该停产。

【做中学 5-16】 假定某企业生产 A、B 两种产品,两种产品的相关收益情况如表 5-11 所示。

表 5-11　A、B 产品相关数据资料　　金额单位：元

项目	A 产品	B 产品	合计
销售收入	10 000	50 000	60 000
变动成本	6 000	30 000	36 000
边际贡献	4 000	20 000	24 000
固定成本	2 000	25 000	27 000
税前利润	2 000	−5 000	−3 000

B 产品的税前利润为 −5 000 元,即亏损 5 000 元,因此,企业的管理层需要考虑是否应该停止 B 产品的生产。

(1) 假设停产 B 产品的剩余生产能力无法转移。

(2) 假设停产 B 产品的剩余生产能力可以转移,能够生产其他产品并能产生 25 000 元的边际贡献。

要求：作出 B 产品是否停产的决策。

(二)零部件自制与外购决策

零部件自制或外购的决策又叫零部件取得的方式决策,是指企业围绕既可以自制又可外购的零部件的取得方式而开展的决策,通常涉及自制零部件和外购零部件两个备选方案。此类方案的特殊性在于零部件自制和外购对企业的功效是相同的,都是为了生产产品使用,一般情况下,产品的销售价格不因零部件的取得方式不同而有差异。因此,在零部件决策时一般不涉及相关收入,只需要考虑相关成本因素。决策的原则是,方案的相关成本低的为最优方案。

1. 零部件全年需用量确定

零部件全年需要量确定时,只需比较自制方案和外购方案的相关成本,选择备选方案中相关成本低的方案。如果企业已经具备能力自制零部件,则与自制能力有关的固定生产成本就属于沉没成本,在决策中应不予考虑。自制方案的相关成本包括制造过程中的变动成

和机会成本等。外购方案的相关成本是为购买零部件支付的买价、运费、保险……等。

某公司每年需要 C 零件 10 000 件,外购每件单价 100 元,现该公司闲置车……产这种零部件,经测算每件自制完全成本为 120 元,其中直接材料 20 元,直接人工……变动制造费用 25 元,固定制造费用 40 元。

要求:

(1) 作出 C 零件自制还是外购的决策。

(2) 假定 C 零件的生产能力可以用于承揽外加工业务,每年预计可获得边际贡献 300 000 元,则此时 C 零件应自制还是外购?

零部件自制成本中的固定制造费用 40 元属于决策无关成本。

情况(1):

自制方案的相关成本 = 10 000×(20+35+25)= 800 000(元)

外购方案的相关成本 = 10 000×120 = 1 200 000(元)

经计算两方案的相关成本,自制方案的成本比外购方案成本低,选择自制。

情况(2):

此时,生产能力外加工的预计边际贡献 300 000 元为自制方案的机会成本。

自制方案的相关成本 = 10 000×(20+35+25)+ 300 000 = 1 100 000(元)

外购方案的相关成本 = 10 000×120 = 1 200 000(元)

经计算两方案是相关成本,外购方案的成本比自制方案成本低,选择外购。

【做中学 5-17】 兴达公司是一家越野用自行车制造商,每年制造自行车需要外胎 10 000 个,外购成本每条 58 元,企业已有的轮胎生产车间有能力制造这种外胎,自制外胎的单位相关成本资料,如表 5-12 所示。

表 5-12 相关成本资料   单位:元

成本项目	金额	成本项目	金额
直接材料	32	固定制造费用	10
直接人工	12	变动成本	51
变动制造费用	7	生产成本	61

要求(结合下列各种情况下,分别作出该自行车外胎是自制还是外购的决策):

(1) 如果公司现在具有足够的剩余生产能力,且剩余生产能力无法转移,即该生产车间不制造外胎时,闲置下来的生产能力无法被用于其他方面。

(2) 如果公司现在具备足够的剩余生产能力,但剩余生产能力可以转移用于加工自行车内胎,每年可以省下内胎的外购成本 20 000 元。

(3) 如果公司目前只有生产外胎 5 000 条的生产能力,且无法转移,若自制 10 000 条,则需租入设备一台,月租金 4 000 元,这样使外胎的生产能力达到 13 000 条。

(4) 如果公司目前只有生产外胎 5 000 条的生产能力,且无法转移,若自制 10 000 条,则需租入设备一台,月租金 4 000 元,这样使外胎的生产能力达到 13 000 条。此外公司可以采用自制和外购外胎两种方式的结合,既可自制一部分,又可外购一部分。

2. 零部件年需要量不确定

在零部件年需要量不确定的情况下,应采用成本无差别点法进行零部件[的]决策。

【例 5-23】 沿用[例 5-22]的资料,假定 C 零件的全年需要量不确定,自制[C 零件]追加专属成本 200 000 元。请作出 C 零件自制还是外购的决策。

设零部件全年需要量为 x 件,则自制和外购零部件的成本如下:

$$Y_{自制} = 200\,000 + 80x$$

$$Y_{外购} = 100x$$

两个方案总成本相等时 C 零件的数量为成本无差别点,其数量为:

$$成本无差别点的业务量\ x = \frac{200\,000}{100 - 80} = 10\,000(件)$$

根据计算结果可以得到成本无差别点图,如图 5-4 所示。

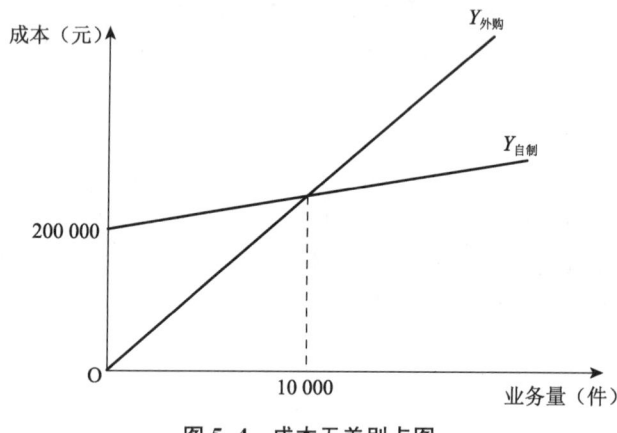

图 5-4 成本无差别点图

通过计算分析可知,如果 C 零件全年需要量低于 10 000 件,应外购;超过 10 000 件,应自制。

【做中学 5-18】 某公司生产 A 产品需要的零部件 K 可以自制,也可以外购。若自制,每个 K 零件的变动成本为 5 元,同时需要追加一台设备,该设备年折旧费 2 800 元。若外购,购买量在 1 000 件以下时,单价为 9 元;购买量超过 1 000 件时,单价为 7.5 元。要求作出 K 零件自制还是外购的决策。

(三) 特殊订单是否接受决策

企业在经营过程中经常会遇到客户由于大批量采购,给出的订单价格低于市场正常价格,甚至低于产品的单位完全成本。这样的订单从财务会计的角度分析是不能接受的。但是,从管理会计角度分析,这种订单不应拒绝。要考虑订单的相关收入、追加的变动成本或专属成本、订单冲击正常生产任务的机会成本等因素,权衡相关损益,决定是否接受特殊订货。

决策原则:若接受特殊订单的相关损益＞0,则特殊订单可以接受。

相关损益的计算公式为:

$$相关损益 = 边际贡献 - 专属成本 - 机会成本$$

(1) 专属成本：如与添置设备相关的固定成本。

(2) 机会成本：如剩余生产能力可以转移产生的机会成本、减少正常销售的边际贡献等。

视野拓展　特殊订货决策在航空公司中的应用

航空业是讲特殊订单时经常使用的例子，对于一个固定航班来说，多一个乘客的相关成本几乎为零，只要乘客出价大于零，该"特殊订单"就应该接受。这是有些代理售票处、网络售票公司、旅行社团队购票能拿到低折扣机票的原因。

对于航空公司来讲，起飞前将座位以每个1元钱的价格卖出去，也比空着合算。

但是从长期来看并不是这样，因为打折会影响购买者的价格预期并影响其以后的购买行为。

在渠道上，如果从代理售票处、网络售票公司或旅行社能买到低折扣的票，则几乎所有人都不从航空公司直接买票。代理售票处、网络售票公司和旅行社售票数量增加的同时增加了他们与航空公司讨价还价、降低票价或增加佣金的能力。这与一开始航空公司接受他们的"特殊订单"时多卖1元便多赚1元的初衷背道而驰。

在时间上，如果航空公司的价格策略是先高后低，即越接近起飞时间价格越低，从理论上讲符合"特殊订单"的处理原则。可是这样一来，除非某条航线座位非常紧张，晚了订不上座(这种情况几乎不会出现，如果出现了，就会吸引新运力投入)，绝大多数乘客将在最后期限买票。这样不仅会造成航空公司收入锐减，还会因为临近起飞时间集中购票导致短时间内服务不畅。

如果航空公司的价格策略是先低后高，即越接近起飞时间价格越高，则大部分人选择提前购票或下一个航班，航空公司也难以得到高收入。同时，这种做法违背了"特殊订单"的处理原则。

航空公司面临着尴尬的处境、两难的选择：放弃代理自己售票或不打折，舍不得那些"特殊订单"；使用代理和打折，又明明知道这些所谓的"特殊订单"是正常订单转变成的，心有不甘。

把企业推到进退两难的境地的正是企业自己，是相关收入与成本计算出了错误导致企业作出了错误决策。

如何对待"特殊订单"呢？

对特殊订单的决策，应该从战略高度认识，而不能认为是一个短期生产经营的战术决策。

如果接受该订单不会对正常订单产生不利影响(包括短期和长期影响)，即特殊订单订购的产品或服务与正常订单或正常生产的产品或服务具有明显的差异并没有替代关系，或者企业具有将特殊订单与正常订单相区分并隔离的制度与能力，可以按照相关收入/成本法确定接受还是拒绝该订单。

如果特殊订单与正常订单订购的产品或服务相同或有替代关系，所谓的"特殊"仅仅是该订单是临时的、或新客户的、或追加的，则一般不能接受。如果要接受，必须考虑到所有商品/服务价格降至"特殊订单"水平的可能性，结合需求弹性分析和博弈理论，预测同行业其他企业的反应进行战略决策。否则会因小失大，扰乱正常的生产秩序和定价策略，使企业在以后的价格谈判中处于不利的地位，而且这种不利局面往往是很难扭转的。

资料来源　马学国，郑成栋.对特殊订单决策的战略思考[J].会计之友，2006(10).

【例5-24】　某公司A产品的生产能力为10 000件，目前的正常订货量为8 000件，销售单价为 10 元,产品单位成本为 8 元,其成本构成如表 5-13 所示。

表 5-13　A 产品成本资料表　　　　　　　　　　　　　金额单位:元

成本项目	金额	成本项目	金额
直接材料	3	单位变动(生产)成本	6
直接人工	2	固定制造费用	2
变动制造费用	1	单位产品成本	8

现有客户向企业追加订货,客户出价为每件 7 元。分别针对下述不同情况,分析企业是否应该接受该订单:

(1) 订货 2 000 件,若无该追加订单,剩余生产能力无法转移(无须考虑剩余生产能力的机会成本),且追加订货不需要追加专属成本,则:

相关损益 = 边际贡献 = 2 000 × (7 − 6) = 2 000(元)

即接受该订单可以增加利润 2 000 元,因此应该接受该订单。

(2) 订货 2 000 件,若无该追加订单,剩余生产能力无法转移(无须考虑剩余生产能力的机会成本),但需要追加一台专用设备,全年需要支付专属成本 1 000 元,则:

相关损益 = 边际贡献 − 专属成本 = 2 000 × (7 − 6) − 1 000 = 1 000(元)

即接受该订单可以增加利润 1 000 元,因此应该接受该订单。

(3) 订货 2 500 件,若无该追加订单,剩余生产能力无法转移(无须考虑剩余生产能力的机会成本),也不需要追加专属成本,则:

接受订单会影响正常销售,企业的剩余生产能力能够生产 2 000 件,其余 500 件要减少正常订货量,由此减少的正常销售的边际贡献属于接受订单的机会成本。

相关损益 = 边际贡献 − 机会成本 = 2 500 × (7 − 6) − 500 × (10 − 6) = 500(元)

即接受该订单可以增加利润 500 元,因此应该接受该订单。

(4) 订货 2 500 件,若无该追加订单,剩余生产能力可以对外出租,可获租金 3 000 元,另外追加订货需要追加专属成本 1 000 元,则:

接受订单会影响正常销售,企业的剩余生产能力能够生产 2 000 件,其余 500 件要减少正常订货量,由此减少的正常销售的边际贡献属于接受订单的机会成本。

接受订单而减少的租金收入也属于接受订单的机会成本。

相关损益 = 边际贡献 − 专属成本 − 机会成本 = 2 500 × (7 − 6) − 1 000 − 500 × (10 − 6) − 3 000 = −3 500(元)

即接受该订单会减少利润 3 500 元,因此不应该接受订单。

【做中学 5-19】 某机械厂生产一种设备原件,年生产能力为 10 万件,该产品正常销售价格为每件 160 元,变动成本为 110 元,根据正常订货需求 2023 年度的预算销售量为 9 万件,全年预算固定制造费用为 180 万元。产品的完全单位成本为 130 元。预算执行年度中间,有客户发来一个订单。要求的价格为每件 128 元。

要求:根据以下不相关的订货方案,作出是否接受特殊订货的决策。

情况一:订货 8 000 件,目前有一家公司打算租用该厂闲置的生产设备,愿意支付 12 万元租金。

情况二：订货11 000件，目前有一家公司打算租用该厂闲置生产设备，并愿意支付租金12万元。订单对产品工艺有特殊要求，需要购置一台价值8万元的专用设备。而且这台设备只能用于这项特殊订单。

（四）约束资源最优利用决策

约束资源又称最紧缺资源，是指企业实际拥有的资源能力小于需要的资源能力的资源，即制约企业实现生产经营目标的瓶颈资源，如流动资金、原材料、劳动力、生产设备、技术等要素及要素投入的时间安排等。

每个单位可能都有自己最紧缺的资源，有的企业最缺关键技术人才，有的企业最缺关键设备，有的企业最缺资金，有的企业最缺水，而有的企业最缺电。约束资源满足不了企业的所有需要，因资源有限，就存在企业如何安排生产的问题，即优先生产哪种产品，才能最大限度地利用好约束资源，让企业产生最大的经济效益。我们把这种决策称为约束资源最优利用决策，这类决策也是企业在日常生产经营活动中经常会遇到的决策问题。

在这类决策中，通常是短期的日常的生产经营安排，因此固定成本对决策没有影响，或者影响很小。决策原则主要是考虑如何安排生产才能使企业的总的边际贡献最优，这里需要运用一个核心指标——单位约束资源边际贡献，它等于单位产品边际贡献除以该单位产品耗用的约束资源量。即：

$$单位约束资源边际贡献 = \frac{单位产品边际贡献}{该单位产品耗用的约束资源}$$

【例5-25】 某企业生产A、B两种产品，需要用同一项机器设备加工，该机器设备属于企业最紧缺的资源。根据目前市场情况，企业每月生产销售A产品4 000件，每件需要该设备加工2分钟；每月生产销售B产品7 000件，每件需要该设备加工1分钟，现在企业生产需要每月该设备加工时间为15 000分钟（4 000×2+7 000×1）。该机器设备每月能提供的最大加工时间为12 000分钟，无法完全满足生产需要。A、B产品的有关数据如表5-14和表5-15所示。

表5-14　A、B产品数据表　　　　　　　　　　　　　　　　　金额单位：元

项目	A产品	B产品
销售单价	25	30
单位变动成本	10	18
单位边际贡献	15	12
边际贡献率	60%	40%

要求：分析该企业如何安排生产，才能最有效利用该项机器设备。

表5-15　A、B两种产品的单位约束资源边际贡献表　　　　　　　金额单位：元

项目	A产品	B产品
单位产品边际贡献	15	12
每件产品需要加工时间（分钟）	2	1
单位约束资源边际贡献	7.5	12

从最有效利用约束资源角度看,同样的时间,优先用来生产 B 产品效益高,具体生产安排如下:按照 B 产品的市场最大销售量(7 000 件)优先安排生产 B 产品,耗用机器加工时间为 7 000 分钟(7 000×1);剩余机器加工时间为 5 000 分钟(12 000－7 000),可生产 A 产品数量为 2 500 件(5 000÷2);即生产 B 产品 7 000 件、A 产品 2 500 件,可获得最大总边际贡献为 121 500 元(7 000×12＋2 500×15)。

【做中学 5-20】 甲公司是一家保健品代工企业,公司乙部门主要负责国内市场生产销售。乙部门生产 X、Y 两种产品,其中:X 产品有品牌和非品牌系列,Y 产品只有品牌系列。目前甲公司正在对乙部门进行业绩考核。2×20 年相关资料如表 5-16 所示。

表 5-16 甲公司产品资料表 　　　　　　　　　　金额单位:元

项目		X 产品	Y 产品
销量(万盒)	品牌系列	500	1 500
	非品牌系列	1 500	—
售价	品牌系列	2.40	8.00
	非品牌系列	1.20	—
变动制造成本	品牌系列	0.85	2.80
	非品牌系列	0.85	—
包装成本	品牌系列	0.15	0.40
	非品牌系列	0.05	—

其他资料:
(1) 所有产品按盒售卖,每盒 12 粒;乙部门目前最大年产能为 48 000 万粒。
(2) 乙部门年固定制造费用为 3 700 万元,年固定销售及管理费用为 1 650 万元。
(3) 乙部门年均净经营资产为 12 000 万元,公司要求的最低投资报酬率为 10%。

要求:预测 2×21 年各产品国内市场需求均增长 16%,假设乙部门可以在最大产能范围内灵活安排生产。为有效利用产能,确定 2×21 年产品生产的优先顺序,计算各产品产量及总税前营业利润。

(五)产品是否应进一步深加工决策

有些企业生产的产品,既可以直接对外销售,也可以进一步加工后再出售。例如,纺织厂生产的棉纱可以直接出售,也可以进一步加工成坯布出售。肉制品加工企业生产的猪肉可以直接对外销售,也可以进一步加工成红肠等产品后出售。此时,企业需要对产品是直接出售还是进一步深加工两种方案进行选择。

在这种决策类型中,进一步深加工前的半成品所发生的成本,都是无关的沉没成本。因为无论是否深加工,这些成本都已经发生,不能改变。相关成本只应该包括进一步深加工所需的追加的专属成本和变动成本、进一步深加工的生产能力可以转移产生的机会成本,相关收入则是加工后出售和直接出售的收入之差。对这类决策通常采用差量分析的方法。

【例 5-26】 某企业生产 A 半成品 10 000 件,销售单价为 50 元,单位变动成本为 20 元,全年固定成本总额为 200 000 元。若把 A 半成品进一步加工为产品 B,则每件需要追加变动成本20元,产品销售单价80元。

(1) 企业具备进一步加工10 000件A产品的生产能力,该生产能力无法转移,如果进一步加工A产品,需要追加专属固定成本50 000元,则:

相关收入＝10 000×(80－50)＝300 000(元)

相关成本＝20×10 000＋50 000＝250 000(元)

进一步深加工后可以增加的利润＝300 000－250 000＝50 000(元)

因此,企业应该深加工为产品B后再销售。

(2) 企业只具备进一步加工7 000件A产品的生产能力,该生产能力可以用于对外承揽加工业务,预计每年可获得边际贡献75 000元,则:

相关收入＝7 000×(80－50)＝210 000(元)

相关成本＝20×7 000＋75 000＝215 000(元)

进一步深加工后可以增加的利润＝210 000－215 000＝－5 000(元)

因此,企业应该直接销售A半成品。

【做中学5-21】 某公司每年生产Q产品30 000件,在完成第二道工序后即可出售,单价为60元,单位变动成本为25元,固定成本总额为500 000元,企业有剩余生产能力,既可以用于继续加工Q产品,也可以对外出租。如果用于深加工Q产品,深加工后售价可以提高到80元,每件需要追加变动成本13元,追加固定成本10 000元。如果用于出租,每年可获得租金25 000元。

要求:在投入产出比1∶1的情况下,分析B产品是否进一步深加工出售。

(六) 生产工艺选择决策

企业在生产产品过程中,往往可以选择几种不同的工艺,由于每个工艺的生产效率不同,成本也会有差异。一般而言,自动化程度高的方案,由于劳动效率高、劳动强度低、材料消耗节约,其单位变动成本较低,但固定成本较高。而传统的手工工艺则固定成本较低,单位变动成本较高。半机械化生产时,单位变动成本和固定成本介于上述两种方式之间。在保证质量的情况下,企业通常会选择总成本最低的方案。生产工艺选择通常采用成本无差别点分析法。

5.10 生产工艺不同方案决策

【例5-27】 某公司生产C产品,有三种加工方案可供选择,分别为手工加工、机械加工、自动化设备加工。有关资料如表5-17所示。

表5-17 不同工艺成本数据表　　　　　　　　　　　　　　　单位:元

工艺方案	固定成本	单位变动成本
手工加工	700	25
机械加工	1 200	20
自动化设备加工	3 700	10

要求:对公司如何选择生产工艺作出决策。

决策原则:假定各方案对产品质量售价不会产生影响,各方案销售额一致,此时选择成本最低的方案。

决策方法:成本无差别点分析法。

列出三个方案的成本方程如下：

手工加工：$y_1 = 700 + 25x$

机械加工：$y_2 = 1\,200 + 20x$

自动化设备加工：$y_3 = 3\,700 + 10x$

令 $y_1 = y_2$，$y_1 = y_3$，$y_2 = y_3$，则有：

$$\begin{cases} 700 + 25x_1 = 1\,200 + 20x_1 \\ 700 + 25x_2 = 3\,700 + 10x_2 \\ 1\,200 + 20x_3 = 3\,700 + 10x_3 \end{cases}$$

得到三个方案的成本无差别点，加工成本无差别点如图5-5所示。

$X_1 = 100$，$x_2 = 200$，$x_3 = 250$

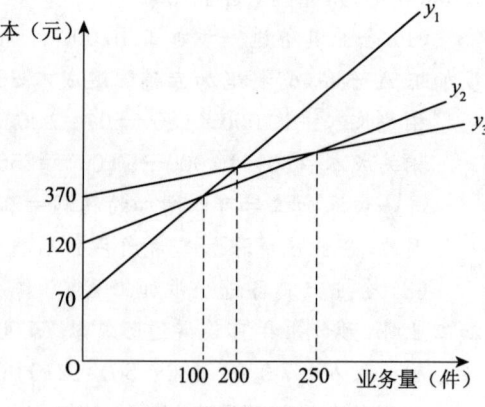

图5-5 加工方案的成本无差别点

C产品的生产工艺决策如下：当C产品产量小于100件时，应选择手工加工方案，因为此时手工加工的总成本最低；当C产品产量在100~250件之间时，应选择机械加工方案，因为此时机械加工的总成本最低；当C产品的产量在250件以上时，应选择自动化设备加工方案，因为此时自动化设备加工的总成本最低。

【做中学5-22】 某公司在原有生产线使用年限到期之后，面临着更换生产线的选择。可以选择购买与原来一样的生产线，也可以购买一条自动化程度较高的生产线。原有生产线的价格为150 000元，而新的生产线的价格为300 000元，两种生产线的使用年限均为5年，无残值。两种生产线生产出来的产品型号、质量相同，市场售价为50元。有关数据如表5-18所示。

表5-18 新旧生产线成本资料表　　　　　　　　　　　　　　　　　　　　单位：元

项目		原生产线	新生产线
直接材料		15	15
直接人工		12	10
变动制造费用		10	10
固定制造费用(假设只包括折旧)		30 000	60 000
年销售费用	固定部分	10 000	
	变动部分	5	
年管理费用(假设全部为固定费用)		10 000	

要求：对企业应采用新生产线还是原来的生产线作出决策。

三、定价决策

(一) 产品销售定价原理

在市场经济环境中，产品的销售价格是由供需双方的力量对比决定的。按照市场中供应方的力量大小不同，市场可以分为完全竞争、垄断竞争、寡头垄断和完全垄断四种。而针对不同的市场类型,企业对销售价格的控制力是不同的。在完全竞争的市场中,市场价格是单个厂商无法左右的,每个厂商只是均衡价格的被动接受者。在垄断竞争和寡头垄断市场中,厂商可以对价格产生一定的影响力。而在完全垄断的市场中,企业可以自主决定产品的价格。因此,产品定价决策通常针对后三种市场类型的产品。

销售定价属于企业营销战略的重要组成部分,管理会计人员主要应从产品成本与销售价格之间的关系角度出发,为管理者提供产品定价的有用信息。

(二)产品销售定价方法

从管理会计的角度,产品销售定价的基本规则是:从长期来看,销售收入必须足以弥补全部的生产、行政管理和营销成本,并为投资者提供合理的利润,以维持企业的生存和发展。因此,产品的价格应该在成本的基础上进行一定的加成后得到。

1. 成本加成定价法

成本加成定价法的基本思路是先计算成本,然后在此基础上加上一定的"成数",通过"成数"获得预期的利润,以此得到产品的目标价格。这里所说的成本基数,既可以是完全成本计算法下的产品成本,也可以是变动成本计算法下的变动成本。其计算思路如表5-19所示。

表5-19 成本加成定价法

基本思路		产品的目标价格=成本基数+成数	
		成本基数	成数
种类	完全成本加成法	单位产品的制造成本	非制造成本及合理利润
	变动成本加成法	单位产品的变动成本	固定成本和预期利润

此外,企业也可以使用标准成本作为成本基数,在此基础上进行加成定价。

1)完全成本加成定价法

相关计算公式如下:

$$完全成本加成率 = \frac{目标利润 + 期间成本}{产量 \times 单位完全成本} \times 100\%$$

$$产品销售售价 = 产品预计单位完全成本 \times (1 + 完全成本加成率)$$

【例5-28】 某工厂计划销售某产品10 000件,该产品预计单位变动成本为:直接材料费3元,直接人工费4元,变动制造费用7元。固定制造费用总额为20 000元,销售及管理费用总额为10 000元,该产品的目标利润为6 000元。采用完全成本加成定价法,计算该产品的单位销售价格。

$$完全成本加成率 = \frac{6\,000 + 10\,000}{10\,000 \times (3 + 4 + 7 + 20\,000 \div 10\,000)} \times 100\% = 10\%$$

$$产品单位销售价格 = (3 + 4 + 7 + 20\,000 \div 10\,000) \times (1 + 10\%) = 17.6(元/件)$$

2)变动成本加成定价法

相关计算公式如下:

$$变动成本加成率 = \frac{目标利润 + 期间成本 + 固定生产成本}{产量 \times 单位变动生产成本} \times 100\%$$

$$产品销售售价 = 单位产品变动制造成本 \times (1 + 变动成本加成率)$$

【例 5-29】 某工厂计划销售丙产品 20 000 件,该产品预计单位变动成本为:直接材料费 18 元,直接人工费 14 元,变动制造费用 12 元。单位固定制造费用为 16 元,销售及管理费用总额为 10 000 元,该产品的目标利润为 40 000 元。采用变动成本加成定价法,计算该产品的单位销售价格。

$$变动成本加成率 = \frac{40\,000 + 10\,000 + 20\,000 \times 16}{20\,000 \times (18 + 14 + 12)} \times 100\% = 42\%$$

产品单位销售价格 = (18+14+12)×(1+42%) = 62.48(元)

【做中学 5-23】 某公司正在研究新产品定价问题。公司会计部门收集该产品的预计成本资料如表 5-20 所示。

表 5-20 新产品成本资料表   单位:元

成本项目	单位产品成本	成本项目	单位产品成本
直接材料	6	固定制造费用	7
直接人工	4	变动销售及管理费用	2
变动制造费用	3	固定销售及管理费用	1

要求:分别按照制造成本加成 50% 和变动成本加成 100% 两种方法确定的产品目标售价。

2. 市场定价法

对于有活跃市场的产品,可以根据市场价格来定价,或者根据市场上同类或者相似产品的价格来定价。例如,邯钢经验中的"模拟市场核算",其核心要义就是对邯钢集团内部各种消耗和内部转让价格根据同类产品的市场价格来定价。市场定价法有利于时刻保持对市场的敏感性及对同行的敏锐性。

3. 新产品定价策略

新产品的定价一般具有"不确定性"的特点。因为新产品还没有被消费者了解,需求量难以确定。企业对新产品进行定价时,通常要选择几个地区,分别采用不同的价格进行试销。通过试销,企业可以收集到有关新产品的市场反应信息,以此确定产品的最终销售价格。新产品定价基本上存在撇脂性定价和渗透性定价两种策略。

1) 撇脂性定价策略

撇脂性定价策略即先在新产品试销初期定出较高的价格,之后随着市场的逐步扩大,再逐步降低价格的定价策略。这种定价策略可以使产品销售初期获得较高的利润,但是销售初期的暴利往往会引来大量的竞争者,引起后期的竞争异常激烈,高价很难维持。因此,这是一种短期性的定价策略,往往适用于产品的生命周期较短的产品。苹果智能手机刚进入市场时都是采用撇脂性定价策略。

2) 渗透性定价策略

渗透性定价策略即在新产品试销初期以较低的价格进入市场,以期迅速获得市场份额,等到市场地位已经较为稳固的时候,再逐步提高价格的定价策略,如"小米"手机的定价策略。这种定价策略在试销初期会减少一部分利润,但是它能有效排除竞争,有利于企业建立长期的市场地位,因此这是一种长期的市场定价策略。

4. 有闲置能力条件下的定价方法

有闲置能力条件下的定价方法是指企业在具有闲置生产能力时，面对市场需求的变化所采用的定价方法。在参加订货会，或者参加某项投标的情况下，企业往往会遇到较强的竞争对手，虽然每家企业都希望以高价得标而获得高额利润，但是通常只有报价较低的企业才能中标。这时管理者为了确保中标，往往以该投标产品的增量成本作为定价基础。当公司存在剩余生产能力时，增量成本即为该批产品的变动成本。这种定价方法虽然定价会较低，但是短期内可以维持企业的正常运营，并维持员工的稳定，还可以抵补一部分固定成本。

在这种情况下，企业产品的价格应该在变动成本与目标价格之间进行选择。

本章小结

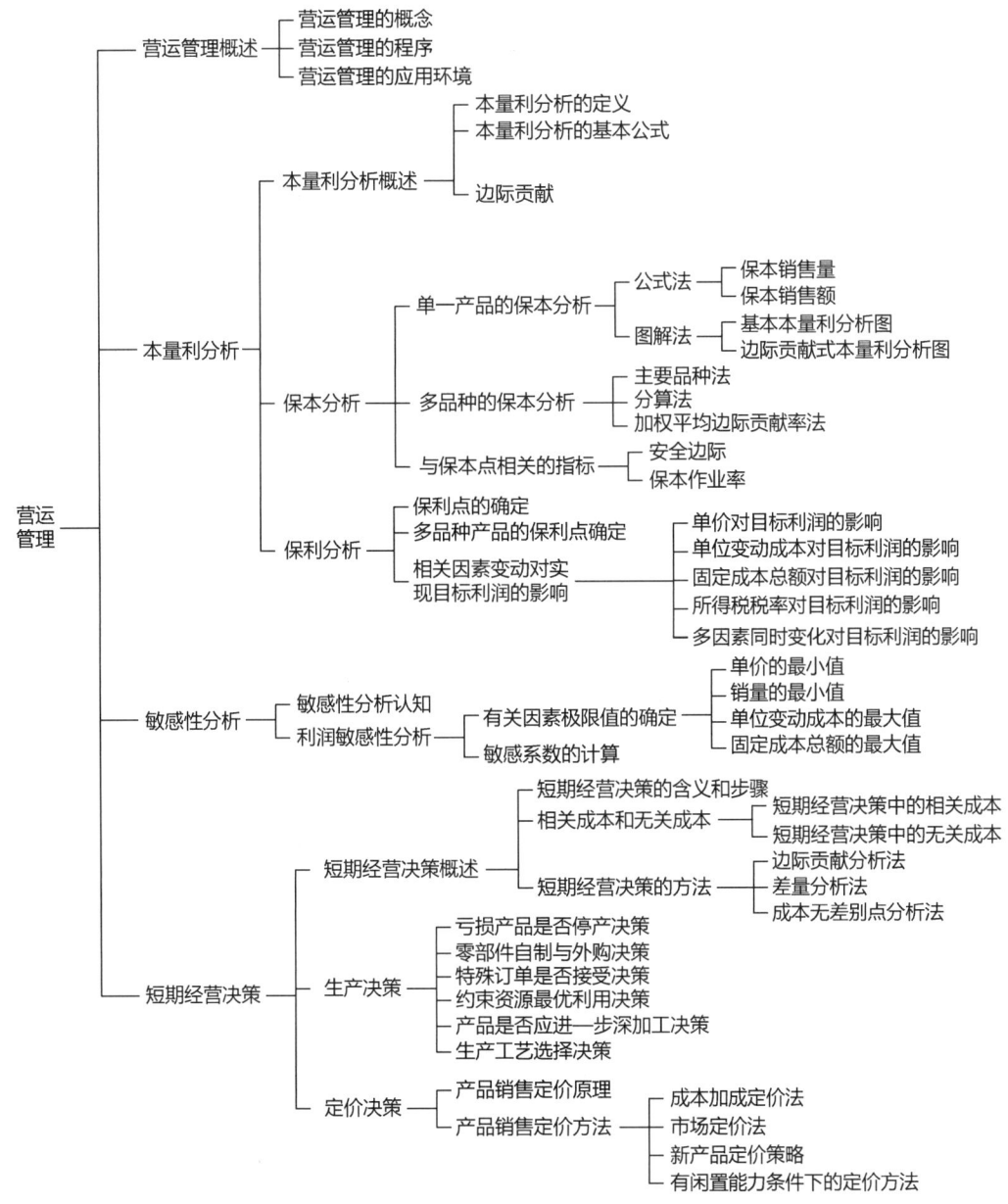

岗位·1+X证书·职称考试训练

一、单选题

1. 产品边际贡献是指(　　)。
   A. 销售收入与产品变动成本之差
   B. 销售收入与销售和管理变动成本之差
   C. 销售收入与制造边际贡献之差
   D. 销售收入与全部变动成本(包括产品变动成本和期间变动成本)之差

2. 本量利分析中的利润＝(实际销售量－保本销售量)×(　　)。
   A. 边际贡献率   B. 单价
   C. 单位边际贡献   D. 单位毛利

3. 某公司月销售收入为50万元,边际贡献率为30％,该公司仅有K、W两部门,其中K部门变动成本为30万元,边际贡献率为25％,下列各项中,错误的是(　　)。
   A. K部门的变动成本率为70％   B. K部门的边际贡献为10万元
   C. W部门的边际贡献率为50％   D. W部门的销售收入为10万元

4. 某企业产销单一产品,如果固定成本不变,单价和单位变动成本等比例上升,则保本销售量(　　)。
   A. 上升   B. 下降
   C. 不变   D. 三种情况都可能出现

5. 反映企业经营安全程度的指标是(　　)。
   A. 边际贡献率   B. 变动成本率
   C. 安全边际率   D. 保本作业率

6. 某产品的边际贡献率为40％,单位变动成本为36元,则该产品的单价为(　　)。
   A. 50.4   B. 90   C. 60   D. 72

7. 某公司只生产一种产品,本年目标利润为2 000万元,产品单价为800元,变动成本率为30％,固定成本总额为800万元,公司保利销售量为(　　)件。
   A. 60 905   B. 14 286   C. 50 000   D. 54 000

8. (　　)单独变动时,不会影响到保利量。
   A. 单位变动成本   B. 实际销售量
   C. 预计目标利润   D. 单价

9. 某产品的变动成本率为70％,固定成本为40 000元,目标净利润为15 000元,所得税税率为25％,实现目标净利润的保利销售额为(　　)元。
   A. 857 100   B. 178 000   C. 200 000   D. 268 690

10. 单价变动时,下列说法正确的是(　　)。

A. 会使保本点同方向变动　　　　　B. 会使安全边际同方向变动
C. 会使利润反方向变动　　　　　　D. 会使保利点同方向变动

11. 某公司生产和销售单一产品,该产品单位边际贡献为2元,2023年销售量为40万件,息税前利润为50万元。假设成本性态保持不变,则销售量的敏感系数是(　　)。
    A. 0.60　　　　B. 0.80　　　　C. 1.25　　　　D. 1.60

12. 甲公司只生产一种产品,变动成本率为40%,保本作业率为70%,甲公司的销售息税前利润率是(　　)。
    A. 12%　　　　B. 18%　　　　C. 28%　　　　D. 42%

13. 在决策时,因选择了最优方案而放弃了次优方案所丧失掉的潜在的收益,是所选方案的(　　)。
    A. 机会成本　　B. 专属成本　　C. 沉没成本　　D. 增量成本

14. 下列各项中,属于短期经营决策的非相关成本的是(　　)。
    A. 专属成本　　B. 沉没成本　　C. 机会成本　　D. 增量成本

15. 零部件是自制还是外购的决策中,若零部件的需求量不确定,应当采取的决策方法是(　　)。
    A. 相关成本分析法　　　　　　B. 差量分析法
    C. 成本无差别点分析法　　　　D. 边际贡献分析法

16. 甲公司生产销售乙、丙、丁三种产品,固定成本为5万元,除乙产品外,其余两种产品均盈利,乙产品销售2 000件,单价为105元,单位成本为110元(其中,单位直接材料成本为20元,单位直接人工成本为35元,单位变动制造费用为45元,单位固定制造费用为10元),假设生产能力无法转移,在短期经营决策时,决定继续生产乙产品的理由是(　　)。
    A. 乙产品单价大于20元　　　　B. 乙产品单价大于80元
    C. 乙产品单价大于55元　　　　D. 乙产品单价大于100元

二、多选题

1. 企业应建立健全营运管理的制度体系,明确营运管理各环节的工作目标(　　)等内容。
   A. 职责分工　　　　　　　　　B. 工作程序
   C. 工具方法　　　　　　　　　D. 信息报告

2. 短期经营决策的基本方法有(　　)。
   A. 差量分析法　　　　　　　　B. 边际贡献分析法
   C. 成本无差别点分析法　　　　D. 安全边际分析法

3. 下列各项中,属于沉没成本的项目有(　　)。
   A. 与决策有关的新增固定资产的折旧费
   B. 由多个方案共同负担的成本
   C. 退出生产领域的固定资产
   D. 半成品深加工决策中,半成品的成本

4. 下列各项中,属于短期经营决策的内容有(　　)。
   A. 亏损产品决策　　　　　　　B. 零部件自制还是外购决策

C. 设备更新改造决策　　　　　　　D. 特殊订货决策

5. 下列各项中,同时影响保本点、保利点即保净利点的因素有(　　)。
   A. 单位边际贡献　　　　　　　　B. 边际贡献率
   C. 固定成本总额　　　　　　　　D. 目标利润

6. 安全边际率等于(　　)。
   A. 安全边际量÷实际销售量
   B. 保本销售量÷实际销售量
   C. 安全边际额÷实际销售额
   D. 保本销售额÷实际销售额

7. 下列成本概念中,反映差量成本的有(　　)。
   A. 增量成本　　B. 沉没成本　　C. 边际成本　　D. 相关成本

8. 边际贡献率的计算公式可以表示为(　　)。
   A. 1－变动成本率　　　　　　　B. 边际贡献÷销售收入
   C. 单位边际贡献÷单价　　　　　D. 固定成本÷保本额

9. 某产品的单位变动成本因耗用的原材料涨价而提高了1元,企业为抵销该变动的不利影响决定提高产品售价1元,假设其他因素不变,则(　　)。
   A. 单位边际贡献不变　　　　　　B. 边际贡献率降低
   C. 盈亏临界点销售额不变　　　　D. 盈亏临界点销售量不变

10. 企业在短期经营决策中应该考虑的成本有(　　)。
    A. 联合成本　　　　　　　　　　B. 共同成本
    C. 差量成本　　　　　　　　　　D. 专属成本

11. 零部件自制与外购决策中,如果有剩余产能,需要考虑的因素有(　　)。
    A. 变动成本　　　　　　　　　　B. 专属成本
    C. 机会成本　　　　　　　　　　D. 沉没成本

12. 可以用成本无差别点法进行决策的有(　　)。
    A. 零部件自制外购决策　　　　　B. 亏损产品决策
    C. 生产工艺选择决策　　　　　　D. 追加订货决策

13. 甲公司是一家电子计算器制造商,计算器外壳可以自制或外购,如果自制,需为此购入一台专用设备,购价为7 500元(使用1年,无残值),单位变动成本为2元。如果外购,采购量10 000件以内,单位报价为3.2元;采购量10 000件以上,单位报价优惠至2.6元。下列关于自制或外购决策的说法中,正确的有(　　)。
    A. 预计采购量为8 000件时应自制　　B. 预计采购量为12 000件时应外购
    C. 预计采购量为16 000件时应外购　　D. 预计采购量为4 000件时应外购

三、判断题

1. 边际贡献首先补偿固定成本,如果有剩余,则形成了企业的利润。　　　　　(　　)
2. 无论是保本点销售量还是保利点销售量,其公式分母都是单位边际贡献。　　(　　)
3. 目标利润的变化会导致保本点变化。　　　　　　　　　　　　　　　　　(　　)
4. 一般而言,影响因素的敏感系数越大,其变动对目标利润的影响越小。　　　(　　)

5. 保本作业率和安全边际率相加等于1。（ ）
6. 若单价与单位变动成本同方向、同比例变动，保本销售量不变。（ ）
7. 其他因素不变时，固定成本越小，保本点越低。（ ）
8. 进行本量利分析，不需要任何假设条件。（ ）
9. 生产决策中使用的边际贡献分析法，即通过对比各备选方案的单位边际贡献大小来确定最优方案。（ ）
10. 凡是订货的订单价格低于产品的完全单位成本，该订单不可接受。（ ）
11. 渗透定价策略可以使产品销售初期获得较高的利润。（ ）
12. 产品是否深加工决策中，深加工前的半成品所发生的成本，都是无关的沉没成本。（ ）
13. 约束资源最优利用决策原则即如何安排生产，才能使企业总的边际贡献最大化。（ ）
14. 如果特殊订单影响正常销售，影响正常销售的收入即为接受订货的机会成本。（ ）
15. 零部件自制外购决策中，如果企业有剩余生产能力，则不需要追加设备投资，只需考虑变动成本。（ ）

四、计算题

1. 某公司只经营一种产品，2×21年单位变动成本为15元，变动成本总额为63 000元，共获得税前利润18 000元。若该公司计划于2×22年维持单价不变，变动成本率仍为30%。

要求：
(1) 预测2×22年的保本销售量。
(2) 若2×22年的计划销量比2×21年提高20%，则可获多少税前利润？

2. 某公司2×22年度乙产品的销售量为5 000件，单价为25元，变动成本总额为75 000元，固定成本总额为25 000元。

要求：
(1) 计算乙产品的保本点；
(2) 计算乙产品的安全边际指标。

3. 某娱乐公司准备在江滨体育馆举办专场演出，体育馆租金为150 000元，广告宣传费预计100 000万元，每张票平均售价定在180元，代理商收取票价20%作为销售手续费。参加演出人员开支及其他杂项开支预计250 000元，若能售出16 000张票，公司的预计利润是多少？

4. 已知某企业只生A产品，单价为8元，单位变动成本为4元，固定成本为5万元。①假定该企业目标利润为3万元，计算该企业的保利点。②假定该企业某年目标净利润为3万元，所得税税率为25%，计算该企业的保利点和保净利点。

5. 甲公司生产销售乙、丙、丁三种产品，固定成本5万元，除乙产品外，其余两种产品均盈利，乙产品销售2 000件，单价为105元，单位成本为110元（其中，单位直接材料成本为20元，单位直接人工成本为35元，单位变动制造费用为45元，单位固定制造费用为10元），假设生产能力无法转移，试分析乙产品是否应该停产？

6. 乙是一家机械制造企业,生产设备需要 N 零件,年需要量不确定。可以自制或外购,自制时直接材料费用为 400 元/个,直接人工费用为 100 元/个,变动制造费用为 200 元/个,年固定制造费用 3 000 000 元。如果外购,N 零件单价为 800 元/个。请帮乙公司作出 N 零件自制还是外购的决策。

7. 甲公司生产一种产品,生产能力为 1 000 件。目前正常订货量为 800 件,剩余生产能力无法转移。正常销售单价为 100 元,单位产品成本为 80 元,其中变动成本为 50 元。现有客户追加订货 300 件,报价为 70 元,甲公司如果接受这笔订货,需要追加专属成本 1 500 元。试分析甲公司是否接受这笔订货。

8. 甲公司生产乙产品,最大产能 90 000 小时,单位产品加工工时 6 小时,目前订货量 13 000 件,剩余生产能力无法转移。乙产品销售单价为 150 元,单位成本为 100 元,单位变动成本为 70 元。现有客户追加订货 2 000 件,单件报价 90 元。如接受这笔订单,公司息税前利润如何变化?

9. 甲公司生产 A、B 两种产品,使用同一关键设备,该设备一年最多加工时间为 5 000 小时。A 产品市场需要量为 1 000 件,单价为 100 元,单位变动成本为 70 元,每件加工时间为 4 小时;B 产品市场需要量为 2 000 件,单价为 80 元,单位变动成本为 60 元,每件加工时间为 2 小时。为了最有效利用该设备,甲公司应如何安排 A、B 两种产品的产销量?

10. 某公司生产 C 半成品 10 000 件,单价为 40 元,单位变动成本为 20 元,全年固定成本总额为 100 000 元。若把 C 半成品进一步深加工为 D 产品,则每件产品需追加变动成本 20 元,产品的单价也提高为 70 元。企业已经具备进一步加工 10 000 件 C 半成品的能力,该生产能力无法转移,且需要追加专属固定成本 30 000 元。试判断该企业是直接出售 C 半成本品,还是进一步加工成 D 产品后出售。

11. 晨烁公司计划生产 A 零件,现有三种不同工艺方案:一是手工操作,二是使用半机械化设备,三是使用自动化专用设备。预计各种工艺方案的单位变动成本和年固定成本总额如表 5-21 所示。请帮晨烁公司作出生产工艺选择决策。

表 5-21 晨烁公司工艺成本资料　　　　　　　　　　　　　　　单位:元

工艺方案	单位变动成本	固定成本总额
手工操作	50	10 000
半机械设备	30	30 000
自动化专用设备	12	70 000

12. 某企业计划产销某产品 20 000 件,该产品单位变动成本为:直接材料 8 元,直接人工 5 元,变动制造费用 2 元。固定制造费用总额为 15 000 元,销售及管理费用总额为 25 000 元,产品的目标利润为 35 000 元。采用完全成本加成法,确定该产品的价格。

五、综合题

甲公司是一家空气净化器制造企业,共设三个生产部门,分别生产 X、Y、Z 三种空气化器,最近几年该行业市场需求变化较大,公司正进行生产经营的调整和决策。公司预计 2×21 年 X 净化器销量为 3 万台,单位售价为 10 000 元,单位变动成本为 6 000 元,固定成本为3 375万元;Y净化器销量为3万台,单位售价为6 000元,单位变动成本为3 000元,固定成本为2 025万元;Z净化器销量为4万台,单位售价为3 000元,单位变动成本为2 625元,固定成本为1 350万元。总部管理费用为4 500万元,按预测的销售收入比例分摊给X、Y、Z三种净化器的生产部门。

要求:

(1) 分别计算X、Y、Z三种净化器的边际贡献、营业利润,分别判断是应继续生产还是停产,并说明理由。

(2) 基于要求(1)的结果,计算该企业2×21年的加权平均边际贡献率、加权平均盈亏平衡销售额及X净化器的盈亏平衡销售额、盈亏平衡销售量、盈亏临界点作业率。

(3) 假设该公司根据市场需求变化,调整产品结构,计划2×22年只生产X净化器。预计2×22年X净化器销量达到6万台,单位变动成本、固定成本保持不变,总部管理费用增加到5 250万元。若想达到要求(1)的营业利润总额,2×22年该企业X净化器可接受的最低销售单价是多少?

(4) 基于要求(3)的单位售价、单位变动成本、固定成本和销量,分别计算在这些参数增长10%时营业利润对各参数的敏感系数,然后按营业利润对这些参数的敏感程度进行排序,并指出对营业利润而言哪些参数是敏感因素。

六、1+X证书训练

任务目标

1. 能够掌握本量利分析的基本原理。
2. 能够掌握边际分析的方法。
3. 能够根据边际分析的方法计算产品的边际贡献。
4. 能够根据本量利分析的基本方法计算产品的利润。

任务背景

202×年经营结束后,要运用本量利分析的基本方法对产品当年的利润进行分析。分别计算三种产品各自的边际贡献以及利润,分析每种产品的获利能力,判断是否有产品发生了亏损,填制表5-22。

计算时,产品的变动成本分为产品的变动生产成本和变动非生产成本。其中,产品的变动生产成本为该产品的销售成本,某产品负担的变动非生产成本根据变动非生产成本总额按该产品的销售收入占全部产品销售收入的比重分配。某产品负担的固定成本根据固定成本总额按该产品的销售收入占全部产品销售收入的比重分配。

任务要求

1. 202×年实际数据见销售汇总表、生产汇总表和利润表。

2. 计算过程中用的销售收入均为不含税销售收入。在计算各产品销售收入占比时四舍五入保留两位小数,并以此结果进行后续计算,其余计算结果四舍五入保留两位小数。比如计算出来的销售比重为0.123 456,四舍五入保留两位小数是0.12,用百分号表示为12%。

3. 计算各产品的固定成本时,阿胶糕的固定成本是根据固定成本总额和其他两个产品的固定成本倒轧出来的。

表 5-22　产品利润分析　　　　　　　　　　　　　　　　　　单位：元

产品	销售收入	变动成本	边际贡献额	分配固定成本	利润
阿胶浆					
阿胶颗粒					
阿胶糕					

◼ 技 能 过 关 ◼

营运管理岗位资源：成本性态资料

公司各中心的成本费用分别与利润表项目的对应关系如表 5-23 所示。

表 5-23　各中心成本费用与利润表项目对应

序号	中心名称	利润表对应项目
1	营业中心	营业成本
2	分拣中心	营业成本
3	运输中心	营业成本
4	投递中心	营业成本
5	营销中心	销售费用
6	财务管理中心	管理费用
7	行政管理中心	管理费用

根据分析，公司营业成本中的人工成本、运输费、能耗费、包装耗材随业务量变化而变化，为变动成本；税金及附加也为变动成本；其余营业成本、期间费用不随业务量变化而变化，为固定成本，各费用的成本性态如表 5-24 所示。

表 5-24　成本性态

序号	费用名称	成本性态
1	人工支出	变动成本
2	租赁费	固定成本
3	办公费	固定成本
4	折旧费	固定成本
5	运输费	变动成本
6	能耗费	变动成本
7	包装耗材	变动成本

（续表）

序号	费用名称	成本性态
8	税金及附加	变动成本
9	销售费用	固定成本
10	管理费用	固定成本
11	财务费用	固定成本

岗位任务：营运管理

岗位任务答案：营运管理

第六章 投资管理

案例导入

随着社会生产力和科学技术的不断发展,以及各行各业对 VR 技术的需求日益旺盛,VR 技术现已在军事、航天、医学、娱乐等领域得到广泛应用并逐步成为一个新的科学技术领域。

浙江新圆科技有限公司成立于 2019 年 7 月,主要从事计算机系统服务、技术开发与咨询、电脑动画设计和互联网技术的研发与应用。自创立至今,公司一直是将其业务中的 VR 服务外包给其他公司。最近,公司准备利用 3D 全息投影技术,构建了一个集展示空间设计、数字化展示、全息互动投影于一体的多媒体展厅,以便自己能承接 VR 和数字视觉服务。

目前,公司每年支付的 VR 服务外包费用为 200 万元。

公司经调查发现,3D 全息投影多媒体展厅需购置 5 台全息投影机,每台 100 万元;配备全息投影膜的投影墙及场地装修需 150 万元。另外,从第 2 年起,每年需支付 60 万元的设备维护及软件更新费。3D 全息投影多媒体展厅投入使用后,公司每年可额外增加 VR 服务收入 80 万元,每年额外支付 VR 服务成本 50 万元。

公司设备、装修款以直线法计提折旧和摊销,使用年限为 8 年且无残值。公司所得税税率为 25%,项目资本成本为 15%。

资料来源 自编案例。

请思考 浙江新圆科技有限公司是否应该投资建设 3D 全息投影展厅?要解决该公司的问题,本章的项目投资决策的学习将帮你得出决策的结论。

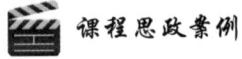

众多企业驶入智能汽车赛道

《中国制造 2025》指出,制造业是国民经济的主体,是立国之本、兴国之器、强国之基。18 世纪中叶开启工业文明以来,世界强国的兴衰史和中华民族的奋斗史一再证明,没有强大的制造业,就没有国家和民族的强盛。打造具有国际竞争力的制造业,是我国提升综合国力、保障国家安全、建设世界强国的必由之路。

然而,与世界先进水平相比,我国制造业仍然大而不强,在自主创新能力、资源利用效率、产业结构水平、信息化程度、质量效益等方面差距明显,转型升级和跨越发展的任务紧迫而艰巨。

《中国制造 2025》指出,大力推动节能与新能源汽车重点领域突破发展。继续支持电动汽车、燃料电池汽车发展,掌握汽车低碳化、信息化、智能化核心技术,提升动力电池、驱动电机、高效内燃机、先进变速器、轻量化材料、智能控制等核心技术的工程化和产业化能力,形成从关键零部件到整车的完整工业体系和创新体系,推动自主品牌节能与新能源汽车同国际先进水平接轨。

资料一:根据《新能源汽车产业发展规划(2021—2035年)》,到2025年,我国新能源汽车市场竞争力明显增强,动力电池、驱动电机、车用操作系统等关键技术取得重大突破,安全水平全面提升。纯电动乘用车新车平均电耗每百公里降至12.0千瓦时,新能源汽车新车销售量达到汽车新车销售总量的20%左右,高度自动驾驶汽车实现限定区域和特定场景商业化应用,充换电服务便利性显著提高。

力争经过15年的持续努力,我国新能源汽车核心技术达到国际先进水平,质量品牌具备较强国际竞争力。纯电动汽车成为新销售车辆的主流,公共领域用车全面电动化,燃料电池汽车实现商业化应用,高度自动驾驶汽车实现规模化应用,充换电服务网络便捷高效,氢燃料供给体系建设稳步推进,有效促进节能减排水平和社会运行效率的提升。

资料二:中国汽车工程学会牵头组织编制的《节能与新能源汽车技术路线图2.0》,进一步研究确认了全球汽车技术"低碳化、信息化、智能化"发展方向,提出了面向2035年我国汽车产业发展的六大目标,即我国汽车产业碳排放将于2028年先于国家碳减排承诺提前达峰,至2035年,碳排放总量较峰值下降20%以上;新能源汽车将逐渐成为主流产品,汽车产业基本实现电动化转型;智能网联汽车产业生态持续优化,产品大规模应用;关键核心技术水平显著提升,形成协同高效、安全可控的产业链;建立汽车智慧出行体系,形成汽车、交通、能源、城市深度融合生态;技术创新体系基本成熟,具备引领全球的原始创新能力。

另外,我国发布的《智能网联汽车技术路线图2.0》研判,到2025年,我国PA(部分自动驾驶)、CA(有条件自动驾驶)级智能网联汽车销量占当年汽车总销量比例超过50%,C—V2X(以蜂窝通信为基础的移动车联网)终端新车装配率达50%,高度自动驾驶汽车首先在特定场景和限定区域实现商业化应用,并不断扩大运行范围。2035年,各类网联式高度自动驾驶车辆将广泛运行于我国广大地区。同时,在智能汽车的销售额背后,还包含市场的分期付款、保险、软装等派生需求,也包含着大数据接通后,智能汽车作为智能移动空间带来的增值收入。

智能汽车作为最大移动数字终端展现出了"风口"极大的引力和潜力。面对如此超大规模的市场,众多企业宣布造车,进入智能汽车领域。

结合案例资料分析企业造车这一重大投资项目应如何进行管理?

资料来源

[1] 国务院. 国务院关于印发《中国制造2025》的通知[EB/OL]. (2015-05-19)[2023-07-02]. http://www.gov.cn/zhengce/content/2015-05-19/content_9784.htm.

[2] 规划司. 新能源汽车产业发展规划(2021—2035年)[EB/OL]. (2021-11-01)[2023-07-02]. https://www.ndrc.gov.cn/fggz/fzzlgh/gjjzxgh/202111/t20211101_1302487.html.

[3] 装备工业一司.《节能与新能源汽车技术路线图2.0》正式发布[EB/OL]. (2021-11-01)[2023-07-02]. https://www.miit.gov.cn/xwdt/gxdt/sjdt/art/2020/art_45069e679ed2437dba3d13833cefc02e.html.

[4] 经济日报.《智能网联汽车技术路线图2.0》日前发布——汽车智能网联是未来竞争焦点[EB/OL]. (2020-11-19)[2023-07-02]. https://www.gov.cn/xinwen/2020-11-19/content_5562464.htm.

请思考 投资管理的程序和工具方法有哪些？如果运用财务指标进行项目投资管理？

知识目标

1. 了解投资管理的概念、遵循的原则、管理会计工具方法和程序。
2. 理解和掌握货币时间价值的计算。
3. 理解和掌握净现金流量的计算。
4. 理解和掌握投资决策指标的计算，并能运用其作出相关决策。

思政目标

1. 培养学生的风险管理意识。
2. 培养学生抓主要矛盾、解决问题的能力。
3. 培养学生的创新思维。

典型工作任务

1. 能计算复利、年金的终值和现值。
2. 能分析并计算投资项目计算期内的净现金流量。
3. 能计算静态、动态投资决策指标。
4. 能运用投资决策指标进行投资决策。

第一节 投资管理概述

一、企业投资的意义

企业投资是公司对所持有资金的一种运用，如投入固定资产或购买金融资产，其目的是在未来一定时期内获得与风险相匹配的报酬。在市场经济条件下，投资对于企业的生存和发展十分重要。

(1) 投资是企业实现价值最大化的基本前提。企业存在的目标是不断提高企业价值，为股东创造财富。因此，企业要采取各种措施增加利润，降低风险。企业要想获得利润，就必须进行投资，在投资中获得效益。

(2) 投资是企业生产发展的必要手段。在科学技术、社会经济迅速发展的今天，企业无论是维持简单再生产还是实现扩大再生产，都必须进行一定的投资。要维持简单再生产的顺利进行，就必须及时对所使用的机器设备进行更新，对产品和生产工艺进行改造等；要实现扩大再生产，就必须新建、扩建厂房，增添机器设备等。

(3) 投资是企业降低经营风险的重要方法。企业将资金投向生产经营的关键环节或薄弱环节，可以使各种生产经营能力配套、平衡，形成更大的综合生产能力。例如，将资金投向多个行业，实行多元化经营，更能增加企业销售和盈利的稳定性。这些都是降低企业经营风险的重要方法。

二、投资管理的概念与原则

根据《管理会计应用指引第500号——投融资管理》第二条,投资管理是指企业根据自身战略发展规划,以企业价值最大化为目标,对将资金投入营运进行的管理活动。

企业进行投资管理一般应遵循以下原则:

(1) 价值创造原则。投资管理应以持续创造企业价值为核心。

(2) 战略导向原则。投资管理应符合企业发展战略与规划,与企业战略布局和结构调整方向一致。

(3) 风险匹配原则。投资管理应确保投资对象的风险状况与企业的风险综合承受能力匹配。

三、投资管理的管理会计工具方法和程序

投资管理领域应用的管理会计工具方法,一般包括贴现现金流法、项目管理、情景分析和约束资源优化等。本节主要介绍贴现现金流法在投资管理中的应用。

企业应用投资管理工具方法,一般按照制订投资计划、进行可行性分析、实施过程控制和开展投资后评价等程序进行(图6-1)。

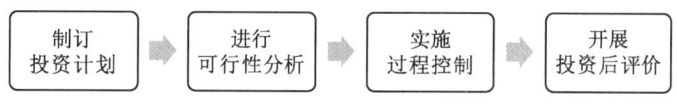

图6-1 投资管理程序

1. 制订投资计划

企业投资管理机构应根据战略需要,定期编制中长期投资规划,并据此编制年度投资计划。

(1) 中长期投资规划一般应明确指导思想、战略目标、投资规模、投资结构等。

(2) 年度投资计划一般包括编制依据、年度投资任务、年度投资任务执行计划、投资项目的类别及名称、各项目投资额的估算及资金来源构成等,并纳入企业预算管理。

2. 进行可行性分析

投资可行性分析的内容一般包括该投资在技术和经济上的可行性、可能产生的经济效益和社会效益、可以预测的投资风险和投资落实的各项保障条件等。

3. 实施过程控制

企业进行投资管理,应当将投资控制贯穿于投资的实施全过程。投资控制的主要内容一般包括进度控制、财务控制和变更控制等。

(1) 进度控制是指对投资实际执行进度方面的规范与控制,主要由投资执行部门负责。

(2) 财务控制是指对投资过程中资金使用、成本控制等方面的规范与控制,主要由财务部门负责。

(3) 变更控制是指对投资变更方面的规范与控制,主要由投资管理部门负责。

4. 开展投资后评价

投资项目实施完成后,企业应对照项目可行性分析和投资计划组织开展投资后评价。投资后评价的主要内容一般包括投资过程回顾、投资绩效和影响评价、投资目标实现程度和持续能力评价、经验教训和对策建议等。

投资报告应根据投资管理的情况和执行结果编制,反映企业投资管理的实施情况。投资报告主要包括以下两部分内容:

一是投资管理的情况说明,一般包括投资对象、投资额度、投资结构、投资风险、投资进度、投资效益及需要说明的其他重大事项等。

二是投资管理建议,可以根据需要,以附件形式提供支持性文档。

投资报告是重要的管理会计报告,应确保其内容真实、数据可靠、分析客观、结论清楚,为报告使用者提供满足决策需要的信息。

企业可定期编制投资报告,反映一定期间内投资管理的总体情况,一般至少应于每个会计年度编制一份;也可根据需要编制不定期投资报告,主要用于反映重要项目节点、特殊事项和特定项目的投资管理情况。

企业应及时进行回顾和分析,检查和评估投资管理的实施效果,不断优化投资管理流程,改进投资管理工作。

第二节 投资决策基础

本章所讲的投资决策主要是指长期投资决策。相对于经营决策而言,长期投资决策面对的是长期资产的取得问题,涉及的资金支出数额通常较大甚至巨大,具有风险大、周期长、不可逆转等特征。长期投资决策的正确与否对企业的生死存亡具有决定性作用。

投资决策一般需要在若干备选方案中进行分析、评价和选择,最终确定最优方案。在具体选择过程中,资本成本的判断、现金流量的预测等方面的差异,会使决策者作出不同的选择。

一、货币时间价值

(一) 货币时间价值的概念

货币时间价值是指货币经过一定时间的投资和再投资所增加的价值。

在商品经济中,有这样一种现象:即现在的1元钱和1年后的1元钱的经济价值不相等,或者说经济效用不同。现在的1元钱比1年后的1元钱的经济价值要大一些。例如,将现在的100元钱存入银行,1年后可得到110元(假设银行存款利率为10%)。也可以说,我们的100元经过1年的投资,增长到110元,这多出来的10元就是货币的时间价值。

人们通常习惯使用相对数字表示货币的时间价值,即用增加价值占投入货币的百分数来表示。例如,前述货币的时间价值为10%。

理论上,货币的时间价值率是没有风险和没有通货膨胀下的社会平均利润率。在实务中,政府债券的风险很小(接近于零),因此,当通货膨胀率很低时,人们为方便起见,也常常习惯于将政府债券利率视同货币的时间价值。

（二）货币时间价值的计算

1. 复利终值和复利现值

复利是计算利息的一种方法。按照这种方法，每经过一个计息期，要将所生利息加入本金再计利息，逐期滚算，俗称"利滚利"。

与复利相对的是单利。单利是指只对本金计算利息，而不将以前计息期产生的利息累加到本金中去计算利息的一种计息方法，即利息不再生息。本章节均按复利计息。

6.1 货币时间价值——单利与复利

1）复利终值

复利终值是指现在的本金在将来一定时间按复利计算的本金与利息之和，简称本利和。

【例 6-1】 某人将 10 000 元投资于一项目，年报酬率为 10%，经过 1 年时间的期末金额为：

$$F = P + P \cdot i = P \cdot (1+i) = 10\,000 \times (1+10\%) = 11\,000(元)$$

式中的 P 为现值或本金；i 为报酬率或利率；F 为终值或本利和。

若此人并不提走资金，将 11 000 元继续投资于该项目，则第二年本利和为：

$$F = [P \cdot (1+i)] \cdot (1+i) = P \cdot (1+i)^2 = 10\,000 \times (1+10\%)^2$$
$$= 10\,000 \times 1.21 = 12\,100(元)$$

第 n 年的期末，本利和为：

$$F = P \cdot (1+i)^n$$

上式中的 $(1+i)^n$ 被称为复利终值系数，用符号 $(F/P, i, n)$ 表示。例如，$(F/P, 10\%, 3)$ 表示利率为 10% 的 3 期复利终值的系数。在实际应用中，复利终值系数一般是通过查阅"复利终值系数表"取得的。

【做中学 6-1】 本金为 10 000 元，年利率 6%，按复利计算。

要求：计算 5 年后的本利和。

小思考

假如本金为 10 000 元，年利率 6%，每半年复利一次。则 5 年后的本利和是多少？

2）复利现值

复利现值是指为取得将来一定时间的本利和，按复利计算现在所需要的本金。

复利现值是复利终值的逆运算，是已知 F、i、n 时，求 P。

通过复利终值计算已知：

$$F = P \cdot (1+i)$$

所以：

$$P = \frac{F}{(1+i)^n} = F \cdot (1+i)^{-n}$$

上式中的 $(1+i)^{-n}$ 被称为复利现值系数,用符号 $(P/F, i, n)$ 表示。例如,$(P/F, 10\%, 3)$ 表示利率为 10% 的 3 期复利现值的系数。在实际应用中,复利现值系数一般也是通过查阅"复利现值系数表"取得的。

【做中学 6-2】 5 年后的本利和为 10 000 元,年利率 6%,按复利计算。

要求:计算现在投入的本金。

> 小思考
>
> 假如 5 年后的本利和为 10 000 元,年利率 6%,每半年复利一次。则现在投入的本金是多少?

6.2 货币时间价值——年金

2. 年金终值和年金现值

年金是指一定时期内,等额、定期的系列收支款项。

年金主要有三个特点:等额——每次的发生额相等;定期——每发生一次,间隔相等的时间;系列——通常是指多笔款项,而不是一次性的款项。

> 小思考
>
> 生活中的哪些款项收付形式属于年金?

年金按照收付时点和方式的不同,可以分为普通年金、预付年金、递延年金和永续年金四种。

1) 普通年金终值和普通年金现值

普通年金又称后付年金,是指每期期末收付的年金。

用横线代表时间的延续,用数字标出各期的顺序号,竖线的位置表示收付的时刻,竖线下端的数字表示收付的金额,普通年金的收付形式如图 6-2 所示。

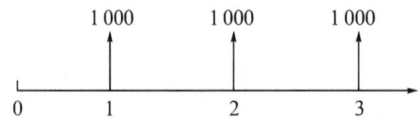

图 6-2 普通年金的收付形式

第一,普通年金终值。

普通年金终值是指其最后一次收付时的本利和,它是每次收付的复利终值之和。按图 6-2 的数据,当利率为 10% 时,可计算第三期末的普通年金终值,如图 6-3 所示。

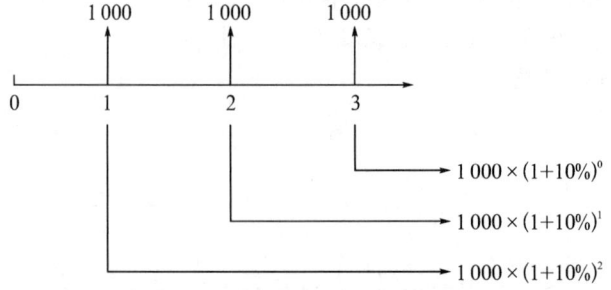

图 6-3 普通年金终值计算图

假设每年收付的金额为 A,利率为 i,期数为 n,则按复利计算的普通年金终值 F 为:

$$F = A(1+i)^0 + A(1+i)^1 + A(1+i)^2 + \cdots + A(1+i)^{n-1}$$

简化后可得:

$$F = A \frac{(1+i)^n - 1}{i}$$

式中的 $\frac{(1+i)^n - 1}{i}$ 称作普通年金终值系数,用 $(F/A, i, n)$ 表示,其含义是普通年金为 1 元、利率为 i、经过 n 期的年金终值,可通过查阅"年金终值系数表"取得。

【做中学 6-3】 每年年末存入银行 10 000 元,年利率 6%,按复利计算。

要求:计算第 5 年年末可以从银行提取多少钱?

第二,普通现金现值。

普通年金现值是指为了在每期期末收付相等金额的款项,现在需要投入的金额。按图 6-2 中的数据,当利率为 10% 时,可计算现在的普通年金现值,如图 6-4 所示。

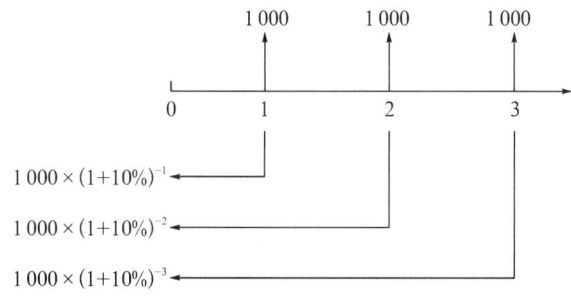

图 6-4 普通年金现值计算图

假设每年收付的金额为 A,利率为 i,期数为 n,则按复利计算的普通年金现值 P 为:

$$P = A(1+i)^{-1} + A(1+i)^{-2} + A(1+i)^{-3} + \cdots + A(1+i)^{-n}$$

简化后可得:

$$P = A \frac{1 - (1+i)^{-n}}{i}$$

式中的 $\frac{1 - (1+i)^{-n}}{i}$ 称作普通年金现值系数,用 $(P/A, i, n)$ 表示,其含义是普通年金为 1 元、利率为 i、经过 n 期的年金现值,可通过查阅"年金现值系数表"取得。

【做中学 6-4】 某人准备在以后的 5 年中,每年年末得到 10 000 元,年利率 6%,按复利计算。

要求:计算某人现在应存入多少钱?

2)预付年金终值和预付年金现值

预付年金又称先付年金,是指每期期初收付的年金。

预付年金的收付形式如图 6-5 所示。

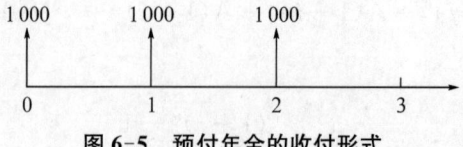

图 6-5 预付年金的收付形式

第一,预付年金终值。

假设每年收付的金额为 A,利率为 i,期数为 n,则按复利计算的预付年金终值 F 为:

$$F = A(1+i)^1 + A(1+i)^2 + A(1+i)^3 + \cdots + A(1+i)^n$$

简化后可得:

$$F = A\left[\frac{(1+i)^{n+1}-1}{i} - 1\right]$$

式中的 $\left[\frac{(1+i)^{n+1}-1}{i} - 1\right]$ 为预付年金终值系数,它和普通年金终值系数 $\left[\frac{(1+i)^n-1}{i}\right]$ 相比,期数加 1,而系数减 1,可记作 $[(F/A, i, n+1)-1]$。

【例 6-2】 $A = 10\,000$,$i = 6\%$,$n = 5$ 的预付年金终值是多少?

$F = A \cdot [(F/A, i, n+1) - 1] = 10\,000 \times [(F/A, 6\%, 5+1) - 1]$

查阅"年金终值系数表":$(F/A, 6\%, 6) = 6.975\,3$

$F = 10\,000 \times (6.975\,3 - 1) = 59\,753(元)$

第二,预付现金现值。

假设每年收付的金额为 A,利率为 i,期数为 n,则按复利计算的预付年金现值 P 为:

$$P = A(1+i)^0 + A(1+i)^{-1} + A(1+i)^{-2} + \cdots + A(1+i)^{-(n-1)}$$

简化后可得:

$$P = A\left[\frac{1-(1+i)^{-(n-1)}}{i} + 1\right]$$

式中的 $\left[\frac{1-(1+i)^{-(n-1)}}{i} + 1\right]$ 为预付年金现值系数,它和普通年金现值系数 $\left[\frac{1-(1+i)^{-n}}{i}\right]$ 相比,期数减 1,而系数加 1,可记作 $[(P/A, i, n-1)+1]$。

【例 6-3】 $A = 10\,000$,$i = 6\%$,$n = 5$ 的预付年金现值是多少?

$P = A \cdot [(P/A, i, n-1) + 1] = 10\,000 \times [(P/A, 6\%, 5-1) + 1]$

查阅"年金现值系数表":

$(P/A, 6\%, 4) = 3.465\,1$

$P = 10\,000 \times (3.465\,1 + 1) = 44\,651(元)$

3）递延年金

递延年金是指第一次收付发生在第二期或第二期以后的年金。

递延年金的收付形式如图6-6所示。从图6-6可以看出，前二期没有发生收付。一般用 m 表示递延期数，本例中 $m=2$。第一次收付在第三期期末，连续收付3次，即 $n=3$。

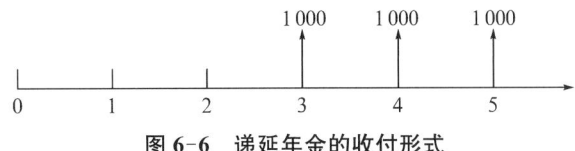

图6-6 递延年金的收付形式

递延年金终值的计算方法和普通年金相同。

上例中，$m=2$，$n=3$，$i=6\%$，则：

$$F=A\cdot(F/A,i,n)=1\,000\times(F/A,6\%,3)=1\,000\times 3.183\,6=3\,183.6(元)$$

从上例可以得出结论：递延年金终值的计算与递延期数无关。

递延年金现值的计算一般采用如下方法：把递延年金视为 n 期普通年金，先求出其在递延期期末的现值，再将此现值调整到第一期期初（即图6-6中0的位置）。

$$P_2=A\cdot(P/A,i,n)=1\,000\times(P/A,6\%,3)=1\,000\times 2.673=2\,673(元)$$

$$P_0=P_2\cdot(P/F,i,m)=2\,673\times(P/F,6\%,2)=2\,673\times 0.89=2\,378.97(元)$$

4）永续年金

永续年金是指无限期定额收付的年金。

永续年金没有终止的时间，因此没有终值。永续年金现值的计算公式为：

$$P=\frac{A}{i}$$

【做中学6-5】 你为感恩母校，拟在学校设置一永久奖学金，每年奖金额为30 000元，年利率为6%。

要求：计算现在应投入多少钱？

二、净现金流量

（一）净现金流量的概念

净现金流量（net cash flow，NCF），是指一定时期内现金流入量与现金流出量之差。它是评价投资方案是否可行时必须事先计算的一个基础性数据。

理解投资决策的净现金流量应注意以下三点：

（1）净现金流量中的现金是广义的概念，它不仅包括各种货币资金，而且还包括需要投入的非货币资源的变现价值。例如，一个投资项目需要使用原有的厂房、设备等，则相关的净现金流量是指它们的变现价值，而非账面价值。

（2）计算的净现金流量是与决策相关的净现金流量。计算投资决策中的净现金流量时，是与没有作出某项决策时的企业净现金流量相比的差额。也就是说，只有当作出某项决策后发生改变的净现金流量才是与决策相关的。如果无论是否作出该决策，一笔净现金流量均会发生或均不会发生，那么该笔净现金流量就与决策不相关，不需要考虑。

其中,值得注意的主要是两个问题:一是机会成本。当存在多种投资机会而资源又有限时,选择一个投资机会就意味着丧失其他投资机会可能带来的收益,因此,该收益的丧失(即机会成本)是由作出的投资决策引起的,与决策相关,在决策中应予以考虑。二是沉没成本。沉没成本是既成事实,不可能因为投资决策而发生改变,因此沉没成本属于决策无关成本,在投资决策中不予考虑。

> **小思考**
> 除了沉没成本,还有哪些成本在投资决策时不予以考虑?

(3) 投资决策中净现金流量的计算一定是建立在税后基础之上的。只有在扣除税收因素之后的净现金流量才是企业的净收益或净支出,因此在计算净现金流量时,凡是由投资决策引起的计入当期收入或当期费用、损失的项目,都应考虑其对所得税的影响。

(二) 净现金流量的计算

投资决策中的净现金流量一般可分为以下三部分。

1. 初始净现金流量

初始净现金流量是指开始投资时发生的现金流入量与现金流出量的差额。

6.3 净现金流量

初始净现金流量包括投资在固定资产上的资金和投资在流动资产上的资金两部分。一般包括以下几个部分:

(1) 固定资产投资。固定资产投资包括固定资产的购置或建造成本、安装成本等,计入现金流出。

(2) 垫支的营运资本。投资项目建成后,必须垫支一定的营运资本才能投入运营,计入现金流出。这部分垫支的营运资本一般在投资项目结束时全部收回。

(3) 其他费用。其他费用主要是指与投资项目有关的职工培训费、注册费等,计入现金流出。

(4) 原有固定资产的变价收入。原有固定资产的变价收入主要是指固定资产更新时,将原有固定资产变卖所带来的变现价值,计入现金流入。此时需要注意的是,如果原有固定资产的出售价格与账面价值不相等,则会出现处置损益,需要考虑所得税的影响。

【例 6-4】 某公司拟购置一条自动化生产线,替代现在使用的机械化生产线。项目无建设期,企业所得税税率为 25%。相关资料如下:

(1) 投资决策前已支付可行性研究费用为 5 万元。

(2) 自动化生产线价款为 110 万元。

(3) 期初需投入员工培训费 3 万元和垫支流动资金 15 万元。

(4) 机械化生产线的账面价值为 12 万元,预计变现价值为 20 万元。

要求:计算该投资项目初始净现金流量。

初始净现金流量一般根据投资项目实际情况逐项列出。

(1) 投资决策前已支付可行性研究费用 5 万元为沉没成本,为投资决策的无关成本,因此在计算初始净现金流量时不予考虑。

(2)—(4) 对初始净现金流量计算的影响,分析如表 6-1 所示。

表 6-1　初始净现金流量计算表　　　　　　　　　　　　单位：万元

项目	现金流入	现金流出
(2)项中：自动化生产线价款		110
(3)项中：员工培训费		3
(3)项中：垫支流动资金		15
(4)项中：机械化生产线变现价值	20	
(4)项中：机械化生产线处置收益纳税		(20－12)×25％＝2
小计	20	130
初始净现金流量	－110	

注：若机械化生产线处置产生损失时，则该损失抵扣的企业所得税计入现金流入

2. 营业净现金流量

营业净现金流量是指投资项目投入使用后，在其寿命周期内由于生产经营所产生的现金流入量与现金流出量的差额。

营业净现金流量的计算方法主要有以下三种。

1) 根据定义直接计算

营业净现金流量是营业现金流入量扣除营业现金流出量之后的净额。因此，计算营业净现金流量的第一种方法为：

$$营业净现金流量＝营业收入－付现成本－所得税$$

2) 根据净利润倒推计算

计算营业净现金流量的第二种方法为：

$$营业净现金流量＝净利润＋折旧$$

推导过程如下：

营业净现金流量＝营业收入－付现成本－所得税＝营业收入－(营业成本－折旧)－所得税
　　　　　　＝营业收入－营业成本－所得税＋折旧＝利润总额－所得税＋折旧
　　　　　　＝净利润＋折旧

3) 根据税后金额进行计算

由于营业收入要交税，费用和折旧可以抵税，因此不管是营业收入和付现成本都应是税后的数据，同时考虑折旧的抵税作用。因此，计算营业净现金流量的第三种方法为：

营业净现金流量＝营业收入×(1－所得税税率)－付现成本×(1－所得税税率)＋折旧×所得税税率

推导过程如下：

营业净现金流量＝净利润＋折旧＝(营业收入－付现成本－折旧)×(1－所得税税率)＋折旧
　　　　　　＝营业收入×(1－所得税税率)－付现成本×(1－所得税税率)－
　　　　　　　折旧×(1－所得税税率)＋折旧
　　　　　　＝营业收入×(1－所得税税率)－付现成本×(1－所得税税率)＋折旧×所得税税率

以上三种方法的计算结果是一样的,可以根据项目的实际情况和已知条件选择最简便的方法。

【例 6-5】 沿用[例 6-4]的资料,其他相关资料如表 6-2 所示:

(1) 自动化生产线预计使用寿命 5 年,预计净残值为 10 万元,直线法计提折旧。

(2) 自动化生产线投产后每年可增加营业收入 120 万元,每年新增付现成本 80 万元。

要求:计算该投资项目营业净现金流量。

新增的营业收入和新增的付现成本每年均相同,因此自动化生产线 5 年的寿命期内,每年的营业净现金流量相等。

表 6-2 营业净现金流量计算表　　　　　　　　　　　　单位:万元

项目	金额
营业收入	120
付现成本	80
折旧	$(110-10)\div 5=20$
所得税	$(120-80-20)\times 25\%=5$
净利润	$120-80-20-5=15$
方法一:营业净现金流量	$NCF=120-80-5=35$
方法二:营业净现金流量	$NCF=15+20=35$
方法三:营业净现金流量	$NCF=120\times(1-25\%)-80\times(1-25\%)+20\times 25\%=90-60+5=35$

3. 终结净现金流量

终结净现金流量是指投资项目完结时发生的现金流入量与现金流出量的差额。这主要包括:

(1) 固定资产的残值收入或变价收入(指扣除了税金后的净收入)。

(2) 投资时垫支的营运资本的收回。

(3) 停止使用的土地变价收入等。

【例 6-6】 沿用[例 6-4]和[例 6-5]的资料,项目到期后,预计自动化生产线的变现价值为 14 万元,如表 6-3 所示。

要求:计算该投资项目终结净现金流量。

表 6-3 终结净现金流量计算表　　　　　　　　　　　　单位:万元

项目	现金流入	现金流出
(1)项中:自动化生产线变现价值	14	
(1)项中:自动化生产线处置收益纳税		$(14-10)\times 25\%=1$
[例 6-4](3)项中:垫支流动资金收回	15	
小计	29	1
终结净现金流量	28	

注:若自动化生产线处置产生损失时,则该损失抵扣的企业所得税计入现金流入。

初始净现金流量、营业净现金流量和终结净现金流量三个部分构成了项目计算期内全部的净现金流量,上述[例6-4]至[例6-6]完整的净现金流量可如图6-7所示。

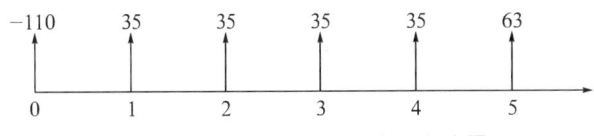

图6-7 投资项目全过程净现金流量

在实际工作中,上述投资项目的净现金流量我们通常可以写成如下形式:
$NCF_0=-110(万元),NCF_{1-4}=35(万元),NCF_5=63(万元)$。

【做中学6-6】 某公司拟购买一生产设备,总投资50万元,建设期1年。该设备预计使用寿命5年,预计净残值5万元,采用直线法折旧。项目营业期初要垫支流动资金10万元。投产后每年可增加营业收入59万元,每年新增付现成本30万元。企业所得税税率为25%。

要求:计算该投资项目计算期内的净现金流量。

第三节 项目投资决策

一、投资决策指标

投资决策指标是指评价投资项目是否可行或孰优孰劣的标准。按是否考虑货币时间价值可将投资决策指标分为两类:一类是静态投资决策指标又称非贴现指标,指的是没有考虑货币时间价值因素的指标;另一类是动态投资决策指标又称贴现指标,指的是考虑了货币时间价值因素的指标。

(一)静态投资决策指标

静态投资决策指标主要包括静态投资回收期和平均报酬率。

1. 静态投资回收期

1)静态投资回收期的概念

6.4 静态投资决策指标

静态投资回收期是指收回项目初始投资所需的时间,一般以年为单位。

静态投资回收期还可以理解为投资方案的累计净现金流量(NCF)等于0时所需要的时间,即满足下列公式时,求 p:

$$\sum_{t=0}^{p} NCF_t = 0$$

2)静态投资回收期的计算

静态投资回收期的计算因投资方案每年的净现金流量是否相等而有所不同,包括以下两种情况:

(1)投资方案每年净现金流量相等,则静态投资回收期可按下列公式计算:

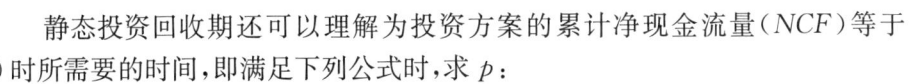

$$静态投资回收期 = \frac{初始投资额}{每年 NCF}$$

（2）投资方案每年净现金流量不相等，则静态投资回收期要根据每年年末尚未收回的投资额加以确定。若初始投资额在第 t 年和 $t+1$ 年之间收回，则静态投资回收期可按下列公式计算：

$$静态投资回收期 = t + \frac{第\,t\,年年末尚未收回的投资额}{第\,t+1\,年的\,NCF}$$

【例6-7】 某公司欲进行一项固定资产投资，初始投资额 10 000 万元，项目建设期 1 年，寿命期 5 年，每年的 NCF 如表 6-4 所示。计算该投资项目的静态投资回收期。

表 6-4 静态投资回收期计算表　　　　　　　　　　单位：元

年次(t)	每年 NCF	年末尚未收回的投资额
0	−10 000	10 000
1	0	10 000
2	1 000	9 000
3	2 000	7 000
4	3 000	4 000
5	5 000	—
6	6 000	

从表 6-4 可以看出，该投资项目的静态投资回收期为：

$$静态投资回收期 = 4 + \frac{4\,000}{5\,000} = 4.8(年)$$

3）静态投资回收期的决策原则

在独立项目的投资决策中，如果静态投资回收期≤期望投资回收期，则投资项目具备财务可行性；否则不具备财务可行性。

在互斥项目的投资决策中，在满足静态投资回收期≤期望投资回收期的投资项目中，一般选择静态投资回收期最短的投资项目。

4）静态投资回收期的优缺点

静态投资回收期的优点包括：计算简便；概念容易被决策人员正确地理解；可以大体上衡量投资项目的流动性和风险。

静态投资回收期的缺点包括：忽视了货币时间价值，把不同时间的现金收支看成是等效的；没有考虑回收期以后的现金流量，因此无法衡量投资项目的盈利性；一定程度上促使公司接受短期项目，放弃有战略意义的长期项目。

2. 平均报酬率

1）平均报酬率的概念

平均报酬率是指投资项目投产期间的年平均净利润与初始投资额的比率，一般以百分比表示。

2）平均报酬率的计算

$$\text{平均报酬率} = \frac{\text{年平均净利润}}{\text{初始投资额}} \times 100\%$$

【例 6-8】 沿用[例 6-7]的资料,项目每年的净利润如表 6-5 所示。计算该投资项目的平均报酬率。

表 6-5 投资项目每年净利润　　　　　　　　单位:元

年次(t)	每年净利润	年次(t)	每年净利润
1	0	4	3 000
2	1 800	5	4 000
3	2 000	6	1 600

由表 6-5 可以看出,该投资项目的平均报酬率为:

$$\text{平均报酬率} = \frac{\dfrac{0+1\,800+2\,000+3\,000+4\,000+1\,600}{6}}{10\,000} \times 100\% = 20.67\%$$

3）平均报酬率的决策原则

在独立项目的投资决策中,如果平均报酬率≥期望投资报酬率,则投资项目具备财务可行性;否则不具备财务可行性。

在互斥项目的投资决策中,在满足平均报酬率≥期望投资报酬率的投资项目中,一般选择平均报酬率最大的投资项目。

4）平均报酬率的优缺点

平均报酬率的优点包括:是一种衡量投资项目盈利性的简单方法,概念易于理解;使用财务报告的数据,容易取得;考虑了整个投资项目寿命期的全部利润。

平均报酬率的缺点包括:未考虑货币时间价值,忽视了净利润的时间分布对投资项目经济价值的影响;使用账面净利润而非现金流量,忽视了折旧对现金流量的影响。

（二）动态投资决策指标

动态投资决策指标主要包括净现值、获利指数和内含报酬率。

1. 净现值

1）净现值的概念

净现值（NPV）是指在投资项目计算期内,所有净现金流量（NCF）的现值之和。其计算公式为:

6.5 动态投资决策指标

$$NPV = \sum_{t=0}^{n} \frac{NCF_t}{(1+i)^t}$$

上式中:n——投资项目计算期;

　　　　NCF_t——第 t 年的净现金流量;

　　　　i——折现率(资本成本或企业要求的必要报酬率)。

2) 净现值的计算

如果投资项目投入使用后,每年的净现金流量相等,则 NPV 的计算公式为:

$$NPV = NCF \cdot (P/A, i, n) - 初始投资额的现值之和$$

如果投资项目每年的净现金流量不相等,则需要计算每年的净现金流量(NCF)的现值,再进行求和,以得出该投资项目的净现值。

【例 6-9】 沿用[例 6-7]的资料,假设折现率为 10%,如表 6-6 所示。计算该投资项目的净现值。

表 6-6 净现值计算表

年次(t)	每年 NCF	折现系数	现值
0	−10 000	1	−10 000
1	0	0.909 1	0
2	1 000	0.826 4	826.4
3	2 000	0.751 3	1 502.6
4	3 000	0.683	2 049
5	5 000	0.620 9	3 104.5
6	6 000	0.564 5	3 387
NPV	—	—	869.5

3) 净现值的决策原则

在独立项目的投资决策中,如果净现值≥0,则投资项目具备财务可行性;否则不可行。

在互斥项目的投资决策中,在满足净现值≥0 的投资项目中,一般选择净现值最大的投资项目。

4) 净现值的优缺点

净现值的优点包括:考虑了货币的时间价值;考虑了投资项目计算期内全部净现金流量;考虑了投资风险,投资项目的风险可以通过提高折现率加以控制。

净现值的缺点包括:净现值是一个绝对值指标,当投资额不相等时,不便于比较各投资项目的获利程度,也不能揭示各投资项目的实际报酬率;在实际工作中,净现金流量的预测和折现率的选择都比较困难。

2. 获利指数

1) 获利指数的概念

获利指数(PI)又称现值指数,是指投资项目投入使用后净现金流量现值之和与初始投资额的现值之和的比值。其计算公式为:

$$PI = \sum_{t=1}^{n} \frac{NCF_t}{(1+i)^t} \bigg/ 初始投资额的现值之和$$

2) 获利指数的计算

在计算获利指数时,应注意上式中的 t 的开始年份可能不再是 1,而是投资项目开始投入使用的年份。

【例 6-10】 沿用[例 6-7]的资料。计算该投资项目的获利指数。

获利指数计算如表 6-7 所示。

表 6-7 获利指数计算表　　　　　　　　　　　　　　　　单位：元

年次(t)	每年 NCF	折现系数	现值
0	−10 000	1	−10 000
1	0	0.909 1	0
2	1 000	0.826 4	826.4
3	2 000	0.751 3	1 502.6
4	3 000	0.683	2 049
5	5 000	0.620 9	3 104.5
6	6 000	0.564 5	3 387

由表 6-7 可以看出，该投资项目的获利指数为：

$$PI = \frac{826.4 + 1\,502.6 + 2\,049 + 3\,104.5 + 3\,387}{10\,000} = 1.09$$

3）获利指数的决策原则

在独立项目的投资决策中，如果获利指数≥1，则投资项目具备财务可行性；否则不具备财务可行性。

在互斥项目的投资决策中，在满足获利指数≥1 的投资项目中，一般选择获利指数最大的投资项目。

4）获利指数的优缺点

获利指数的优点包括：考虑了货币的时间价值；获利指数是相对数，有利于对投资额不同的投资项目进行对比。

获利指数的缺点包括：获利指数只代表投资项目获得收益的能力，但不能反映投资项目本身能达到的真实报酬率；在实际工作中，如何确定折现率也存在一定的难度。

3. 内含报酬率

1）内含报酬率的概念

内含报酬率（IRR）又称内部收益率，是指使投资项目的净现值等于零时的折现率。

内含报酬率应满足下列公式：

$$NPV = \sum_{t=0}^{n} \frac{NCF_t}{(1+IRR)^t} = 0$$

2）内含报酬率的计算

内含报酬率的计算是求解一个 n 次方程，通常采用内插法来求出 IRR 的值。但内插法计算比较复杂，而且存在一定的误差，实际工作中常用 Excel 中的 IRR 函数公式来进行计算。

【例 6-11】 沿用[例 6-7]的资料。计算该投资项目的内含报酬率。

用 Excel 中的 IRR 函数公式计算内含报酬率，操作步骤如下：

步骤一：打开一个 Excel 工作表，在单元格 B1—H1 依次输入投资项目每年的 NCF，单击单元格 C2，输入"=IRR(   )"函数，如图 6-8 所示。

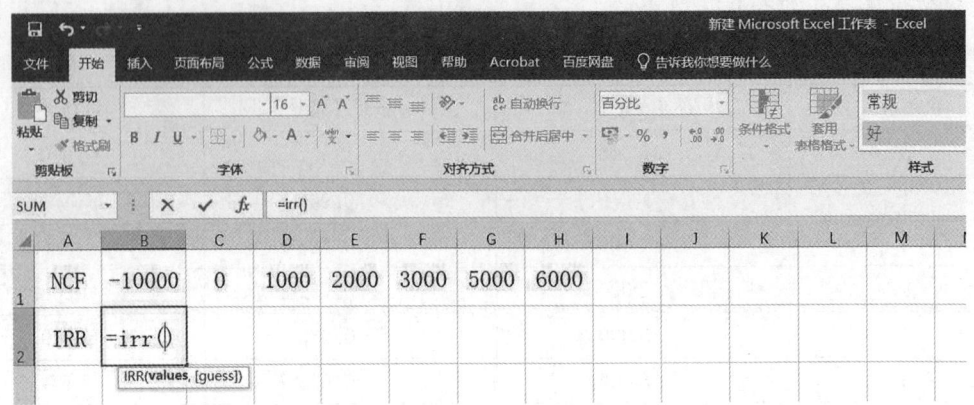

图 6-8　计算 IRR 操作步骤一

步骤二：在 Values 框内输入 B1:H1，如图 6-9 所示。

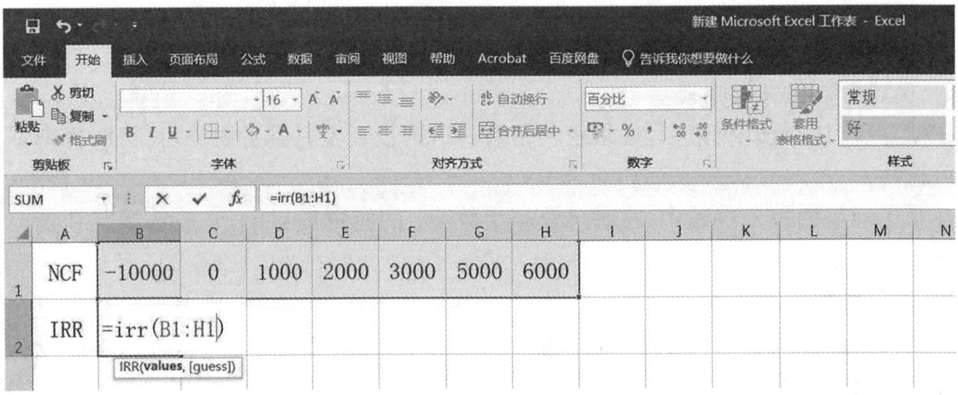

图 6-9　计算 IRR 操作步骤二

步骤三：回车确定，即可求出该投资项目的 IRR，如图 6-10 所示。

图 6-10　计算 IRR 操作步骤三

3）内含报酬率的决策原则

在独立项目的投资决策中，如果内含报酬率≥资本成本或必要报酬率，则投资项目具备财务可行性；否则不具备财务可行性。

在互斥项目的投资决策中，在满足内含报酬率≥资本成本或必要报酬率的投资项目中，一般选择内含报酬率最大的投资项目。

4）内含报酬率的优缺点

内含报酬率的优点包括：考虑了货币的时间价值；可以反映投资项目真实的报酬率，有利于对投资额不同项目的决策。

内含报酬率的缺点包括：计算比较复杂，特别是对每年 NCF 不相等的投资项目，一般要经过多次测算才能求出结果。

【做中学 6-7】 某公司拟购买一生产设备，总投资 105 万元，建设期 1 年。该设备预计使用寿命为 5 年，采用直线法折旧，期满残值为 5 万元。项目在营业期初要垫支流动资金 10 万元。设备投产后每年可增加营业收入 150 万元，每年新增付现成本 120 万元。企业所得税税率为 25%，折现率为 9%。

要求：计算该投资项目的静态投资回收期、平均报酬率、净现值、获利指数和内含报酬率；并根据动态投资决策指标，判断该投资项目是否具备财务可行性。

二、几种典型的固定资产投资决策

（一）固定资产租赁或购买决策

在进行固定资产租赁或购买决策时，所用设备相同，即设备的生产能力与产品的销售价格相同，同时设备的运行成本也相同，因此只需比较两种方案的成本差异。

在计算两种方案的成本差异时，要特别注意租赁费、折旧费对企业所得税的影响。

【例 6-12】 某公司在生产中需要一台设备，可以选择租赁或购买，相关资料如下：

方案一：租赁。年租赁费 80 000 元，租赁期 8 年。

方案二：购买。设备价款 420 000 元，预计使用寿命 8 年，预计净残值 20 000 元，公司采用直线法计提折旧。

假设资本成本率为 10%，企业所得税税率为 25%。

要求：公司是购买还是租赁该设备？

6.6 固定资产租赁或购买决策

方案一：租赁设备。

考虑企业所得税的影响，租赁设备的现金流出量主要包括：

每年的税后租赁费 = 80 000 × (1 - 25%) = 60 000（元）

方案一相关的现金流出量如表 6-8 所示。

表 6-8 租赁设备现金流出量表　　　　　　　　　　　　　　　　单位：元

年次（t）	1	2	3	4	5	6	7	8
税后租赁费用	60 000	60 000	60 000	60 000	60 000	60 000	60 000	60 000

因此，方案一现金流出量的总现值为：

$P = 60\,000 \times (P/A, 10\%, 8) = 60\,000 \times 5.334\,9 = 320\,094$（元）

方案二：购买设备。

考虑企业所得税的影响，购买设备的现金流出量主要包括：

(1) 设备购置成本＝420 000(元)。

(2) 折旧费用抵税，计算过程如下：

设备每年的折旧额 $= \dfrac{420\,000 - 20\,000}{8} = 50\,000$(元)

折旧费用抵税 $= -50\,000 \times 25\% = -12\,500$(元)

折旧带来了企业所得税的减少，可以看作成本的节约，是现金流出的反向，因此用负数来表示。

(3) 设备残值＝－20 000(元)。

设备残值为一项现金流入，是现金流出的反向，因此用负数来表示。

方案二相关的现金流出量如表6-9所示。

表6-9 购买设备现金流出量表　　　　　　　　　　单位：元

年次(t)	0	1	2	3	4	5	6	7	8
购置成本	420 000								
折旧费用抵税		－12 500	－12 500	－12 500	－12 500	－12 500	－12 500	－12 500	－12 500
设备残值									－20 000
现金流出量合计	420 000	－12 500	－12 500	－12 500	－12 500	－12 500	－12 500	－12 500	－32 500

因此，方案二现金流出量的总现值为：

$P = 420\,000 - 12\,500 \times (P/A, 10\%, 8) - 20\,000 \times (P/F, 10\%, 8)$

$\quad = 420\,000 - 12\,500 \times 5.334\,9 - 20\,000 \times 0.466\,5 = 343\,983.75$(元)。

结论：通过上述计算可知，方案一的租赁设备的成本较低，公司应进行设备租赁。

(二) 固定资产修理或更新决策

固定资产修理或更新决策是指在假设维持现有生产能力水平不变的情况下，是选择继续使用旧设备(包括对其进行大修理)，还是将其淘汰、重新购置新设备的决策。

6.7 固定资产修理或更新决策

假设新旧设备的生产能力相同，因此企业的营业收入没有发生变化，但生产成本发生了变化。此外，新旧设备的使用寿命往往不同，因此作出固定资产修理或更新决策需要比较两个方案的平均年成本。

平均年成本是指该资产引起的现金流出的年平均值。如果考虑货币的时间价值，它是未来使用年限内现金流出总现值与年金现值系数的比值。平均年成本可按下列公式计算：

$$\text{平均年成本} = \dfrac{\text{现金流出总现值}}{(P/A, i, n)}$$

在计算新旧设备的平均年成本时，要特别注意运行成本、设备大修理费和折旧费对企业所得税的影响。

【例6-13】 某公司有一台旧设备，车间管理人员提出更新要求，相关资料如表6-10所示。

表 6-10　新旧设备数据表　　　　　　　　　　　　　　　　　　金额单位：元

项目	旧设备	新设备
原值	22 000	27 000
预计使用年限	8	8
已使用年限(年)	4	0
残值	2 000	3 000
变现价值	8 000	27 000
每次大修理费用	5 000	0
年运行成本	7 000	4 000

旧设备预计需要大修两次，分别是第 1 年年末和第 3 年年末。新旧设备的产量及产品销售价格相同。该公司采用直线法计提折旧，资本成本率为 10%，企业所得税税率为 25%。

要求：公司是继续使用旧设备，还是将其更新为新设备？

方案一：继续使用旧设备。

考虑企业所得税的影响，继续使用旧设备的现金流出量主要包括：

(1) 继续使用旧设备，则无法取得变现价值的机会成本＝8 000(元)；

(2) 旧设备变现的收益或亏损对企业所得税的影响，计算过程如下：

旧设备每年的折旧额 $= \dfrac{22\,000 - 2\,000}{8} = 2\,500$ (元)

旧设备目前的账面价值＝22 000－2 500×4＝12 000(元)

旧设备变现的亏损＝12 000－8 000＝4 000(元)

因此，旧设备变现的亏损抵减企业所得税＝4 000×25%＝1 000(元)。由于继续使用旧设备，无法实现企业所得税的抵减，实际上可看作一项现金流出。

(3) 税后大修理费用＝5 000×(1－25%)＝3 750(元)；

(4) 税后年运行成本＝7 000×(1－25%)＝5 250(元)；

(5) 折旧费用抵税＝－2 500×25%＝－625(元)。同样折旧带来了企业所得税的减少，可以看作成本的节约，是现金流出的反向，因此用负数来表示。

(6) 旧设备残值＝－2 000(元)，为一项现金流入，是现金流出的反向，因此用负数来表示。

方案一相关的现金流出量如表 6-11 所示。

表 6-11　继续使用旧设备现金流出量表　　　　　　　　　　　　　　　　单位：元

年次(t)	0	1	2	3	4
变现价值	8 000				
变现亏损抵税	1 000				
税后大修理费用		3 750		3 750	
税后年运行成本		5 250	5 250	5 250	5 250
折旧费用抵税		－625	－625	－625	－625
旧设备残值					－2 000
现金流出量合计	9 000	8 375	4 625	8 375	2 625

方案一现金流出总现值的计算如表6-12所示。

表6-12 继续使用旧设备现金流出总现值计算表　　　　　　　　　单位：元

年次(t)	每年的现金流出量	折现系数	现值
0	9 000	1	9 000
1	8 375	0.909 1	7 613.71
2	4 625	0.826 4	3 822.10
3	8 375	0.751 3	6 292.14
4	2 625	0.683	1 792.88
合计	—	—	28 520.83

$$平均年成本 = \frac{现金流出总现值}{(P/A, i, n)}$$

$$方案一的平均年成本 = \frac{28\,520.83}{(P/A, 10\%, 4)} = \frac{28\,520.83}{3.169\,9} = 8\,997.39(元)$$

方案二：更新为新设备。

考虑到企业所得税的影响，更新为新设备的现金流出量主要包括：

(1) 新设备的购置成本＝27 000(元)；

(2) 税后年运行成本＝4 000×(1−25%)＝3 000(元)；

(3) 折旧费用抵税

$$新设备每年的折旧额 = \frac{27\,000 - 3\,000}{8} = 3\,000(元)$$

折旧费用抵税＝−3 000×25%＝−750(元)。折旧带来了企业所得税的减少，可以看作成本的节约，是一项现金流入，是现金流出的反向，因此用负数来表示。

(4) 新设备残值＝−3 000(元)，为一项现金流入，是现金流出的反向，因此用负数来表示。

方案二相关的现金流出量如表6-13所示。

表6-13 更新为新设备现金流出量表　　　　　　　　　单位：元

年次(t)	0	1	2	3	4	5	6	7	8
购置成本	27 000								
税后年运行成本		3 000	3 000	3 000	3 000	3 000	3 000	3 000	3 000
折旧费用抵税		−750	−750	−750	−750	−750	−750	−750	−750
新设备残值									−3 000
现金流出量合计	27 000	2 250	2 250	2 250	2 250	2 250	2 250	2 250	−750

方案二现金流出总现值的计算如表6-14所示。

表 6-14　更新为新设备现金流出总现值计算表　　　单位：元

年次(t)	每年的现金流出量	折现系数	现值
0	27 000	1	27 000
1	2 250	0.909 1	2 045.48
2	2 250	0.826 4	1 859.40
3	2 250	0.751 3	1 690.43
4	2 250	0.683	1 536.75
5	2 250	0.620 9	1 397.03
6	2 250	0.564 5	1 270.13
7	2 250	0.513 2	1 154.70
8	−750	0.466 5	−349.88
合计	—	—	37 604.04

方案二的平均年成本 $= \dfrac{37\,604.04}{(P/A,10\%,8)} = \dfrac{37\,604.04}{5.334\,9} = 7\,048.69$（元）

结论：通过上述计算可知，方案二即使用新设备的平均年成本较低，公司应进行设备更新。

（三）生产设备最优更新期决策

生产设备最优更新期决策是指选择淘汰旧设备的最佳时间，此时该设备的平均年成本最低。

与生产设备相关的成本在生产设备更新前主要包括两个部分：一是设备年运行成本，年运行成本会随着设备的老化而逐年上升；二是设备年持有成本，是指使用年限内设备本身价值的消耗，意味着更新时设备的折余价值会随着使用年限的增加而减少。

随着时间的延续，年运行成本和年持有成本呈反方向变化，如图 6-11 所示，因此必然存在一个最经济的使用年限，使得在这一年限上固定资产的平均年成本最小。

在考虑货币时间价值的基础上，生产设备的最优更新期决策就是找出能够使平均年成本最小的年数 n，其方法通常是计算出若干个不同更新期的平均年成本，然后从中找出最小的平均年成本及其年限。

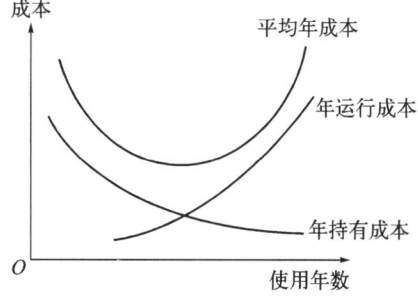

图 6-11　固定资产的平均年成本

考虑企业所得税的影响，平均年成本用公式表示为：

$$\text{平均年成本} = \left[\text{原值} - \dfrac{\text{折余价值}}{(1+i)^n} + \sum_{t=5}^{n} \dfrac{\text{税后运行成本} + \text{折旧费用抵税}}{(1+i)^t}\right] \Big/ (P/A, i, n)$$

【例 6-14】　某设备原值 80 000 元，预计使用寿命为 8 年，无残值。资金成本率为 10%，企业所得税税率为 25%。设备的年运行成本与折余价值如表 6-15 所示。

表 6-15 设备年运行成本与折余价值　　　　　　　　　　　　　　　　　　　　　　单位:元

使用年限	1	2	3	4	5	6	7	8
年运行成本	9 000	9 000	10 000	11 000	12 000	14 000	16 000	18 000
折余价值	70 000	60 000	50 000	40 000	30 000	20 000	10 000	0

要求:计算该设备的最优更新期。

考虑到企业所得税的影响,该设备的现金流出量主要包括:

(1) 设备的购置成本=80 000(元);

(2) 税后年运行成本=年运行成本×(1-25%);

(3) 折旧费用抵税

设备每年的折旧额=$\frac{80\ 000}{8}$=10 000(元)

折旧费用抵税=-10 000×25%=-2 500(元)

折旧带来了企业所得税的减少,可以看作成本的节约,是一项现金流入,是现金流出的反向,因此用负数来表示。

(4) 设备折余价值,为一项现金流入,是现金流出的反向,因此用负数来表示。

该设备相关的现金流出量如表6-16所示。

表 6-16 设备现金流出量表　　　　　　　　　　　　　　　　　　　　　　　　　　单位:元

年次(t)	0	1	2	3	4	5	6	7	8
购置成本	80 000								
税后年运行成本		6 750	6 750	7 500	8 250	9 000	10 500	12 000	13 500
折旧费用抵税		-2 500	-2 500	-2 500	-2 500	-2 500	-2 500	-2 500	-2 500
设备折余价值		-70 000	-60 000	-50 000	-40 000	-30 000	-20 000	-10 000	0

该设备不同年份的平均年成本计算如表6-17所示。

表 6-17 设备平均年成本计算表　　　　　　　　　　　　　　　　　　　　　　金额单位:元

更新年限	1	2	3	4	5	6	7	8
原值	80 000.00	80 000.00	80 000.00	80 000.00	80 000.00	80 000.00	80 000.00	80 000.00
设备折余价值	-70 000.00	-60 000.00	-50 000.00	-40 000.00	-30 000.00	-20 000.00	-10 000.00	0
折现系数	0.909 1	0.826 4	0.751 3	0.683	0.620 9	0.564 5	0.513 2	0.466 5
折余价值现值	-63 636.36	-49 586.78	-37 565.74	-27 320.54	-18 627.64	-11 289.48	-5 131.58	0
税后年运行成本	6 750.00	6 750.00	7 500.00	8 250.00	9 000.00	10 500.00	12 000.00	13 500.00
折旧费用抵税	-2 500.00	-2 500.00	-2 500.00	-2 500.00	-2 500.00	-2 500.00	-2 500.00	-2 500.00
运行成本及折旧抵税现值	3 863.64	3 512.4	3 756.57	3 927.33	4 035.99	4 515.79	4 875.00	5 131.58
运行成本及折旧抵税现值累计	3 863.64	7 376.03	11 132.61	15 059.93	19 095.92	23 611.71	28 486.72	33 618.30
现金流出总现值	20 227.27	37 789.26	53 566.87	67 739.40	80 468.28	92 322.24	103 355.14	113 618.30
(P/A,10%,n)	0.909 1	1.735 5	2.486 9	3.169 9	3.790 8	4.355 3	4.868 4	5.334 9
平均年成本	22 250.00	21 773.81	21 540.03	21 369.80	21 227.33	21 197.87	21 229.71	21 297.07

结论:比较表6-17中的平均年成本可知,该设备运行到第6年时的平均年成本最低,

因此应在设备使用 6 年后立即更新。

本章小结

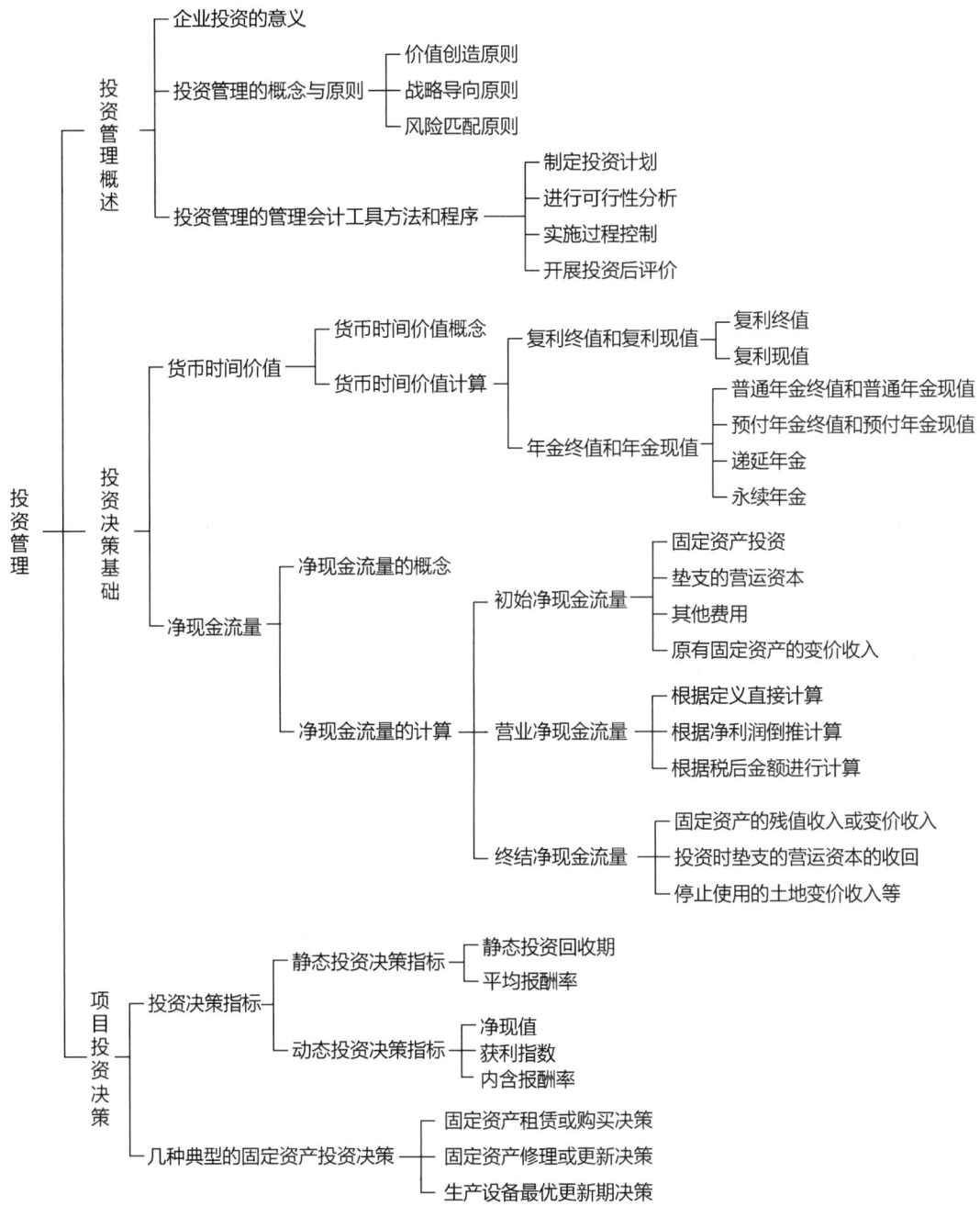

岗位・1+X证书・职称考试训练

一、单选题

1. 某公司拟购买一只股票并打算永久持有,预计公司最近两年不发股利,从第三年开始每年年末支付 0.2 元股利,若资本成本率为 10%,则预期股利现值为( )元。
   A. 2　　　　　　B. 1.65　　　　　C. 1.5　　　　　D. 1.45

2. 某项永久性扶贫基金拟在每年年初发放 80 万元扶贫款,年利率为 4%,则该基金需要在第一年年初投入的资金数额(取整数)为( )万元。
   A. 1 923　　　　B. 2 080　　　　 C. 2 003　　　　D. 2 000

3. 某商场某型号洗衣机每台售价 7 200 元,拟进行分期付款促销活动,价款可在 9 个月内按月分期,每期期初等额支付。假设年利率为 12%。下列各项金额中,最接近该洗衣机月初分期付款金额的是( )元。
   A. 832　　　　　B. 800　　　　　C. 841　　　　　D. 850

4. 某公司于某年年初存入银行 10 000 元,假设年利率为 12%,每年复利两次,则第 5 年年末的本利和为( )元。
   A. 13 382　　　　B. 17 623　　　　C. 17 908　　　　D. 31 058

5. 关于 $(P/A, i, 9)$ 与 $(P/A, i, 10)$ 两者的数量关系,下列表达式中,正确的是( )。
   A. $(P/A, i, 10) = (P/A, i, 9) + (1+i)^{10}$
   B. $(P/A, i, 10) = (P/A, i, 9) \times (1+i)^{10}$
   C. $(P/A, i, 9) = (P/A, i, 10) + (1+i)^{10}$
   D. $(P/A, i, 10) = (P/A, i, 9) + (1+i)^{-10}$

6. 某公司向银行借入 12 000 元,借款期为 3 年,每年还本付息额 4 600 元,则借款利率为( )。
   A. 6.87%　　　　B. 7.33%　　　　C. 7.48%　　　　D. 8.15%

7. 在考虑所得税影响的情况下,下列各项因素中,对投资项目的营业净现金净流量不产生影响的是( )。
   A. 营业收入　　　B. 付现成本　　　C. 非付现成本　　D. 营运资金垫支

8. 某投资项目适用的所得税税率为 25%,年税后营业收入为 750 万元,税后付现成本为 360 万元,税后营业利润为 240 万元,则该项目的年营业净现金流量为( )万元。
   A. 520　　　　　B. 390　　　　　C. 320　　　　　D. 440

9. 某公司预计 M 设备报废时的净残值为 3 500 元,税法规定的净残值为 5 000 元,该公司适用的所得税税率为 25%,则该设备报废引起的预计净现金流量为( )元。
   A. 3 125　　　　B. 3 875　　　　C. 4 625　　　　D. 5 375

10. 已知某投资项目的原始投资额为 400 万元,建设期为 2 年,投资后第 1~第 5 年每年的 NCF 为 90 万元,第 6~第 10 年每年的 NCF 为 80 万元。则该项目包括建设期的静态投资回收期为( )年。
A. 5.25　　　　　B. 6.35　　　　　C. 6.44　　　　　D. 7.35

11. 下列各项中,不属于净现值指标缺点的是( )。
    A. 不能直接反映投资项目的实际收益率
    B. 当各项目投资额不等时,仅用净现值无法确定独立投资方案的优劣
    C. 当各互斥项目寿命期不相同时,净现值不具有可比性
    D. 没有考虑投资的风险性

12. 某投资项目各年现金净流量按13%折现时,净现值大于零;按15%折现时,净现值小于零。则该项目的内含报酬率一定是( )。
    A. 大于14%　　　B. 小于14%　　　C. 小于13%　　　D. 小于15%

13. 某投资项目的内含报酬率等于10%,项目的资本成本8%,则下列表述中,正确的是( )。
    A. 该项目净现值小于0　　　　　B. 该项目平均报酬率为10%
    C. 该项目获利指数大于1　　　　D. 该项目财务上不可行

14. 下列各项因素中,不会对内含报酬率的计算结果产生影响的是( )。
    A. 原始投资额　　B. 资本成本　　C. 项目计算期　　D. 净现金流量

15. 已知某投资项目的原始投资额现值为100万元,净现值为25万元,则该项目的获利指数为( )。
    A. 0.25　　　　　B. 0.75　　　　　C. 1.05　　　　　D. 1.25

二、多选题

1. 下列关于货币时间价值的表述中,错误的有( )。
   A. 理论上,货币的时间价值率是没有风险下的社会平均利润率
   B. 不同时间的货币可以直接比较
   C. 货币时间价值是指货币经历一定时间的投资和再投资所增加的价值
   D. 随着时间的延续,货币总量始终保持不变

2. 年金的形式包括( )。
   A. 普通年金　　　B. 预付年金　　　C. 递延年金　　　D. 永续年金

3. 某公司向银行借入一笔款项,年利率为10%,分6次还清,第5～第10年每年年末偿还本息5 000元。下列计算该笔借款现值的算式中,正确的有( )。
   A. $5\,000 \times (P/A, 10\%, 6) \times (P/F, 10\%, 3)$
   B. $5\,000 \times (P/A, 10\%, 6) \times (P/F, 10\%, 4)$
   C. $5\,000 \times [(P/A, 10\%, 9) - (P/A, 10\%, 3)]$
   D. $5\,000 \times [(P/A, 10\%, 10) - (P/A, 10\%, 4)]$

4. 某公司取得3 000万元的贷款,期限为6年,年利率为10%,每年年初偿还等额本息,则每年年初应支付金额的计算正确的有( )。
   A. $3\,000 \times [(P/A, 10\%, 5) + 1]$　　　B. $3\,000 \times [(P/A, 10\%, 7) - 1]$
   C. $3\,000 \times [(P/A, 10\%, 6)/(1+10\%)]$　　D. $3\,000 \times [(P/A, 10\%, 6) \times (1+10\%)]$

5. 若 n 期普通年金现值系数为 $\dfrac{1-(1+i)^{-n}}{i}$，下列各项中，其数值等于 n 期预付年金现值系数的有（   ）。

　　A. $\dfrac{1-(1+i)^{-n}}{i} \times (1+i)$　　　　B. $\dfrac{1-(1+i)^{-(n-1)}}{i} + 1$

　　C. $\dfrac{1-(1+i)^{-(n-1)}}{i} \times (1+i)$　　D. $\dfrac{1-(1+i)^{-(n-1)}}{i} - 1$

6. 递延年金的特点有（   ）。

　　A. 年金的第一次收付发生在若干期之后　　B. 没有终值

　　C. 年金的现值与递延期无关　　　　　　　D. 年金的终值与递延期无关

7. 下列各项中，属于动态投资决策指标的有（   ）。

　　A. 净现值　　　B. 平均报酬率　　　C. 获利指数　　　D. 内含报酬率

8. 下列关于净现值的表述中，正确的有（   ）。

　　A. 能满足项目年限不同的互斥投资方案的决策

　　B. 不适用于独立投资方案的比较决策

　　C. 可以反映投资项目的风险水平

　　D. 所采用的贴现率不易确定

9. 某公司拟投资一项目，经营期限为 10 年，资本成本为 14%，假设该项目的初始净现金流量发生在期初，营业净现金流量发生在投产后各年年末。该项目的获利指数大于 1。下列说法中，正确的有（   ）。

　　A. 内含报酬率大于 14%　　　　　B. 净现值大于 0

　　C. 静态投资回收期大于 10 年　　 D. 平均报酬率大于 14%

10. 如果其他因素不变，若折现率提高，则下列指标中其数值将会变小的有（   ）。

　　A. 静态投资回收期　　　　　B. 净现值

　　C. 内含报酬率　　　　　　　D. 获利指数

三、计算题

1. 某公司于 2021 年 1 月 1 日从市场买入一辆二手轿车，打算采用分期付款的形式支付。企业的资本成本为 10%。（计算结果四舍五入保留 2 位小数）

卖方提出四种支付方案：

方案一：每年年末支付 15 270 元，连续支付 5 年。

方案二：每年年初支付 12 776 元，连续支付 5 年。

方案三：第 1 年年初支付 40 000 元，第 3 年年末支付 20 000 元。

方案四：前两年不付款，从第 3 年起每年年末支付 27 500 元，连续支付 3 年。

要求：

比较上述各种支付方式的现值，说明采用哪种方式对甲公司最有利。

2. 某公司准备 2024 年新建一条生产线。相关资料如下：

资料一：该生产线拟在 2024 年年初投产，经营周期为 4 年。预计 A 产品每年销售 1 000 万件，单价为 60 元，单位变动制造成本（均为付现成本）为 40 元，每年付现固定制造费用为 2 000 万元,销售和管理费用(均为付现成本)为 900 万元。

资料二:设备购置成本为 20 000 万元,无须安装,可于 2024 年年初投入使用,4 年后变现价值 3 600 万元。税法规定,设备采用直线法计提折旧,折旧年限 5 年,折旧期满后无残值。

资料三:项目需垫支营运资本 200 万元,于 2024 年年初投入,项目结束时收回。

资料四:项目投资的必要报酬率为 12%。公司的企业所得税税率为 25%。

要求:

(1) 计算原始投资额。
(2) 计算每年折旧额。
(3) 计算经营周期内第 1~第 3 年的营业净现金流量。
(4) 计算经营周期内第 4 年的净现金流量。
(5) 计算净现值并判断该项目是否可行。

四、综合题

1. 某公司准备投资一个完整工业建设项目,所在的行业基准折现率(资本成本率)为 10%,分别有 A、B、C 三个方案可供选择。有关资料如下:

资料一:A 方案的有关资料如表 6-18 所示。

表 6-18　A 方案相关资料　　　　　　　　　　　　　　　　单位:元

计算期	0	1	2	3	4	5	6
NCF	−60 000	0	30 000	30 000	20 000	20 000	30 000

已知 A 方案的投资于投资期起点一次投入,投资期为 1 年。

资料二:B 方案的项目寿命期为 8 年,净现值为 50 000 元。如果折现率为 12%,则 B 方案的净现值为 −10 000 元。

资料三:C 方案的项目寿命期为 12 年,净现值为 70 000 元。

要求:

(1) 根据资料一计算 A 方案的下列指标:静态投资回收期、净现值、获利指数。
(2) 根据资料二计算 B 方案的内含报酬率。
(3) 根据资料三计算 C 方案的年金净流量 [年金净流量 = NCF × (P/A, i, n)]。
(4) 根据前述计算结果,在 A、B、C 三个方案中选取最优方案并说明理由。

2. 某公司正在研究是否应将现有旧设备更换为新设备,有关资料如表 6-19 所示。

表 6-19　更新设备投资相关资料　　　　　　　　　　　　　金额单位:元

继续使用旧设备		更换新设备	
原值	200 000	原值	300 000
旧设备当前市值	50 000		
税法规定折旧年限(年)	10	税法规定折旧年限(年)	10
折旧方法	直线法	折旧方法	直线法
残值率	10%	残值率	10%

(续表)

继续使用旧设备		更换新设备	
已使用年限(年)	5	计划使用年限(年)	6
尚可使用年限(年)	6		
预计6年后残值变现收入	0	预计6年后残值变现收入	150 000
每年运行成本	110 000	每年运行成本	85 000
每年残次品成本	8 000	每年残次品成本	5 000

公司更新设备投资的资本成本为10%，企业所得税税率为25%，固定资产的会计折旧政策与税法有关规定相同。

要求：

（1）计算继续使用旧设备的相关现金流出的总现值和平均年成本。

（2）计算更换新设备的相关现金流出的总现值和平均年成本。

（3）判断是否实施更新设备的方案。

五、1+X证书训练

任务目标

1. 能够掌握现金流量的计算。
2. 能够掌握项目投资决策的评价方法。
3. 能够通过计算项目投资的净现值作出正确的投资决策。

任务背景

一、新产品项目投资计划

（一）新产品项目投资基本情况

近年来，在国家政策、技术发展以及业内企业的共同推动之下，阿胶行业迎来了技术快速发展时期。同时，伴随着消费升级，阿胶在药用和保健食品方面的需求量逐步增加。面对这一发展契机，东方福林阿胶有限公司决定开展新产品投资项目：依托现有的阿胶药理药效技术积累，研发一款新产品：阿胶口服液。公司充分利用厂区现有的闲置土地，投资建设新产品生产车间，并购入全套生产设备。

（二）新产品项目投资支出

新产品项目投资支出均于2022年年底一次性投入，后续不再发生投资支出。

1. 新产品研发支出

2022年，公司发生专属于新产品的研发支出100万元，全部为费用化支出。

2. 新产品生产车间建设支出

公司现有三个生产车间，分别用于生产阿胶浆、阿胶颗粒、阿胶糕。其中，阿胶浆和阿胶糕生产车间在使用过程中分别进行了不同程度的改造，而阿胶颗粒生产车间从建立开始就是严格按照GMP要求建设，该车间的人员配置、内部区域分配、设备运行等方面也相对比较稳定。因此，新产品生产车间建设支出以阿胶颗粒生产车间原值为参照。同时，考虑到现在劳动力、建筑材料等成本的上涨,预计新产品生产车间建设支出在阿胶颗粒生产车间原值的基础上会增加680万元。新产品生产车间预计今年完工,完工后即达到预计使用状态。新产品生产车间使用年限为25年,直线法计提折旧,年折旧率4%,无残值。

3. 新产品生产设备支出

经过对生产设备供应厂商的商品质量、价格、售后服务、品牌影响等市场调研后,公司拟定了新产品生产设备采购计划,如表6-20所示。设备按直线法计提折旧,年折旧率10%,无残值。所有设备均于2022年年底采购完成并达到预计使用状态。

表6-20 表新产品生产设备支出计划表

设备名称	单位	数量	单价(元)	金额(元)	使用年限(年)
提取器	台	2	62 500	125 000	10
双效浓缩机	台	1	96 000	96 000	10
离心机	台	1	92 000	92 000	10
沉淀罐	台	1	75 000	75 000	10
过滤机	台	1	105 000	105 000	10
瓶装机	台	1	99 000	99 000	10
灭菌机	台	1	156 000	156 000	10
灯检机	台	1	109 000	109 000	10
贴签机	台	1	68 000	68 000	10
打箱机	台	1	85 000	85 000	10
纯化水设备	套	1	190 000	190 000	10
空气压缩机	台	1	140 000	140 000	10
组合式空调机组	套	1	160 000	160 000	10
合计		14		1 500 000	—

二、新产品项目未来利润预测

近年来,受益于中国经济的良好发展和居民消费水平的稳步提高,阿胶行业发展状态良好,行业产能明显提升。特别是在科技进步以及阿胶龙头企业的不断创新下,阿胶市场形成了阿胶块主导,其他衍生品比如阿胶枣、阿胶糕等食用便捷的阿胶产品百花齐放的局面。

新产品阿胶口服液与公司现有产品阿胶颗粒同属于非处方类药物,两者在产品功效以及面向的顾客群等方面有很多共同之处。因此,公司在预测新产品未来的销售收入时,以阿胶颗粒2016—2019年四年的平均销售收入作为新产品未来2021—2025年每年的预计销售收入。同时考虑到阿胶行业竞争日趋激烈的现状以及公司的实际经营状况,在预测新产品未来销售利润率时,采取相对保守的策略,选取2016—2019年四年的平均销售利润率作为预测新产品未来利润的标准。

公司对新产品投资项目未来5年希望获得的预期最低投资报酬率为6%。相应货币时间价值系数为:$(P/F,6\%,1)=0.9434$,$(P/A,6\%,5)=4.2124$。

任务要求

1. 相关数据见固定资产信息、销售汇总表和利润表。

2. 计算销售利润率时,采用的是不含税销售收入。计算出来的历年销售利润率均四舍五入保留两位小数,并以此结果进行后续计算。其余计算过程数据及计算结果均四舍五入保留两位小数。例如,计算出的销售利润率为 0.123 456,保留两位小数是 0.12,用百分号表示为 12%。

3. 填写表 6-21。

表 6-21　新产品项目投资分析　　　　　　　　　　　　　　　　单位:元

项目	建设期	生产经营期				
	2020 年	2021 年	2022 年	2023 年	2024 年	2025 年
研发费用支出						
厂房建设支出						
设备支出						
折旧						
税后利润						
各年净现金流量						
净现值						
投资方案是否可行(是/否)						

技能过关

投资管理岗位资源:投资项目资料

一、投资项目简介

项目名称:智能化分拣设备建设项目

项目背景:当前快递业务量逐年递增,为了提升快件分拣作业的效率,应对逐年上涨的人工成本带来的压力,公司计划投资使用智能化分拣设备。

项目阶段:调研及分析论证阶段

项目内容:计划投资 3 套分拣设备,设备取得后由分拣中心使用和管理。

项目周期:2022 年 7 月 1 日至 2027 年 12 月 31 日,其中建设期为 6 个月,运营期为 5 年。

二、项目前期支出

(一) 项目调研及商务性支出

2021 年公司对同行业智能分拣设备使用情况进行了考察,已发生考察费用 2 万元。

(二) 设备取得方式

经过前期考察和调研,设备取得方式有如下两种方案。

方案一:自行购置。

公司自行购置设备,需在 2022 年 12 月 31 日安装验收完毕后向供应商支付设备价款及安装调试费用共计 600 万元。设备采用年限平均法计提折旧,使用寿命 5 年,净残值为 0。

方案二:融资租入。

公司通过融资租赁方式取得该设备,融资租赁主要条款:

(1) 设备租赁期为 5 年,到期后设备归承租人所有。

(2) 设备租赁期(租金起算日期)为 2023 年 1 月 1 日至 2027 年 12 月 31 日。

(3) 租赁期开始前由出租方负责设备安装调试,保证设备可正常使用。

(4) 租金采用按年支付,2023 年 12 月 31 日支付第一期租金,以后每年在 12 月 31 日支付租金。最后一期支付在 2027 年 12 月 31 日。每期租金支付金额 160 万元。

租赁费用可以自有资金支付,银行同期借款利率为 8%。

决策依据:管理层期望税前融资租赁成本不高于同期借款利率。如果高于同期借款利率,则选择自行购置方式取得,不考虑所得税影响。

注:使用税前资金成本进行比较,不考虑所得税抵税影响。

三、设备后续支出

无论采用自行购置还是融资租赁取得,设备安装调试完毕正常使用后,公司每年均需产生设备运维费,2023 年当年每台运维费用 90 万元,以后每年每台运维费增加 1 万元,即到 2027 年每台运维费为 94 万元。

该项支出计入固定分拣成本,由公司以自有资金支付。除上述费用外,无其他与此项目有关的费用,不考虑增值税和所得税。

四、项目收益预测

(1) 对于此项目的收益测算,假定成本节约即为项目收益。

(2) 原分拣成本中不存在非付现成本。

(3) 每套分拣设备预计每年可分拣 200 万件,若采用原来的分拣方式(新设备投入使用前)进行分拣,变动分拣成本约为 1.15 元/件,使用该套设备后第一年(2023 年)变动分拣成本约为 0.4 元/件,以后每年假定变动分拣成本增加 0.01 元/件,即 2027 年变动分拣成本为 0.44 元/件,变动分拣成本均为付现成本。

(4) 新设备投入使用后,固定成本包含两部分,即设备固定运营成本和设备折旧。

五、资本成本计算说明

该设备投资属于公司主营业务,故用公司加权平均资本成本确定为项目的必要报酬率。

公司加权平均资本成本计算步骤如下:

第一步:采用资本资产定价模型计算权益资本成本。

(1) 资本资产定价模型:$R = R_f + \beta(R_m - R_f)$。

(2) 以同行业上市公司普通股资本成本作为公司权益资本成本。

(3) 选择同行业上市公司平均 β 值作为本公司的 β 值,经查阅资料同行业上市公司平均 β 值为 1.1,上市公司市场预期回报利率(R_m)为 9.5%,5 年期国债到期收益率为 4.5%。

第二步:计算加权平均资本成本。

(1) 2021 年年末总负债和总所有者权益占总资产的比重为债务资本和权益资本权重。

(2) 根据公司与协议银行签订的借款协议和央行公布的贷款利率,公司计算得出平均税后债务资本成本为 5%。

岗位任务:投资管理

岗位任务答案:投资管理

第七章 绩效管理

案例导入

A企业集团是一家主要生产与提供空调的集团。2022年年底,为了更好地激励员工,A企业集团老板甲先生决定在集团总公司及下属各子公司实施绩效管理。该集团总经理乙先生决定采用平衡计分卡工具方法。

A企业集团开始针对财务、客户、内部业务流程和学习与成长四个维度的战略目标,确定相应的评价指标。引入平衡计分卡后,A企业集团整个组织协调更加一致,绩效评价也更加全面完整,但同时逐渐有员工反馈实施难,工作量大。其中,A企业集团2022全年销售收入40 278万元,平均总资产49 120万元,平均净资产25 051万元,净利润3 557万元。

资料来源 自编案例。

请思考 计算A企业集团2022年度的净资产收益率、销售利润率、总资产周转率、权益乘数,同时,也对平衡计分卡这个方法进行分析和评价。带着这些问题,让我们开始本项目的学习。

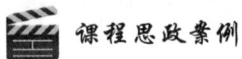课程思政案例

改革激发绩效活力

惟改革者进,惟创新者强,惟改革创新者胜。党的二十大报告强调,深入推进改革创新,坚定不移扩大开放,着力破解深层次体制机制障碍,不断彰显中国特色社会主义制度优势,不断增强社会主义现代化建设的动力和活力,把我国制度优势更好转化为国家治理效能。

绩效管理是企业中连接员工个体行为和组织目标之间最直接的桥梁,但在实际经营中,经常存在人员缺乏认知、计划难以执行、工作难以量化等问题,导致绩效管理结果并不理想。随着全面深化改革的推进,企业发展活力被激发,上述问题得到有效解决。结合案例资料分析如何做好绩效管理?

中国建筑旗下中建科工作为"科改示范企业",将改革创新作为激发企业活力动力的"关键一招",着力在科技创新、市场化改革、管理变革等方面抓落实。自2020年入选"科改示范企业"以来,行业引领地位不断凸显,构建起以钢结构装配式建筑、智慧车库、慢行设施等3类"钢结构+"产品为代表的新一代建筑工业化产品体系,培育并形成了一批以智能制造生产线、模块化建筑等为代表的具有核心知识产权和科工特色的研究成果,连续2年获评"科改示范企业"第一名、AA标杆评级的好成绩。

深化任期制和契约化管理体系。中建科工二三级单位共33户全部实行任期制和契约

化管理，经理层"全体起立、重新找位"，转身份、重考核、守契约，形成"能者上、庸者下、劣者汰"的选人用人机制，切实做到"任期制考核、市场化薪酬、制度化退出"。

构建良性绩效管理体系。对于高绩效员工，职级优先调整、职务优先提拔、资源优先分配，进一步打通干部"能上能下"的通道，激发干部活力。明确从成功团队、关键事件和一线战场选拔干部的"三优先"导向，大力实施干部竞聘上岗，新成立中建钢构工程有限公司部门负责人以上人员竞聘上岗率达100%。建立健全"业绩不达标退出、考核末位退出、纪检监察退出、关键事件黑榜退出"4种退出机制，强化考核结果运用，推动人员"进得来、出得去、留得住、用得好"。

打造科学激励分配体系。业绩创造与激励分配强关，获取分享推动导向冲锋。基于岗位价值，构建人才发展长效机制。推行以岗定级、以级定薪，构建了18级的数字职级体系，为涌现和培育专业精进的专家人才提供充足保障。基于组织业绩，推行薪酬激励双包管控。将"回款、利润、现金流"作为经营性组织奖金包生成的"三驾马车"，倡导"工资标准看职级、奖金标准比贡献"的激励理念，收入差距进一步拉开。探索实施科技项目收益分红激励，2021年分别推进中建科技城市设施产品研发项目收益分红激励和中建科工新能源充电桩项目收益分红激励落地实施。2021年中建科工人均效能显著提升，人均营收同比提高20%以上。

资料来源 中国建筑集团有限公司.中建科工：深化改革激发新活力 聚焦创新释放新动能[EB/OL].(2023-04-18)[2023-07-02]. http://www.sasac.gov.cn/n4470048/n13461446/n15390485/n15769618/c27773223/content.html.

请思考 为何要强调绩效管理？企业应如何做好绩效管理？

知识目标

1. 熟悉绩效管理的由来，对绩效管理形成全面认识；掌握企业进行绩效管理应遵循的环境。

2. 理解平衡计分卡的含义；掌握企业进行绩效管理应用平衡计分卡进行绩效评估的应用前提及相关指标的计算。

3. 理解关键绩效指标法的含义；掌握企业进行绩效管理应用关键绩效指标法进行绩效评估的应用前提。

思政目标

1. 培养学生客观公正的职业素养。
2. 培养学生坚持准则的品质，维护国家利益、社会公众利益和正常的经济秩序。
3. 培养学生不断学习、提高技能的品质。

典型工作任务

1. 能了解绩效管理基本原理。
2. 能了解及应用平衡计分卡，并进行分析。
3. 能了解及应用关键绩效指标法。

第一节 绩效管理概述

一、绩效管理的概念

绩效管理是指企业与所属单位(部门)、员工之间就绩效目标及如何实现绩效目标达成共识,并帮助和激励员工取得优异绩效,从而实现企业目标的管理过程。绩效管理的核心是绩效评价和激励管理。

绩效评价是指企业运用系统的工具方法,对一定时期内企业营运效率与效果进行综合评判的管理活动。绩效评价是企业实施激励管理的重要依据。

激励管理是指企业运用系统的工具方法,调动企业员工的积极性、主动性和创造性,激发企业员工工作动力的管理活动。激励管理是促进企业绩效提升的重要手段。

> **知识链接** 绩效管理领域应用的管理会计工具方法
>
> 绩效管理领域应用的管理会计工具方法一般包括关键绩效指标法、经济增加值法、平衡计分卡和股权激励等。企业可根据自身战略目标、业务特点和管理需要,结合不同工具方法的特征及适用范围,选择一种适合的绩效管理工具方法单独使用,也可选择两种或两种以上的工具方法综合运用。

二、绩效管理的原则

企业进行绩效管理时,一般应当遵循以下原则。

(一)战略导向原则

绩效管理应为企业实现战略目标服务,支持价值创造能力提升。企业实施绩效管理的目的是为战略目标的实现提供支持,帮助企业分解并落实企业的战略目标,这是绩效管理最终要致力达成的目标。如果没有战略目标作为基础,绩效管理体系就没有了依托,就无法发挥它的综合效用。

(二)客观公正原则

绩效管理应实事求是,评价过程应客观公正,激励实施应公平合理。

(三)规范统一原则

绩效管理的政策和制度应统一明确,应严格执行规定的程序和流程。绩效管理所有标准及流程以制度的形式明文规定,在企业内部形成确定的组织、时间、方法和标准,便于考核人与被考核人按照规范化的程序进行操作,以保证程序公平。

(四)科学有效原则

绩效管理应做到目标符合实际,方法科学有效,激励与约束并重,操作简便易行。

三、绩效管理的应用环境

(一)设立薪酬与考核委员会或类似机构

企业进行绩效管理时,应设立薪酬与考核委员会或类似机构,主要负责审核绩效管理的政策和制度、绩效计划与激励计划、绩效评价结果与激励实施方案、绩效评价与激励管理报告等,协调解决绩效管理工作中的重大问题。

(二)设立绩效管理工作机构

企业应在薪酬与考核委员会下设立绩效管理工作机构,主要负责制定绩效管理的政策和制度、绩效计划与激励计划,组织绩效计划与激励计划的执行与实施,编制绩效评价与激励管理报告等,协调解决绩效管理工作中的日常问题。

7.1 实施绩效管理所需的环境

(三)建立与完善绩效管理制度体系

企业应建立健全绩效管理的相关政策和制度,明确绩效管理的工作目标、职责分工、工作程序、工具方法、信息报告等内容。

(四)建立高效的信息系统

企业应建立有助于绩效管理实施的信息系统,为绩效管理工作提供信息支持。

小思考

企业应如何从内部环境建立绩效管理的应用环境?

四、绩效管理的应用程序

企业应用绩效管理工具方法,一般按照制订绩效计划与激励计划、执行绩效计划与激励计划、实施绩效评价与激励计划、编制绩效评价与激励管理报告等程序进行。

(一)绩效计划与激励计划的制订

企业应根据战略目标,综合考虑绩效评价期间宏观经济政策、外部市场环境、内部管理需要等因素,结合业务计划与预算,按照上下结合、分级编制、逐级分解的程序,在沟通反馈的基础上,编制各层级的绩效计划与激励计划。

1. 绩效计划落实的顺序

绩效计划是企业开展绩效评价工作的行动方案,包括构建指标体系、分配指标权重、确定绩效目标值、选择计分方法和评价周期、拟定绩效责任书等一系列管理活动。制订绩效计划通常从企业级开始,层层分解到所属单位(部门),最终落实到具体岗位和员工。

2. 绩效评定方法及指标的选择

企业可单独或综合运用关键绩效指标法、经济增加值法、平衡计分卡等工具方法构建指标体系。指标体系应反映企业战略目标实现的关键成功因素,具体指标应含义明确、可度量。

指标权重的确定可选择运用主观赋权法和客观赋权法,也可综合运用这两种方法。主观赋权法是利用专家或个人的知识与经验来确定指标权重的方法,如德尔菲法、层次分析法等。客观赋权法是从指标的统计性质入手,由调查数据确定指标权重的方法,如主成分分析法、均方差法等。

绩效目标值的确定可参考内部标准与外部标准。内部标准有预算标准、历史标准、经验标准等;外部标准有行业标准、竞争对手标准、标杆标准等。

3. 绩效评价的计分方法

绩效评价的计分方法可分为定量法和定性法。定量法主要有功效系数法和综合指数法等;定性法主要有素质法和行为法等。

1）功效系数法

功效系数法是指根据多目标规划原理,将所要评价的各项指标分别对照各自的标准,根据各项指标的权重,通过功效函数转化为可以度量的评价分数,再对各项指标的单项评价分数进行加总,得出综合评价分数的一种方法。相关计算公式为：

业绩指标总得分 $= \sum$ 单项指标得分

单项指标得分＝本档基础分＋调整分

本档基础分＝指标权重×本档标准系数

调整分＝功效系数×(上档基础分－本档基础分)

上档基础＝指标权重×上档标准系数

$$功效系数 = \frac{实际值 - 本档标准值}{上档标准值 - 本档标准值}$$

2）综合指数法

综合指数法是指根据指数分析的基本原理,计算各项业绩指标的单项评价指数和加权评价指数,据以进行综合评价的方法。其计算公式为：

业绩指标总得分 $= \sum$ (单项指标评价指数×该项评价指数的权重)

3）素质法

素质法是指评估员工个人或团队在多大程度上具有组织所要求的某种基本素质、关键技能和主要特质的方法。

4）行为法

行为法是指专注于描述与业绩有关的行为状态,考核员工在多大程度上采取了管理者所期望的或工作角色所要求的组织行为的方法。

【例 7-1】 单个指标计分方法为功效系数法,评价指标为销售收入增长率。功效系数法量表如表 7-1 所示。

表 7-1 功效系数法量表

优秀	良好	合格	较低	较差
20%	15%	12%	8%	5%
1	0.8	0.6	0.4	0.2

实际值为 18%。

该指标得分 $= \left\{ 0.8 + \left[\frac{(18\% - 15\%)}{(20\% - 15\%)} \right] \times 0.2 \right\} = 92\%$

【做中学 7-1】 帝凯公司该月净利润率功效系数法量表如表 7-2 所示,评价指标为净利润率。

要求：计算帝凯公司净利润率指标得分。

表 7-2 净利润率功效系数法量表

优秀	良好	合格	较低	较差
10%	9%	8%	7%	6%
1	0.8	0.6	0.4	0.2

实际值为 9.83%。

4. 绩效评价的周期

绩效评价周期一般可分为月度、季度、半年度、年度和任期。月度、季度绩效评价一般适用于企业基层员工和管理人员,半年度绩效评价一般适用于企业中高层管理人员,年度绩效评价适用于企业所有被评价对象,任期绩效评价主要适用于企业负责人。

5. 激励计划

激励计划是企业为激励被评价对象而采取的行动方案,包括激励对象、激励形式、激励条件、激励周期等内容。激励计划按激励形式可分为薪酬激励计划、能力开发激励计划、职业发展激励计划和其他激励计划。

薪酬激励计划按期限可分为短期薪酬激励计划和中长期薪酬激励计划。短期薪酬激励计划主要包括绩效工资、绩效奖金、绩效福利等。中长期薪酬激励计划主要包括股票期权、股票增值权、限制性股票以及虚拟股票等。

能力开发激励计划主要包括对员工知识、技能等方面的提升计划。

职业发展激励计划主要是对员工职业发展作出的规划。

其他激励计划包括良好的工作环境、晋升与降职、表扬与批评等。

6. 绩效计划与激励计划制订完成后应注意的问题

激励计划的制订应以绩效计划为基础,采用多元化的激励形式,兼顾内在激励与外在激励、短期激励与长期激励、现金激励与非现金激励、个人激励与团队激励、正向激励与负向激励,充分发挥各种激励形式的综合作用。

绩效计划与激励计划制订完成后,应经薪酬与考核委员会或类似机构审核,报董事会或类似机构审批。经审批的绩效计划与激励计划应保持稳定,一般不予调整,若受国家政策、市场环境、不可抗力等客观因素影响,确需调整的,应严格履行规定的审批程序。

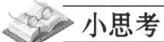

短期薪酬激励计划和中长期薪酬激励计划各自的优缺点是什么?

 视野拓展 黄海造船有限公司提升集体协商质量

"一样本两指引"谈出"双向奔赴"

股份分红、工资平均每年增长 5%~10%、完善福利待遇……记者日前获悉,黄海造船有限公司借助以"要点参考样本"和"重点事项指引、工作流程指引"为主要内容的山东省企业(薪酬激励)集体协商"一样本两指引",规范集体协商程序、丰富协商内容,提升了集体协商的质量。

近年来,山东工会探索推广工资(薪酬激励)集体协商"一样本两指引",有效解决"协商什么""依据什么协商""如何规范协商和如何全面履行合同"等问题,提升了集体协商工作的质效。

依据协商内容,黄海造船有限公司把改善职工生活品质,不断完善福利制度放在首位。确定打造职工书屋、活动室、健身区域等场所,开展登山、拔河、象棋等丰富多彩的文体活动,让职工愉悦身心;发放生日蛋糕、提供餐饮补贴、救助金等。此外,在该公司的股本结构里,职工持股占股 80%,参股的普通职工股份最多可达 130 多万元,真正实现将发展成果与职工共享。

同时,该公司借鉴"一样本两指引",健全培养、考核、待遇相统一的市场化薪酬分配激励机制,加大对关键岗位和有突出贡献技能人才的薪酬激励力度。由公司于进强劳模工匠创新工作室提出的"法兰准确高效定位工装"技术革新项目,每年可为黄海造船节约成本30余万元。按照奖励机制,每位成员获得5 000元~1万元不等的奖励。

据统计,近年来,该公司职工提出有效合理化建议357条,小改小革项目239项,为企业增收创效。通过"一样本两指引"的实施,职工和企业实现"双向奔赴",在助力企业高质量发展中发挥了重要作用。

杨明清　张嫱
2023年7月7日

资料来源:中国工会新闻. 黄海造船有限公司提升集体协商质量"一样本两指引"谈出"双向奔赴"[EB/OL].（2023-07-07）[2023-07-07]. http://acftu.people.com.cn/n1/2023/0707/c67502-40030339.html.

（二）绩效计划与激励计划的执行

审批后的绩效计划与激励计划,应以正式文件的形式下达执行,确保与计划相关的被评价对象能够了解计划的具体内容和要求。

绩效计划与激励计划下达后,各计划执行单位（部门）应认真组织实施,从横向和纵向两方面落实到各所属单位（部门）、各岗位员工,形成全方位的绩效计划与激励计划执行责任体系。

绩效计划与激励计划执行过程中,企业应建立配套的监督控制机制,及时记录执行情况,进行差异分析与纠偏,持续优化业务流程,确保绩效计划与激励计划的有效执行。

1. 监控与记录

企业可借助信息系统或其他信息支持手段,监控和记录指标完成情况、重大事项、员工的工作表现、激励措施执行情况等。收集信息的方法主要包括观察法、工作记录法、他人反馈法等。

2. 分析与纠偏

根据监控与记录的结果,重点分析指标完成值与目标值的偏差、激励效果与预期目标的偏差,提出相应整改建议并采取必要的改进措施。

3. 编制分析报告

分析报告主要反映绩效计划与激励计划的执行情况及分析结果,其频率可以是月度、季度、年度,也可根据需要编制。

绩效计划与激励计划执行过程中,绩效管理工作机构应通过会议、培训、网络、公告栏等形式,进行多渠道、多样化、持续不断的沟通与辅导,使绩效计划与激励计划得到充分理解和有效执行。

📖 小思考

绩效计划与激励计划的关系是什么?

（三）绩效评价与激励的实施

绩效管理工作机构应根据计划的执行情况定期实施绩效评价与激励,按照绩效计划与激励计划的约定,对被评价对象的绩效表现进行系统、全面、公正、客观的评价,并根据评价结果实施相应的激励。

评价主体应按照绩效计划收集相关信息,获取被评价对象的绩效指标实际值,对照目标值,应用选定的计分方法,计算评价分值,并进一步形成对被评价对象的综合评价结果。

绩效评价过程及结果应有完整的记录,结果应得到评价主体和被评价对象的确认,并进行公开发布或非公开告知。公开发布的主要方式有召开绩效发布会、企业网站绩效公示、面板绩效公告等;非公开发布一般采用一对一书面、电子邮件函告或面谈告知等方式进行。

评价主体应及时向被评价对象进行绩效反馈,反馈内容包括评价结果、差距分析、改进建议及措施等,可采取反馈报告、反馈面谈、反馈报告会等形式进行。

绩效结果发布后,企业应依据绩效评价的结果,组织兑现激励计划,综合运用绩效薪酬激励、能力开发激励、职业发展激励等多种方式,逐级兑现激励承诺。

(四) 绩效评价与激励管理报告

绩效管理工作机构应定期或根据需要编制绩效评价与激励管理报告,对绩效评价和激励管理的结果进行反映。绩效评价与激励管理报告是企业管理会计报告的重要组成部分,应确保内容真实、数据可靠、分析客观、结论清楚,为报告使用者提供满足决策所需要的信息。

1. 报告的分类

绩效评价与激励管理报告可分为定期报告、不定期报告。

定期报告主要反映一定期间被评价对象的绩效评价与激励管理情况。每个会计年度应至少出具一份定期报告。

不定期报告根据需要编制,反映部分特殊事项或特定项目的绩效评价与激励管理情况。

2. 报告的内容

1) 绩效评价报告

绩效评价报告根据评价结果编制,反映被评价对象的绩效计划完成情况,通常由报告正文和附件构成。

报告正文主要包括以下两部分:

(1) 评价情况说明。评价情况说明包括评价对象、评价依据、评价过程、评价结果和需要说明的重大事项等。

(2) 管理建议。管理建议报告附件包括评价计分表、问卷调查结果分析、专家咨询意见等报告正文的支持性文档。

2) 激励管理报告

根据激励计划的执行结果编制,反映被评价对象的激励计划实施情况。激励管理报告主要包括以下两部分:

(1) 激励情况说明。激励情况说明包括激励对象、激励依据、激励措施、激励执行结果、需要说明的重大事项等。

(2) 管理建议。管理建议其他有关支持性文档可以根据需要以附件形式提供。

3. 报告的后续工作

绩效评价与激励管理报告应根据需要,及时报送薪酬与考核委员会或类似机构审批。企业应定期通过回顾和分析,检查和评估绩效评价与激励管理的实施效果,不断优化绩效计划和激励计划,改进未来绩效管理工作。

> **小思考**
>
> 管理会计报告和财务会计报告的区别?

视野拓展 绩效主义毁了索尼

众所周知索尼公司是由井深大在东京创立的,索尼公司的前身是"东京通信工业株式会社"。在此后近半个世纪时间里,索尼公司通过推出一个又一个革命性的电子产品,确立了世界闻名的"技术的索尼"品牌形象。索尼公司也是最早(1995年)引入美国绩效管理模式的日本企业。但是这家曾经创造过日本品牌神话的企业,却在20世纪初开始了衰退——不断地创造索尼的亏损新纪录,这个亏损纪录一直延续到现在。

索尼前常务董事天外伺朗将索尼失败的重要原因归结为绩效主义,他在2006年的《绩效主义毁了索尼》这篇文章中指出:"索尼连续4年出现亏损,去年更亏损64亿美元,为什么?我认为,是绩效主义毁了索尼。"

天外伺朗认为绩效主义毁了索尼的理由首先是绩效主义导致了索尼公司"激情集团"的消失。由于引入绩效考核,公司那些不知疲倦、全身心投入开发的团队已经不存在了,索尼的技术团队现在主要受赚钱、升职或出名等外部动机影响。

其次,绩效主义导致挑战精神的消失。索尼引入绩效考核制度导致公司内部追求眼前利益的风气蔓延,几乎所有人都不愿意提出具有挑战性的目标。

最后,绩效主义导致团队精神的消失。绩效考核使得索尼公司变得臃肿,上下级之间的温情和信任感不复存在。

真的是绩效主义毁了索尼吗?

我们先来看看天外伺朗是如何定义绩效主义的,他认为绩效主义就是,"业务成果和金钱报酬直接挂钩,职工是为了拿到更多报酬而努力工作"。天外伺朗在文章中还进一步对其定义的绩效主义的危害进行了阐述,"绩效主义企图把人的能力量化,以此作出客观、公正的评价。但我认为事实上做不到。它的最大弊端是搞坏了公司内的气氛。上司不把部下当有感情的人看待,而是一切都看指标,用评价的目光审视部下"。

由此我们不难看出天外伺朗所谓的绩效主义本质上是考核主义,而索尼公司推行的绩效实际上是一个为了"对每个人的评价确定报酬"的考核工具,是为了评价与报酬。这是一个关于绩效主义的弥天大谎!要理解真正的绩效主义,我们先来看看什么是绩效管理!从定义上看,绩效管理是一个循环往复的过程,包括绩效目标设定、绩效监督与反馈、绩效考核和绩效回报与激励四个主要的管理环节,其目的是提升员工、部门乃至公司的绩效,进而驱动公司长远战略的实现。

而在我们看来,所谓绩效主义,是一个公司对待绩效管理的态度、主张和文化。真正的绩效主义应当是以公司战略为导向,以循环往复的过程为载体的管理的价值主张,它必须积极引导员工、团队并重新点燃公司实现战略激情,而不是扼杀员工的工作动力。

索尼公司错误将绩效考核与绩效管理简单地等同起来——这次一向强调精细化的大和民族向山姆大叔学习绩效管理时没有做到精细化,就连基本的概念都混淆不清。索尼公司应当清醒地意识到:绩效管理不等于绩效考核,当一个企业为了考核、评价员工而实施绩效体系的时候,注定了这个企业会从一个失败走向另一个失败。

资料来源 知乎用户 t3aOJm. 绩效主义毁了索尼[EB/OL]. (2019-12-04)[2023-07-07]. https://zhuanlan.zhihu.com/p/95300643.

第二节 平衡计分卡

7.2 平衡计分卡

一、平衡计分卡的概念

平衡计分卡(balanced score card,简称BSC),是指基于企业战略,从财务、客户、内部流程、学习与成长四个维度,将战略目标逐层分解转化为具体的、相互平衡的绩效指标体系,并据此进行绩效管理的方法。平衡计分卡是企业进行绩效管理的重要方法之一,具有战略规划与实施的功能,通常与战略地图等其他工具结合使用。平衡计分卡适用于战略目标明确、管理制度比较完善、管理水平相对较高的企业。平衡计分卡的应用对象可为企业、所属单位(部门)和员工。

二、平衡计分卡的应用前提

企业应用平衡计分卡工具方法,应有明确的愿景和战略。平衡计分卡应以战略目标为核心,全面描述、衡量和管理战略目标,将战略目标转化为可操作的行动。

平衡计分卡可能涉及组织和流程变革,具有创新精神、变革精神的企业文化有助于成功实施平衡计分卡。

企业应对组织结构和职能进行梳理,消除不同组织职能间的壁垒,实现良好的组织协同,既包括企业内部各级单位(部门)之间的横向与纵向协同,也包括与投资者、客户、供应商等外部利益相关者之间的协同。

企业应注重员工学习与成长能力的提升,以更好地实现平衡计分卡的财务、客户、内部业务流程目标,使战略目标贯彻到每一名员工的日常工作中。

平衡计分卡的实施是一项复杂的系统工程。企业一般需要建立由战略管理、人力资源管理、财务管理和外部专家等组成的团队,为平衡计分卡的实施提供机制保障。企业应建立高效集成的信息系统,实现绩效管理与预算管理、财务管理、生产经营等系统的紧密结合,为平衡计分卡的实施提供信息支持。

三、平衡计分卡的应用程序

(一)一般程序

企业应用平衡计分卡工具方法,一般按照制定战略地图、制订以平衡计分卡为核心的绩效计划、制订激励计划、制订战略性行动方案、执行绩效计划与激励计划、实施绩效评价与激励、编制绩效评价与激励管理报告等程序进行。

企业首先应制定战略地图(图7-1),即基于企业愿景与战略,将战略目标及其因果关系、价值创造路径以图示的形式直观、明确、清晰地呈现。战略地图基于战略主题构建,战略主题反映企业价值创造的关键业务流程,每个战略主题包括相互关联的1—2个目标。

战略地图制定后,应以平衡计分卡为核心编制绩效计划。绩效计划是企业开展绩效评价工作的行动方案,包括构建指标体系、分配指标权重、确定绩效目标值、选择计分方法和评价周期、签订绩效责任书等一系列管理活动。制订绩效计划通常从企业级开始,层层分解到所属单位(部门),最终落实到具体岗位和员工。

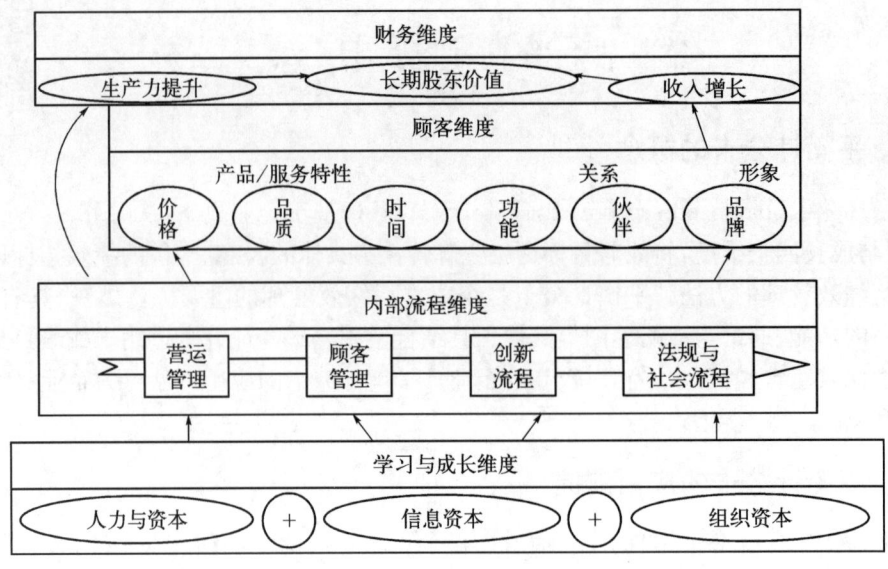

图 7-1 战略地图

(二)平衡计分卡的指标体系

平衡计分卡指标体系的构建应围绕战略地图,针对财务、客户、内部业务流程和学习与成长四个维度的战略目标,确定相应的评价指标。构建平衡计分卡指标体系包括以下几个程序。

1. 制定企业级指标体系

根据企业层面的战略地图,为每个战略主题的目标设定指标,每个目标至少应有1个指标。

2. 制定所属单位(部门)级指标体系

依据企业级战略地图和指标体系,制定所属单位(部门)的战略地图,确定相应的指标体系,协同各所属单位(部门)的行动与战略目标保持一致。

3. 制定岗位(员工)级指标体系

根据企业、所属单位(部门)级指标体系,按照岗位职责逐级形成岗位(员工)级指标体系。

平衡计分卡每个维度的指标通常为4~7个,总数量一般不超过25个。

(三)平衡计分卡的四个平衡和四个维度

1. 平衡计分卡的四个平衡

平衡计分卡指标体系构建时,应注重短期目标与长期目标的平衡、财务指标与非财务指标的平衡、结果性指标与动因性指标之间的平衡、企业内部利益与外部利益的平衡。应在寻求平衡的基础上完成绩效考核与战略实施。

1) 短期目标与长期目标的平衡

平衡计分卡既关注短期的经营目标和绩效指标,又关注长期的战略目标和绩效指标,也就是说平衡计分卡既关注了企业的长期发展,又关注了近期目标的完成,使企业的战略规划和年度计划得到有效的结合,保证了企业的年度计划与企业的长远发展方向保持一致。

2）财务指标与非财务指标的平衡

平衡计分卡要求从财务和非财务的角度去思考公司战略目标及考核指标，因为财务指标只是一种滞后的结果性指标，只能反映公司过去发生的情况，不能告诉企业如何改善业绩。财务与非财务的平衡强调的是企业不仅要关注财务绩效，更要关注对财务绩效产生直接影响的驱动因素。组织必须通过在客户、供应商、员工、组织流程、技术和革新等方面的投资，获得持续发展的动力。即对非财务指标(客户、内部流程、学习与成长)进行考核，不仅有定性的说明，还要有量化的考核，使非财务指标考核具有系统性和全面性。

3）结果性指标与动因性指标的平衡

平衡计分卡以有效完成战略为动因，以可衡量的指标为目标管理的结果，寻求结果性指标与动因性指标之间的平衡。其强调企业不仅要关注事后的结果，更要关注影响结果的因素和过程。

4）内部指标与外部指标的平衡

内部指标是为业务流程、学习与成长设置的指标，外部指标是为股东和客户设置的指标，内部指标与外部指标之间的平衡体现了企业内部利益与外部利益的平衡。平衡计分卡将评价的视线范围由传统的只注重企业内部扩大到企业外部，包括股东、客户等，企业可以在有效执行战略的过程中平衡内外群体间的利益。

2. 平衡计分卡的四个维度

构建平衡计分卡指标体系时，企业应以财务维度为核心，其他维度的指标都与核心维度的一个或多个指标联系。应通过梳理核心维度目标的实现过程，确定每个维度的关键驱动因素，结合战略主题，选取关键绩效指标。

知识链接

平衡计分卡的框架如图7-2所示。

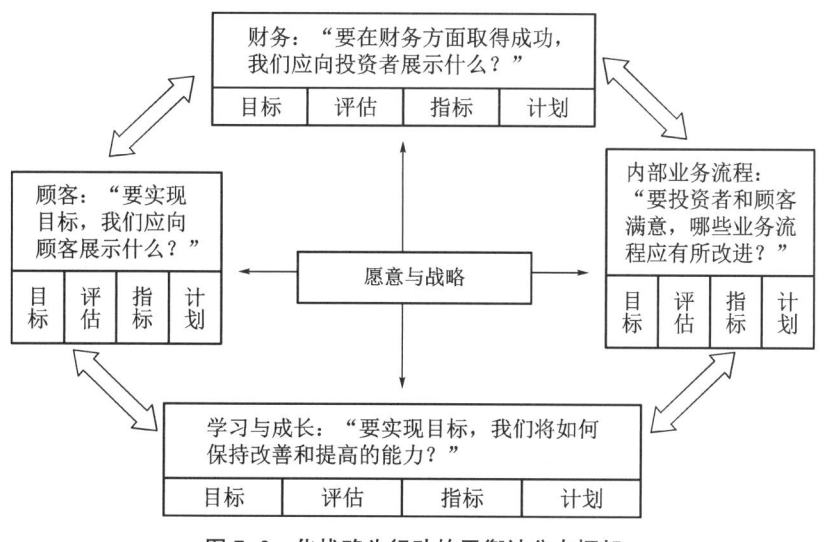

图7-2 化战略为行动的平衡计分卡框架

1) 财务维度

财务维度以财务术语描述了战略目标的有形成果。财务绩效指标可以显示企业的战略及其实施和执行是否对改善企业盈利作出了贡献。财务目标通常与获利能力有关,企业常用指标有投资资本回报率、净资产收益率、经济增加值、息税前利润、自由现金流、资本负债率、总资产周转率等。

投资资本回报率是指企业一定会计期间取得的息前税后利润占其所使用的全部投资资本的比例,反映企业在会计期间有效利用投资资本创造回报的能力。投资资本回报率的一般计算公式如下:

$$投资资本回报率 = \frac{税利利润 \times (1-所得税税率) + 利息支出}{投资资本平均余额} \times 100\%$$

$$投资资本平均余额 = \frac{期初投资成本 + 期末投资成本}{2}$$

$$投资资本 = 有息债务 + 所有者(股东)权益$$

净资产收益率(也称权益净利率)是反映企业一定会计期间取得的净利润占其所使用的净资产平均数的比例,反映企业全部资产的获利能力。净资产收益率的一般计算公式如下:

$$净资产收益率 = \frac{净利润}{平均净资产} \times 100\%$$

息税前利润是反映企业当年实现税前利润与利息支出的合计数,一般计算公式如下:

$$息税前利润 = 税前利润 + 利息支出$$

自由现金流是指企业一定会计期间经营活动产生的净现金流超过付现资本性支出的金额,反映企业可动用的现金,一般计算公式如下:

$$自由现金流 = 经营活动净现金流 - 付现资本性支出$$

资产负债率是指企业负债总额与资产总额的比值,反映企业整体财务风险程度,一般计算公式如下:

$$资产负债率 = \frac{负债总额}{资产总额} \times 100\%$$

总资产周转率是指企业营业收入与总资产平均余额的比值,反映总资产在一定会计期间内周转的次数,一般计算公式如下:

$$总资产周转率 = \frac{营业收入}{总资产平均余额}$$

资本周转率是指企业一定会计期间内营业收入与平均资本占用的比值,一般计算公式如下:

$$资本周转率 = \frac{营业收入}{平均资本占用} \times 100\%$$

【例7-2】 财务维度指标的构建过程示例见表7-3。

表 7-3　财务维度指标的构建

战略主题	战略目标	指标
收入增长战略	提高现有产品贡献	现有产品销量增长率
	增加新的收入机会	国际市场销量
		新品销量
生产力提升战略	改善成本结构	经营现金流量
	提高资产使用率	资产周转率

2) 客户维度

客户维度界定了目标客户的价值主张,确立了企业将竞争的客户和市场。企业应以目标客户和目标市场为导向,专注于满足核心客户,而不是企图满足所有客户的偏好。应在此基础上,企业先树立清晰的目标,再将这些目标细化为具体的指标。企业常用指标有市场份额、客户获得率、客户保持率、客户获利率和战略客户数量等。

市场份额是指一个企业的销售量(或销售额)在市场同类产品中所占的比重。

客户获得率是指企业在争取新客户时获得成功部分的比例。该指标可用客户数量增长率或客户交易额增长率来描述。一般计算公式如下:

$$客户数量增长率 = \frac{本期客户数量 - 上期客户数量}{上期客户数量} \times 100\%$$

$$客户交易额增长率 = \frac{本期客户交易额 - 上期客户交易额}{上期客户交易额} \times 100\%$$

客户保持率是指企业继续保持与老客户交易关系的比例。该指标可用老客户交易增长率来描述。一般计算公式如下:

$$老客户交易增长率 = \frac{老客户本期交易额 - 老客户上期交易额}{老客户上期交易额} \times 100\%$$

客户获利率是指企业从单一客户得到的净利润与付出的总成本的比率。一般计算方式如下:

$$单一客户获利率 = \frac{单一客户净利润}{单一客户总成本} \times 100\%$$

战略客户数量是指对企业战略规划实现有重要作用的客户的数量。

【例 7-3】　顾客维度指标的构建过程示例见表 7-4。

表 7-4　客户维度指标的构建

战略主题	战略目标	指标
可信赖的产品引领者	提升市场占有率	市场占有率
	建立领先品牌	品牌知名度
共赢、持久的经销商关系	与重点客户共赢	重点客户流失率
	提升客户价值	客户毛利率
	提高服务质量	完美订单履行率

3) 内部业务流程维度

内部流程维度确定了对战略目标产生影响的关键流程,这些流程帮助企业提供价值主张,以吸引和留住目标市场的客户,并满足股东对卓越财务回报的期望。建立平衡计分卡的顺序,通常是在先制定财务和客户方面的目标与指标后,才制定企业内部流程层面的目标与指标,这个顺序使企业能够抓住重点,专心衡量那些与股东和客户目标息息相关的流程。内部运营绩效考核应以对客户满意度和实现财务目标影响最大的业务流程为核心。内部运营指标既包括短期的现有业务的改善,又涉及长远的产品和服务的革新。企业常用指标有交货及时率、生产负荷率、产品合格率和存货周转率等。

交货及时率是指企业在一定会计期间内及时交货的订单个数占其总订单个数的比例,一般计算公式如下:

$$交货及时率=\frac{及时交货的订单个数}{总订单个数}$$

生产负荷率是指投产项目在一定会计期间内的产品产量与设计生产能力的比例,一般计算公式如下:

$$生产负荷率=\frac{实际产量}{设计生产能力}$$

产品合格率是指合格产品数量占总产品数量的比例,一般计算公式为:

$$产品合格率=\frac{合格产品数量}{总产品数量}$$

存货周转率是指企业营业收入与存货平均余额的比值,反映存货在一定会计期间内周转的次数,一般计算公式如下:

$$存货周转次数=\frac{营业收入}{存货平均余额}$$

【例 7-4】 内部流程维度指标的构建过程示例见表 7-5。

表 7-5 内部流程维度指标的构建

战略主题	战略目标	指标
运营管理流程	加强订单实现管理	生产计划变更次数
		及时供货率
	提高投入产出比	单位产品生产周期
		制造成本降低率
	消除质量隐患	产品一次检验合格率
客户管理流程	加大品牌宣传	主流媒体宣传力度
	创建高度忠诚的客户	重点客户拜访率
创新流程	快速推出新产品	每年新品推出数量
	提高研发效率	研发计划执行率
	丰富产品线	立项新产品数量
		申请专利数量

(续表)

战略主题	战略目标	指标
法规与社会流程	提高产品质量业绩	各项质量认证通过率
	提高环境绩效	安全环保达标率
	维护社会关系	负面报道次数

4) 学习与成长维度

学习与成长维度确定了对战略最重要的无形资产,确立了企业要创造长期的成长和改善就必须建立的基础框架,确立了未来成功的关键因素,是驱使前三个维度获得卓越成果的动力。平衡计分卡的前三个层面一般会揭示企业的实际能力与实现突破性业绩所必需的能力之间的差距,为了弥补这个差距,必须投资于员工技术的再造、组织程序和日常工作,而这些都是平衡计分卡学习与成长层面追求的目标。学习与成长层面指标涉及员工的能力、信息系统的能力与激励、授权与相互配合等。企业常用指标有员工流失率、员工生产率、培训计划完成率等。

员工流失率是指企业一定会计期间内离职员工占员工平均人数的比例,一般计算公式如下:

$$员工流失率 = \frac{本期离职员工人数}{员工平均人数}$$

$$员工保持率 = 1 - 员工流失率$$

员工生产率是指员工在一定会计期间内创造的劳动成果与其相应员工数量的比值。该指标可用人均产品生产数量或人均营业收入进行衡量。员工生产率的一般计算公式如下:

$$人均产品生产数量 = \frac{本期产品生产总量}{生产人数}$$

$$人均营业收入 = \frac{本期营业收入}{员工人数}$$

培训计划完成率是指培训计划实际执行的总时数占培训计划总时数的比例,一般计算公式如下:

$$培训计划完成率 = \frac{培训计划实际执行的总时数}{培训计划总时数}$$

【例 7-5】 内部流程维度指标的构建过程示例见表 7-6。

表 7-6 学习与成长维度指标的构建

战略主题	战略目标	指标
提升信息资本准备度	增强信息收集的有效性	外部信息获取满意度
	支持业务流程变革	信息系统与业务流程的匹配度
提升组织资本准备度	增强协调一致性	内部客户满意度
	提升领导力	达到胜任能力的领导比率

（续表）

战略主题	战略目标	指标
提升人力资本准备度	提高关键岗位准备度	关键岗位胜任率
		员工满意度

【例7-6】（多选题）甲公司用平衡计分卡进行业绩考评，下列各种维度中，平衡计分卡需要考虑的有（　　）。

　　A. 顾客维度　　　　　　　　　B. 债权人维度
　　C. 股东维度　　　　　　　　　D. 学习与成长维度
　　答案：AD

【做中学7-2】（单选题）按照平衡计分卡，着眼于企业的核心竞争力，解决"我们的优势是什么"的问题可以利用（　　）的考核指标。

　　A. 财务维度　　　　　　　　　B. 内部业务流程维度
　　C. 顾客维度　　　　　　　　　D. 学习和成长维度

【做中学7-3】（多选题）下列各项中，属于平衡计分卡学习和成长维度业绩评价指标的有（　　）。

　　A. 新产品开发周期　　　　　　B. 员工满意度
　　C. 培训计划完成率　　　　　　D. 产品合格率

【做中学7-4】（单选题）下列各项中，属于平衡计分卡内部业务流程维度的业绩评价指标的是（　　）。

　　A. 投资报酬率　　B. 客户保持率　　C. 生产负荷率　　D. 培训计划完成率

（四）平衡计分卡的指标

企业可根据实际情况建立通用类指标库，不同层级单位和部门结合不同的战略定位、业务特点选择适合的指标体系。平衡计分卡指标的权重分配应以战略目标为导向，反映被评价对象对企业战略目标贡献或支持的程度，以及各指标之间的重要性水平。

企业绩效指标权重一般设定在5%～30%，对特别重要的指标可适当提高权重。对特别关键、影响企业整体价值的指标可设立"一票否决"制度，即如果某项绩效指标未完成，无论其他指标是否完成，均视为未完成绩效目标。

> **小思考**
>
> 不同行业和规模、不同发展时期的企业的重要指标一定相同吗？

（五）平衡计分卡的目标值

平衡计分卡绩效目标值应根据战略地图的因果关系分别设置。首先，确定战略主题的目标值；其次，确定主题内的目标值；最后，基于平衡计分卡评价指标与战略目标的对应关系，为每个评价指标设定目标值，通常设计3～5年的目标值。

平衡计分卡绩效目标值确定后，应规定因内外部环境发生重大变化、自然灾害等不可抗力因素对绩效完成结果产生重大影响时，对目标值进行调整的办法和程序。一般情况下，由被评价对象或评价主体测算确定影响程度，向相应的绩效管理工作机构提出调整申请，报薪酬与考核委员会或类似机构审批。

(六)平衡计分卡绩效计划与激励计划

绩效计划与激励计划制订后,企业应在战略主题的基础上制订战略性行动方案,实现短期行动计划与长期战略目标的协同。战略性行动方案的制订主要包括以下内容。

1. 选择战略性行动方案

制订每个战略主题的多个行动方案,并从中区分和选择最优的战略性行动方案。

2. 提供战略性资金

建立战略性支出的预算,为战略性行动方案提供资金支持。

3. 建立责任制

明确战略性行动方案的执行责任方,定期回顾战略性行动方案的执行进程和效果。

在绩效计划与激励计划执行过程中,企业应按照纵向一致、横向协调的原则,持续推进组织协同,将协同作为一个重要的流程进行管理,使企业和员工的目标、职责与行动保持一致,创造协同效应。

在绩效计划与激励计划执行过程中,企业应持续深入地开展流程管理,及时识别存在问题的关键流程,根据需要对流程进行优化完善,必要时进行流程再造,将流程改进计划与战略目标相协同。

平衡计分卡的实施是一项长期的管理改善工作,在实践中通常采用先试点后推广的方式,循序渐进,分步实施。

 视野拓展 平衡计分卡在快递公司的应用

背景

中外运——敦豪国际航空快件有限公司(简称中外运敦豪)于1986年12月1日在北京正式成立。自成立以来,随着中国经济迅速增长,公司亦创下骄人业绩。中外运敦豪是一个融合西方管理和东方文化的公司,中国区总经理就来自中西融合的新加坡。

1998年起,中外运敦豪开始在北京、上海和广州三个合资公司实行罗伯特·卡普兰的作业成本法(activity-based costing,简称ABC)。通过ABC的运用,中外运敦豪对成本结构和在中国不同地区的成本差异有了进一步的了解,有效地辅助了成本基准的制定和管理,并为公司制定具有竞争力的价格政策提供了更具有价值的信息,帮助管理层更有效地制定公司总体战略目标。

中外运敦豪对运用作业成本法后取得的成果非常满意,决定继续运用这个管理理论去不断完善内部程序,为客户提供更好的服务。同时,罗伯特·卡普兰的管理工具——平衡计分卡引起中外运敦豪的关注。

正巧2002年被中外运敦豪设定为"服务年",这本来是加强内部服务意识的一个项目,但是在全国39个地区共有2 800名员工,让每一个员工对客户的服务意识和态度都得到提升是一个极其艰巨的任务。中外运敦豪认识到平衡计分卡能够配合内部组织结构,帮助公司制定一个结合管理目标和奖励系统的模式,于是决定实施平衡计分卡。

平衡计分卡的实施

中外运敦豪首先建立了公司的远景战略,就是"market leader"(市场领导者),即在国际快递行业中提供最高的服务给客人,这成为公司的战略目标。

公司认为平衡主要体现为四部分的平衡:内部和外部的平衡、短期和长期的平衡、结果和动机的平衡、数量和质量的平衡。

中外运敦豪之前主要采用盈利和收款情况等硬性的财务指标来衡量收入增长是否达到标准。但后来公司觉得这样看待经营是远远不足够的。基于此,在平衡计分卡里,公司不但重新设计了财务指标,如使用超过90天的应收账款来描述收入与预算的完成情况、利润和预算的完成情况;还涵盖了很多客户的指标,如使用客户保有率、新增客户、客户满意度等外部的、软性的指标。

这些数据指标被称作关键绩效指标(key performance index,简称KPI)。运用KPI能够起到通过指标控制流程的作用。中外运敦豪明确了给客人提供最好的服务时,重在过程,而不仅仅是一个结果。

为此,中外运敦豪在总部成立了平衡计分卡小组,负责公司的策略制定、实施、考评和完善。公司还邀请了一家培训顾问设计整个课程,培训39个分公司的内部培训师,再由内部的培训师培训内部员工。这样的模式非常有效:培训时,内部讲师讲的故事和内容非常贴近员工,广受欢迎。

实施平衡计分卡促进了中外运敦豪的业绩增长,公司业务年平均增长率为40%,营业额跃升60倍之多。目前,中外运敦豪已在中国建立了最大的合资快递服务网络,稳居中国航空快递业领导地位。

资料来源 新浪财经.案例分析:中外运敦豪平衡计分卡使用[EB/OL].(2006-03-31)[2023-07-07]. https://finance.sina.com.cn/leadership/case/20060331/15592465028.shtml.

四、对平衡计分卡的评价

平衡计分卡的优缺点如表7-7所示。

表7-7 平衡计分卡的优缺点

优点	(1) 战略目标逐层分解并转化为被评价对象的绩效指标和行动方案,使整个组织行动协调一致; (2) 从财务、客户、内部业务流程、学习与成长四个维度确定绩效指标,使绩效评价更为全面完整; (3) 将学习与成长作为一个维度,注重员工的发展要求和组织资本、信息资本等无形资产的开发利用,有利于增强企业可持续发展的动力
缺点	(1) 专业技术要求高,工作量比较大,操作难度也较大,需要持续地沟通和反馈,实施比较复杂,实施成本高; (2) 各指标权重在不同层级及各层级不同指标之间的分配比较困难,且部分非财务指标的量化工作难以落实; (3) 系统性强,涉及面广,需要专业人员的指导、企业全员的参与和长期持续的修正完善,对信息系统、管理能力的要求较高

7.3 关键绩效指标法

第三节 关键绩效指标法

一、关键绩效指标法的概念

关键绩效指标法是指基于企业战略目标,通过建立关键绩效指标体系,将价值创造活动与战略规划目标有效联系,并据此进行绩效管理的方法。

关键绩效指标是对企业绩效产生关键影响力的指标,是通过对企业战略目标、关键成果领域的绩效特征分析,识别和提炼出的最能有效驱动企业价值创造的指标。关键绩效指标法可单独使用,也可与经济增加值法、平衡计分卡等其他方法结合使用。关键绩效指标法的应用对象可为企业、所属单位(部门)和员工。

二、关键绩效指标法的应用前提

企业应用关键绩效指标法,应综合考虑绩效评价期间宏观经济政策、外部市场环境、内部管理需要等因素,构建指标体系。

企业应有明确的战略目标。战略目标是确定关键绩效指标体系的基础,关键绩效指标反映战略目标,对战略目标实施效果进行衡量和监控。

企业应清晰识别价值创造模式,按照价值创造路径识别出关键驱动因素,科学选择和设置关键绩效指标。

三、关键绩效指标法的应用程序

企业应用关键绩效指标法,一般按照制订以关键绩效指标为核心的绩效计划、制订激励计划、执行绩效计划与激励计划、实施绩效评价与激励、编制绩效评价与激励管理报告等程序进行。其绩效计划包括构建指标体系、分配指标权重、确定绩效目标值、选择计分方法和评价周期、拟定绩效责任书等。

(一) 一般程序

企业构建关键绩效指标体系一般按照以下程序进行。

1. 制定企业级关键绩效指标

企业应根据战略目标,结合价值创造模式,综合考虑内外部环境等因素,设定企业级关键绩效指标。

2. 制定所属单位(部门)级关键绩效指标

根据企业级关键绩效指标,结合所属单位(部门)关键业务流程,按照上下结合、分级编制、逐级分解的程序,在沟通反馈的基础上,设定所属单位(部门)级关键绩效指标。

(二) 关键绩效指标的分类

企业的关键绩效指标一般可分为结果类和动因类两类指标。

结果类指标是反映企业绩效的价值指标,主要包括投资回报率、净资产收益率、经济增加值、息税前利润、自由现金流等;动因类指标是反映企业价值关键驱动因素的指标,主要包括资本性支出、单位生产成本、产量、销量、客户满意度、员工满意度等。

(三) 指标选取的要求

关键绩效指标应含义明确、可度量、与战略目标高度相关。指标的数量不宜过多,每一层级的关键绩效指标一般不超过 10 个。

关键绩效指标的设计应符合 SMART 原则,如图 7-3 所示。

关键绩效指标选取的方法主要包括关键成果领域分析法、组织功能分解法和工作流程分解法。关键成果领域分析法是基于对企业价值创造模式的分析,确定企业的关键成果领域,并在此基础上进一步识别关键成功要素,确定关键绩效指标的方法。组织功能分解法是

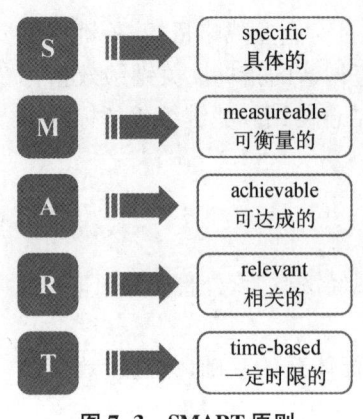

图7-3 SMART原则

基于组织功能定位,按照各所属单位(部门)对企业总目标所承担的职责,逐级分解和确定关键绩效指标的方法。工作流程分解法是按照工作流程各环节对企业价值的贡献程度,识别出关键业务流程,将企业总目标层层分解至关键业务流程相关所属单位(部门)或岗位(员工),确定关键绩效指标的方法。

关键绩效指标的权重分配应以企业战略目标为导向,反映被评价对象对企业价值的贡献或支持的程度,以及各指标之间的重要性水平。单项关键绩效指标权重一般设定在5%~30%,对特别重要的指标可适当提高权重。对特别关键、影响企业整体价值的指标可设立"一票否决"制度,即如果某项关键绩效指标未完成,无论其他指标是否完成,均视为未完成绩效目标。

(四)绩效指标目标值

1. 目标值标准

企业确定关键绩效指标目标值,一般参考以下标准:

(1)依据国家有关部门或权威机构发布的行业标准或参考竞争对手标准。

(2)参照企业内部标准,包括企业战略目标、年度生产经营计划目标、年度预算目标、历年指标水平等。

(3)根据企业历史经验值确定。

2. 确定目标值的后续工作

关键绩效指标的目标值确定后,应规定因内外部环境发生重大变化、自然灾害等不可抗力因素对绩效完成结果产生重大影响时,对目标值进行调整的办法和程序。一般情况下,由被评价对象或评价主体测算确定影响额度,向相应的绩效管理工作机构提出调整申请,报薪酬与考核委员会或类似机构审批。

【例7-7】 红河股份有限公司(简称红河股份)主要从事娱乐和电子数码行业。目前,红河股份旗下控股多家公司,涉及娱乐、电子、文化、通信等领域;同时,红河股份通过入股保险公司等稳健的实业投资,增强了企业的抗风险能力,实现了稳定发展。2018年,由于电子数码市场整体不景气,导致红河股份盈利能力急剧下降。2019年,经过董事会研究决定,红河股份转变经营策略,在努力求稳健的同时涉足医药健康领域。目前该公司选取了总资产收益率、净资产收益率、每股收益、营业增长率、总资产增长率作为KPI指标,近几年的数据如表7-8所示。

表7-8 红河股份部分指标数据

指标	2019年	2020年	2021年
总资产收益率	10%	5.8%	4%
净资产收益率	20.61%	6.19%	4.71%
每股收益	0.876	0.183	0.133
营业增长率	96.06%	-9.14%	3%
总资产增长率	30%	4.95%	9.02%

要求:

(1)根据提供的资料,用关键指标绩效法分别分析红河股份的指标数据。

（2）得出该公司简要的财务绩效结论。

具体分析如下：

（1）净资产收益率、总资产收益率和每股收益等指标主要用于评价企业盈利能力和资本增值能力。由题目可看出，该企业的盈利能力和资本增值能力在逐渐下降。建议进一步压缩成本，改变营销策略，提高整体收入水平。

（2）营业增长率指标是用来衡量企业成长性的，由题目得出，该公司在现有业务领域的成长性在逐渐衰退，建议改变经营策略，开辟新的成长级。

【做中学7-5】 某公司2022年资产负债表的部分项目及其比例见表7-9。

表7-9 某公司2022年资产负债表　　　　　　　　　　　　　　　单位：万元

资产	期末余额	上年年末余额	负债和所有者权益	期末余额	上年年末余额
流动资产			流动负债		
货币资金	13 927	62%	应付账款	759	3%
应收账款	1 460	7%	应付职工薪酬	359	2%
其他	502	2%	应交税费	915	4%
流动资产总额	15 889	71%	预收账款	2 888	13%
			其他	809	4%
			流动负债合计	5 730	26%
			所有者权益		
			优先股	980	4%
固定资产	1 505	7%	普通股	8 025	36%
长期投资	4 703	21%	留存收益	7 622	34%
其他资产	260	1%	所有者权益总额	16 627	74%
资产	22 357	100%	负债和所有者权益总额	22 357	100%

要求：

根据某公司2022年资产负债表的同比数据，用关键指标绩效法能够得出怎样有用的信息？

四、对关键绩效指标法的评价

（一）关键绩效指标法的优点

一是使企业业绩评价与战略目标密切相关，有利于战略目标的实现；二是通过识别的价值创造模式把握关键价值驱动因素，能够更有效地实现企业价值增值目标；三是评价指标数量相对较少，易于理解和使用，实施成本相对较低，有利于推广实施。

（二）关键绩效指标法的缺点

关键绩效指标的选取需要透彻理解企业价值创造模式和战略目标，有效识别核心业务流程和关键价值驱动因素，若指标体系设计不当，将导致价值导向错误或管理缺失。

小思考

关键绩效指标法和平衡计分卡如何结合运用？

知识链接　　关键绩效指标法的关键不同点

关键绩效指标法与其他业绩评价方法的关键差异是制定和实施以关键绩效指标为核心的绩效计划。

制定绩效计划包括构建关键绩效指标体系、分配指标权重、确定绩效目标值。

本章小结

```
                               ┌─ 绩效管理的概念
                               ├─ 绩效管理的原则 ─┬─ 战略导向原则
                               │                 ├─ 客观公正原则
                               │                 ├─ 规范统一原则
              ┌─ 绩效管理概述 ─┤                 └─ 科学有效原则
              │                │
              │                ├─ 绩效管理的应用环境
              │                │
              │                └─ 绩效管理的应用程序 ─┬─ 绩效计划与激励计划的制订
              │                                       ├─ 绩效计划与激励计划的执行
              │                                       ├─ 绩效评价与激励的实施
              │                                       └─ 绩效评价与激励管理报告
              │
              │                ┌─ 平衡计分卡的概念
              │                ├─ 平衡计分卡的应用前提
              │                │
              │                │                      ┌─ 一般程序
              │                │                      ├─ 平衡计分卡的指标体系
              │                │                      │                        ┌─ 短期目标与长期目标的平衡
              │                │                      │      ┌─ 平衡计分卡 ────┤
              │                │                      │      │   的四个平衡    ├─ 财务指标与非财务指标的平衡
              │                │                      │      │                 ├─ 结果性指标与动因性指标的平衡
              │                │                      │      │                 └─ 内部指标与外部指标的平衡
绩效管理 ─────┼─ 平衡计分卡 ───┤                      ├─ 平衡计分卡的四个平衡和四个维度
              │                │   平衡计分卡的应用程序│      │                 ┌─ 财务维度
              │                │                      │      │   平衡计分卡 ───┤  客户维度
              │                │                      │      └─  的四个维度    ├─ 内部业务流程维度
              │                │                      │                        └─ 学习与成长维度
              │                │                      ├─ 平衡计分卡的指标
              │                │                      ├─ 平衡计分卡的目标值
              │                │                      └─ 平衡计分卡绩效计划与激励计划
              │                │
              │                └─ 对平衡计分卡的评价
              │
              │                ┌─ 关键绩效指标法的概念
              │                ├─ 关键绩效指标法的应用前提
              │                │
              │                │                         ┌─ 一般程序
              │                │                         ├─ 关键绩效指标的分类 ─┬─ 结果类
              │                │                         │                       └─ 动因类
              └─ 关键绩效指标法┤  关键绩效指标法的应用程序│                                      ┌─ S 具体的
                               │                         ├─ 指标选取的要求 ── SMART原则 ───────┤  M 可衡量的
                               │                         │                                      ├─ A 可达成的
                               │                         │                                      ├─ R 相关的
                               │                         │                                      └─ T 一定时限的
                               │                         └─ 绩效指标目标值
                               │
                               └─ 对关键绩效指标法的评价
```

岗位·1+X证书·职称考试训练

一、单选题

1. 绩效评价计分方法可分为定量法和(　　)。
   A. 定性法　　　B. 定额法　　　C. 定值法　　　D. 定标法
2. 绩效评价周期一般可分为月度、季度、半年度、年度和(　　)。
   A. 每旬　　　　B. 任期　　　　C. 2年　　　　D. 5年
3. 薪酬激励计划按期限可分为短期薪酬激励计划和中长期薪酬激励计划。短期薪酬激励计划主要包括绩效工资、绩效奖金和(　　)等。
   A. 绩效福利　　B. 股票期权　　C. 限制性股票　D. 虚拟股票
4. 企业的关键绩效指标一般可分为结果类和(　　)两类指标。
   A. 过程类　　　B. 动因类　　　C. 要素类　　　D. 前提类
5. 关键绩效指标的设计要符合SMART原则,其中的S是指(　　)。
   A. 指标必须是具体的,以保证其具有明确的牵引性
   B. 指标必须是可衡量的,即必须有明确的衡量指标
   C. 指标必须是可以达成的,不能因为指标的无法达成而使员工遭受挫折
   D. 指标必须是相关的,它必须与公司的战略目标、部门任务及职位职责相联系
6. 关键绩效指标的权重分配应以企业战略目标为导向,反映被评价对象对企业价值支持的程度,以及各指标之间的(　　)水平。
   A. 重要性　　　B. 关联性　　　C. 目标性　　　D. 分析性
7. 平衡计分卡中为股东和客户设的指标是(　　)。
   A. 财务指标　　B. 非财务指标　C. 内部指标　　D. 外部指标
8. 在战略地图中,财务层面先要达成的目标是(　　)。
   A. 长短期矛盾的战略平衡　　　　B. 满足客户的价值需求
   C. 提升内部流程的运营能力　　　D. 提高无形资产战略准备度
9. 平衡计分卡指标体系构建时,属于核心维度的是(　　)。
   A. 客户维度　　　　　　　　　　B. 内部流程维度
   C. 财务维度　　　　　　　　　　D. 学习与成长维度
10. 平衡计分卡的优点是(　　)。
    A. 业绩评价更为全面完整　　　　B. 实施成本高
    C. 对信息系统要求高　　　　　　D. 对管理能力要求高

二、多选题

1. 企业进行绩效管理,一般应遵循(　　)。
   A. 战略导向原则　B. 客观公正原则　C. 规范统一原则　D. 科学有效原则

2. 激励计划是企业为激励被评价对象而采取的行动方案,包括(　　)等内容。
   A. 激励对象　　　B. 激励形式　　　C. 激励周期　　　D. 激励条件
3. 绩效评价过程及结果应有完整的记录,结果应得到评价主体和被评价对象的确认,并进行公开发布或非公开告知。公开发布的主要方式有(　　)等。
   A. 召开绩效发布会　　　　　　　B. 企业网站绩效公示
   C. 面板绩效公告　　　　　　　　D. 一对一书面
4. 动因类指标是反映企业价值关键驱动因素的指标,主要包括(　　)等。
   A. 资本性支出　　　　　　　　　B. 单位生产成本
   C. 经济增加值　　　　　　　　　D. 息税前利润
5. 关键绩效指标选取的方法主要有(　　)。
   A. 关键成果领域分析法　　　　　B. 组织功能分解法
   C. 工作流程分解法　　　　　　　D. 经济增加值法
6. 关键绩效指标应(　　)。
   A. 含义明确　　　　　　　　　　B. 可度量
   C. 与战略目标高度相关　　　　　D. 可计划
7. 企业应用关键绩效指标法,一般按照(　　)程序进行。
   A. 制订以关键绩效指标为核心的绩效计划
   B. 制订激励计划
   C. 执行绩效计划与激励计划
   D. 实施绩效评价与激励
8. 下列各项中,属于财务绩效指标的有(　　)。
   A. 净资产收益率　　　　　　　　B. 经济增加值
   C. 总资产周转率　　　　　　　　D. 存货周转率
9. 平衡计分卡指标体系所包含的平衡有(　　)。
   A. 短期目标与长期目标的平衡　　B. 财务指标与非财务指标的平衡
   C. 定期指标与非定期指标之间的平衡　D. 内部利益与外部利益的平衡
10. 确定绩效目标值可参考的标准有(　　)。
    A. 预算标准　　　B. 历史标准　　　C. 行业标准　　　D. 标杆标准

三、判断题

1. 绩效管理的核心是绩效评价和激励计划。(　　)
2. 企业应根据自身战略目标、业务特点和管理需要,选择适合的绩效管理工具方法。(　　)
3. 企业应建立有助于绩效管理实施的信息系统,为绩效管理工作提供信息支持。(　　)
4. 关键绩效指标法可单独使用,也可与经济增加值法、平衡计分卡等其他方法结合使用。(　　)
5. 关键绩效指标的目标值确定后,即使因内外部环境发生重大变化、自然灾害等不可抗力因素对绩效完成结果产生重大影响,也不能对目标值进行调整。(　　)
6. 组织功能分解法,是基于组织功能定位,按照各所属单位(部门)对企业总目标所承担的

职责,逐级分解和确定关键绩效指标的方法。 （ ）
7. 绩效管理应为企业实现战略目标服务,如果没有战略目标作为基础,绩效管理体系就没有了依托。 （ ）
8. 平衡计分卡绩效目标值确定后,不得随意调整。 （ ）
9. 审批后的绩效计划与激励计划,可以以正式文件的形式下达执行,也可以以口头的形式下达执行。 （ ）
10. 企业只能采用正向激励,不能采用负向激励。 （ ）

四、计算题

1. 某企业部分财务数据如表 7-10 所示。

表 7-10　流动资产周转速度指标材料　　　　　　　　单位:万元

项目	上年	本年
营业收入		31 420
营业成本		21 994
流动资产合计	13 250	13 846
其中:存货	6 312	6 148
应收账款	3 548	3 216

要求:
(1) 计算流动资产周转速度指标。
(2) 计算存货周转速度指标。
(3) 计算应收账款周转速度指标。

2. 大华公司流动资产由速动资产和存货构成,年初存货为 170 万元,年初应收账款为 150 万元,年末流动比率为 2,年末速动比率为 1,存货周转率为 4 次,年末流动资产余额为 300 万元。

要求:
(1) 计算该公司流动负债年末余额。
(2) 计算该公司存货年年末余额和年平均余额。
(3) 计算该公司本年营业成本。
(4) 假定本年赊销净额为 1 080 万元,应收账款以外的其他速动资产忽略不计,计算该公司应收账款周转天数。

3. 在分析短期偿债能力时,企业计算的存货周转次数为 5;在评价存货管理业绩时,企业计算的存货周转次数为 4。

要求:已知销售毛利为 1 000 万元,计算该企业的营业收入。

4. 某企业 2020 年的总资产周转次数为 2 次,非流动资产周转次数为 3 次。假设一年有 360 天。

要求:计算流动资产周转次数。

5. 表 7-11 为 2020 年年末资产负债表的主要项目。

表 7-11　2020 年年末资产负债表的主要项目　　　　　　　　单位：万元

流动资产	700	流动负债	300
非流动资产	1 300	非流动负债	740
		负债合计	1 040
资产总计	2 000	所有者权益	960
		负债和权益总计	2 000

要求：计算下列财务指标：资产负债率、产权比率和权益乘数。

五、综合题

凯帝公司是一家上市公司，管理层要求财务部门对公司的财务状况和经营成本进行业绩评价。财务部门根据公司 2020 年和 2019 年的年报整理出用于评价的部分财务数据，如表 7-12 所示。

表 7-12　凯帝公司部分财务数据　　　　　　　　单位：万元

资产负债表项目	2020 年期末余额	2019 年期末余额
应收账款	65 000	55 000
流动资产合计	200 000	220 000
流动负债合计	120 000	110 000
负债合计	300 000	300 000
资产总计	800 000	700 000
利润表项目		
营业收入	420 000	400 000
净利润	67 500	55 000

要求：

(1) 计算 2020 年年末的下列财务指标：营运资金和权益乘数。

(2) 若公司管理层预期的权益乘数是 1.5，请评价公司财务状况，并提出改进建议。

(3) 计算 2020 年度的下列财务指标：应收账款周转率、净资产收益率和资本保值增值率。

(4) 若公司管理层预期的资本保值增值率为 100%，请评价公司的相关状况。

六、1＋X 证书训练

任务目标

1. 根据任务背景计算总经理绩效的目标值、实际值、完成率、指标得分和绩效分数。

2. 计算的所有过程和最终结果都四舍五入保留两位小数，如 12.333 445 四舍五入保留两位小数为 12.33；百分数先四舍五入两位小数，再用百分数表示，如 0.116 255 四舍五入保留两位小数为 0.12，用百分数表示为 12%。

3. 权重栏填写百分比,如 12%。
4. 若填写过程中没有保留两位小数,系统将自动保留两位小数。

任务背景

为提升总经理的工作绩效管理,提高公司的整体运营效率,促进公司稳定、快速、高效、健康发展,通过对总经理的工作业绩进行客观评价,如表 7-13 所示,根据总经理的绩效分数给予相应的奖励,激励总经理努力改善工作绩效,提高自身能力,提高管理水平。

表 7-13 总经理绩效考核说明表　　　　　　　　　　　　单位:元

指标	指标性质	层级	权重	计分方法
销售收入	关键指标	公司层级	20%	1. 完成率计算
				完成率=实际值÷目标值×100%
				2. 完成率对应分数
				完成率≥95%,100 分;
				95%>完成率≥90%,90 分;
净利润	关键指标	公司层级	20%	90%>完成率≥80%,80 分;
成本费用利润率	关键指标	公司层级	20%	80%>完成率≥70%,70 分;
总资产收益率	关键指标	公司层级	20%	70%>完成率≥60%,60 分;
净资产收益率	关键指标	公司层级	20%	完成率不足 60%,0 分。

任务要求

1. 根据任务背景计算总经理绩效的目标值、实际值、完成率、指标得分和绩效分数,如表 7-14 所示。

2. 计算的所有过程和最终结果都四舍五入保留两位小数,如 12.333 445 四舍五入保留两位小数为 12.33;百分数先四舍五入两位小数,再用百分数表示,如 0.116 255 四舍五入保留两位小数为 0.12,用百分数表示为 12%。

3. "权重""完成率""成本费用利润率""总资产收益率""净资产收益率"栏填写百分比,如 12%。

4. 若填写过程中没有保留两位小数,系统将自动保留两位小数。

表 7-14 总经理绩效评价　　　　　　　　　　　　单位:元

指标	权重	目标值	实际值	完成率	指标得分	绩效分数
销售收入						
净利润						
成本费用利润率						
总资产收益率						
净资产收益率						

技能过关

绩效管理岗位资源1：绩效管理制度

一、绩效管理的意义

快递服务业于20世纪70年代末期进入我国。作为先进的邮寄、运输服务方式，快递服务在促进经济发展、增加就业、满足商家和消费者递送、邮寄需求等方面发挥了重要作用。伴随我国经济的持续发展、对外贸易的增长，快递服务与互联网信息技术紧密结合，已经成为电子商务、常规邮寄配送的一个重要组成部分。快递邮寄速度快、覆盖面积广、费用相对低廉，受到了社会各级用户的普遍欢迎。目前全球快递服务业发展迅猛，已经成为经济快速发展过程中的重要一环。

随着经济发展突飞猛进，中国快递行业也发展迅速，逐渐从无到有、从小到大。自1984年4月美国Fed Ex登陆中国后，国际快递巨头纷至沓来。美国联合包裹服务公司(简称UPS)、德国敦豪(简称DHL)、荷兰天地(简称TNT)都与中国最大的货运代理公司中国对外贸易运输(集团)公司(简称中外运)成立了合资企业，抢滩中国市场。2005年年底中国物流业全面对外开放后，国际快递巨头通过独资、并购、加盟等方式加速发展。以EMS为代表的国有快递企业虽然在激烈的市场竞争中市场份额逐渐减少，但仍依靠遍布城乡的投递网络和雄厚的资金实力，占据强大优势。与此同时，民营快递企业在逆境中求生，从1993年至今，其已经历了从急速扩张到重新洗牌的过程，市场格局发生了巨大变化。2011年，国家邮政局在《关于快递企业兼并重组的指导意见》中称，通过兼并重组，快递产业集中度明显提高，培育出一批年收入超百亿、具有较强国际竞争力的大型快递企业。这意味着快递企业进入了一个新的战略发展期，要想在激烈的竞争中立于不败之地，优秀的快递企业应向战略型组织靠拢，制定科学、合理的发展战略，并全面、有力地执行，从而真正改善内部运营，提高服务效率和质量，最终提升经营效益。公司发展速度之快，在激烈的市场竞争中，企业管理面临的严峻挑战是如何将战略变为行动。如果企业制定了战略，却没有有力执行，战略将只是一堆文件被束之高阁。如何切实有效地将公司战略分解为部门战略、个人目标，如何消除战略执行中高层管理人员的认知障碍、管理者与员工的沟通障碍、绩效管理障碍和组织的资源障碍，并对战略执行结果进行全面、科学、合理的评价和反馈等，成为值得关注的问题。

随着平衡计分卡的出现及其在许多公司的成功运用，企业领导者有了全面管理的工具，可以在统筹战略、人员、流程和执行这四个关键因素上做到有的放矢，使抽象的战略概念清晰化、可视化。公司应通过平衡计分卡的平衡理念，使人员考核和评估这种传统的绩效管理工具逐渐转变为有效实施企业战略的工具。

二、绩效管理存在的问题及原因

1. 单纯使用财务绩效评价体系存在缺陷

公司目前采用的是仅以财务数据为中心的财务绩效评价体系，许多对企业管理产生重大影响的非财务因素没能在报告中反映出来。历史的会计数据可以对过去企业经营业绩进行评价和总结，是相对静态的、滞后的，难以协调企业当前与长期战略目标。

2. 管理层对战略管理的认识有待提高

随着公司逐渐发展壮大,管理层对战略管理的认识还有待深化提高;中高层管理者也不够重视战略如何落地执行。

3. 缺乏合适的绩效评价方法,导致绩效目标设定不合理

为了完成年度业绩目标,公司管理层容易将资源和人力投入短期见效快且投入产出比较高的项目上,非财务指标诸如客户满意度、服务质量、运作效率提升等很难被量化考核,考核的内容就相对集中到制定和获取都较为容易的财务指标上。选取关键绩效指标时,仅凭简单的岗位职责分析,会造成指标选取不当,反而容易产生部门冲突,引发员工不满。

4. 缺乏合适的组织结构和战略管理制度

若想让绩效管理在企业中全面落地生根,应对绩效管理的每一个环节都作出详细的规定,特别是应该设置绩效实施的领导机构和执行机构。而目前公司没有专门的公司绩效管理机构和制度,财务预算由财务管理中心制定,绩效计划由行政管理中心主导,绩效实施由各个中心分别采取行动,在整体上缺乏协调与沟通,也没有形成固定的会议回顾制度。公司的绩效管理没有形成一个完整的 PDCA 循环。

三、公司引入平衡计分卡体系的原因

1. 强化战略管理的需要

当前,快递行业的经营环境发生了很大变化,监管要求越来越严格,市场和客户需求也发生了重大变化。公司要想在行业竞争中脱颖而出,就必须培养核心能力,而平衡计分卡绩效管理正是帮助公司强化战略管理的强有力工具。根据平衡计分卡理论的核心,"平衡"思想通过4个方面的指标设置,平衡了长期目标与短期目标、内部与外部之间、过程与结果之间、财务指标与非财务指标之间的关系,提高了企业整体战略执行能力,使经营、客户服务、内部运营、员工素质的提高与财务业绩联系起来,有效避免了企业发展中的短视行为。

2. 持续、全面、健康发展的需要

传统的绩效评价体系已经无法满足现代企业管理的需要。人力资本、信息资本、组织资本等无形资产对企业发展的作用日益重要。在建立企业的绩效管理体系时,除了财务指标外,企业还要关注非财务指标,尤其是内部流程中的那些驱动性指标,建立以战略为导向的平衡计分卡绩效体系。在新形势下,制定长远战略规划并引入 BSC 确保战略执行效果,是企业持续、全面、健康发展的必然选择。

四、实施平衡计分卡遵循的原则

国外已经有许多企业应用平衡计分卡的成功案例,但是由于国情和商业环境的不同,以及社会和文化环境的差异,国外企业的最佳实践不能完全照搬到中国企业。因此,应在深刻理解平衡计分卡的原理及核心理念的基础上,结合自身实际情况,有效推动企业战略的落地执行,从而提升企业的竞争力。

平衡计分卡绩效指标的设计要遵循以下设计原则:

(1) 以战略为导向的原则:在建立平衡计分卡体系之前,首先要清楚公司的战略目标是什么,应该为客户创造什么样的独特价值,谋取何种竞争优势。选取的 KPI 要能很好地体现公司的战略意图。

(2) 系统化原则:公司编制平衡计分卡指标体系时,应与全面预算管理、流程优化再造、作业成本管理、岗位设置优化等结合,各个层面的指标之间应有内在的逻辑关系。另外,在进行分层绩效管理时,应由公司整体的战略目标逐级向下分解为部门级、岗位级的绩效指

标,以保证各层级的绩效计划都融入一个系统框架。

（3）突出重点原则：在构建 BSC 关键绩效指标时，要重点突出，避免面面俱到。要尽量关注那些对实现企业价值贡献度大、与部门及岗位职责联系紧密的关键指标，从而使得经理人能够将优势资源和主要精力集中到需要重点解决的问题上，提高管理效率。

（4）可实现性与挑战性相结合的原则：在编制 BSC 绩效指标体系时，所设定的各项目标值应该是可以实现的，但也不能为了提高考核分数而把标准定得较低，这样不利于调动团队的积极性和潜能；应该具有一定的挑战性，应为在公司当前实际情况下，通过各种管理手段能够达到的目标。

（5）充分沟通原则：平衡计分卡构建和实施的过程，其实也是管理者与员工围绕公司战略进行充分沟通的一个过程。战略执行过程离不开员工的参与，在目标制定和分解的过程中，也应让绩效责任人、管理者都参与进来，也使平衡计分卡的制定过程更加科学合理。

五、各层面的战略目标

在差异化战略的指导下，可根据企业内部优势与劣势、外部机会与威胁的分析，结合平衡计分卡的四个角度，确定公司战略目标。

1. 财务角度

财务战略目标是要实现企业价值的持续增长。一方面，通过提高销售收入，尤其是新客户收入占总销售总额的比重，来实现收入的增长；另一方面，通过控制成本、提高资产利用率来提高生产率。

2. 客户角度

通过向客户提供安全、快捷、便利、专业的快递服务，提高客户的满意度和客户忠诚度，让客户在同等的价格水平下能享受到不同的服务品质。这也都有利于增加销售收入，为财务目标的达成提供支撑。

3. 内部流程

通过改善运营管理流程、创新流程、可持续发展流程，可降低成本并创造价值：

（1）运营管理流程：公司目前所出现的快递延误、损毁、丢失等情况，往往都是由经营管理和业务员操作不规范等因素导致的。通过学习国际快递企业的先进管理方法，加强内部管理，推进生产服务流程的规范化、标准化，可有效降低货物延误率和破损率，实现服务质量的显著提升。

（2）客户管理流程：通过实施销售过程管理，提高销售人员的业务能力，拓展客户渠道；关注市场变化与新形势，注重创新，及时发现客户的潜在需求，发现服务客户的新机会。

（3）创新流程：持续关注客户需求和市场机会，不断提高改善服务，在快递产品种类、服务方式、操作流程等方面加强创新，开发新的利润增长点。通过在快递服务功能上的延伸，实现在细分市场的突破，避免过度同质化而产生恶性竞争。

4. 学习与成长

在这一层面，公司主要将在人力资本、信息资本、组织资本方面提升软实力：这些无形资本是企业实现战略目标所需的特殊能力。

（1）人力资本：重视公司的人力资源投入，聘用专业人力资源管理人员，加强岗位员工技能培训，提高团队的综合素质。

（2）信息资本：不断加强和完善公司信息化建设，满足公司新的业务发展对 MIS 系统的要求,提升快件处理的准确性和生产效率;增加信息设备方面的投入,设计开发 CRM 客户关系管理系统;完善维护 OA 系统,为公司的财务、销售、运营、客服等方面提供有力的 IT 保障。

(3) 组织资本:巩固完善综合管理体系,改善公司组织结构,以适应新环境、新管理方式;打通企业内部上下级的沟通反馈渠道,加强企业文化建设,建立适合平衡计分卡项目推行的文化氛围,提高员工对企业文化的认同度。

六、绩效管理及评价

绩效管理工作机构应定期或根据需要编制绩效评价与激励管理报告,对绩效评价和激励管理的结果进行反映。绩效评价与激励管理报告是企业管理会计报告的重要组成部分,应确保内容真实、数据可靠、分析客观、结论清楚,为报告使用者提供满足决策所需的信息。

绩效评价报告根据评价结果编制,反映被评价对象的绩效计划完成情况,通常由报告正文和附件构成。报告正文主要包括以下两部分:

(1) 评价情况说明,包括评价对象、评价依据、评价过程、评价结果、需要说明的重大事项等。

(2) 管理建议。

报告附件包括评价计分表、问卷调查结果分析、专家咨询意见等报告正文的支持性文档。激励管理报告根据激励计划的执行结果编制,反映被评价对象的激励计划实施情况。激励管理报告主要包括以下两部分:

(1) 激励情况说明,包括激励对象、激励依据、激励措施、激励执行结果、需要说明的重大事项等。

(2) 管理建议。其他有关支持性文档可以根据需要,以附件形式提供。

绩效评价与激励管理报告可分为定期报告、不定期报告。

(1) 定期报告主要反映一定期间被评价对象的绩效评价与激励管理情况。每个会计年度至少出具一份定期报告。

(2) 不定期报告根据需要编制,反映部分特殊事项或特定项目的绩效评价与激励管理情况。绩效评价与激励管理报告应根据需要,及时报送薪酬与考核委员会或类似机构审批。

企业应定期通过回顾和分析,检查和评估绩效评价与激励管理的实施效果,不断优化绩效计划和激励计划,改进未来绩效管理工作。

七、管理会计报告

(一) 管理会计报告概述

为了指导企业管理会计报告的编制、审批、报送、使用等,根据《管理会计基本指引》,制定本指引。

企业管理会计报告,是指企业运用管理会计方法,根据财务和业务的基础信息加工整理形成的,满足企业价值管理和决策支持需要的内部报告。

企业管理会计报告的目标是为企业各层级进行规划、决策、控制和评价等管理活动提供有用信息。

企业应建立管理会计报告组织体系,根据需要设置管理会计报告相关岗位,明确岗位职责。企业各部门都应履行提供管理会计报告所需信息的责任。

企业管理会计报告的形式要件包括报告的名称、报告期间或时间、报告对象、报告内容以及报告人等。

企业管理会计报告的对象是对管理会计信息有需求的各个层级、各个环节的管理者。

企业可根据管理的需要和管理会计活动的性质设定报告期间。一般应以日历期间（月度、季度、年度）作为企业管理会计报告期间，也可根据特定需要设定企业管理会计报告期间。

企业管理会计报告的内容应根据管理需要和报告目标而定，易于理解并具有一定灵活性。

企业管理会计报告的编制、审批、报送、使用等应与企业组织架构相适应。

企业管理会计报告体系应根据管理活动全过程进行设计，在管理活动各环节形成基于因果关系链的结果报告和原因报告。

企业管理会计报告体系可按照多种标准进行分类，包括但不限于：

（1）按照企业管理会计报告使用者所处的管理层级，可分为战略层管理会计报告、经营层管理会计报告和业务层管理会计报告。

（2）按照企业管理会计报告内容，可分为综合企业管理会计报告和专项企业管理会计报告。

（3）按照管理会计功能，可分为管理规划报告、管理决策报告、管理控制报告和管理评价报告。

（4）按照责任中心，可分为投资中心报告、利润中心报告和成本中心报告。

（5）按照报告主体整体性程度，可分为整体报告和分部报告。

（二）战略层管理会计报告

战略层管理会计报告是为战略层开展战略规划、决策、控制和评价以及其他方面的管理活动提供相关信息的对内报告。战略层管理会计报告的报告对象是企业的战略层，包括股东大会、董事会和监事会等。

战略层管理会计报告包括但不仅限于战略管理报告、综合业绩报告、价值创造报告、经营分析报告、风险分析报告、重大事项报告、例外事项报告等。这些报告可独立提交，也可根据不同需要整合后提交。

战略管理报告的内容一般包括内外部环境分析、战略选择与目标设定、战略执行及其结果，以及战略评价等。

综合业绩报告的内容一般包括关键绩效指标预算及其执行结果、差异分析以及其他重大绩效事项等。

价值创造报告的内容一般包括价值创造目标、价值驱动的财务因素与非财务因素、内部各业务单元的资源占用与价值贡献，以及提升公司价值的措施等。

经营分析报告的内容一般包括过去经营决策执行情况回顾、本期经营目标执行的差异及其原因、影响未来经营状况的内外部环境与主要风险分析、下一期的经营目标及管理措施等。

风险分析报告的内容一般包括企业全面风险管理工作回顾、内外部风险因素分析、主要风险识别与评估、风险管理工作计划等。

重大事项报告是针对企业的重大投资项目、重大资本运作、重大融资、重大担保事项、关联交易等事项进行的报告。

例外事项报告是针对企业发生的管理层变更、股权变更、安全事故、自然灾害等偶发性事项进行的报告。

战略层管理会计报告应精练、简洁、易于理解，报告主要结果、主要原因，并提出具体的建议。

(三)经营层管理会计报告

经营层管理会计报告是为经营管理层开展与经营管理目标相关的管理活动提供相关信息的对内报告。经营层管理会计报告的报告对象是经营管理层。

经营层管理会计报告主要包括全面预算管理报告、投资分析报告、项目可行性报告、融资分析报告、盈利分析报告、资金管理报告、成本管理报告、绩效评价报告等。

全面预算管理报告的内容一般包括预算目标制定与分解、预算执行差异分析以及预算考评等。

投资分析报告的内容一般包括投资对象、投资额度、投资结构、投资进度、投资效益、投资风险和投资管理建议等。

项目可行性报告的内容一般包括项目概况、市场预测、产品方案与生产规模、厂址选择、工艺与组织方案设计、财务评价、项目风险分析，以及项目可行性研究结论与建议等。

融资分析报告的内容一般包括融资需求测算、融资渠道与融资方式分析及选择、资本成本、融资程序、融资风险及其应对措施和融资管理建议等。

盈利分析报告的内容一般包括盈利目标及其实现程度、利润的构成及其变动趋势、影响利润的主要因素及其变化情况，以及提高盈利能力的具体措施等。企业还应对收入和成本进行深入分析。盈利分析报告可基于企业集团、单个企业，也可基于责任中心、产品、区域、客户等进行。

资金管理报告的内容一般包括资金管理目标、主要流动资金项目如现金、应收票据、应收账款、存货的管理状况、资金管理存在的问题以及解决措施等。企业集团资金管理报告的内容一般还包括资金管理模式（集中管理还是分散管理）、资金集中方式、资金集中程度、内部资金往来等。

成本管理报告的内容一般包括成本预算、实际成本及其差异分析，成本差异形成的原因以及改进措施等。

业绩评价报告的内容一般包括绩效目标、关键绩效指标、实际执行结果、差异分析、考评结果，以及相关建议等。

经营层管理会计报告应做到内容完整、分析深入。

(四)企业管理会计报告的流程

企业管理会计报告流程包括报告的编制、审批、报送、使用、评价等环节。

企业管理会计报告由管理会计信息归集、处理并报送的责任部门编制。

企业应根据报告的内容、重要性和报告对象等，确定不同的审批流程。经审批后的报告方可报出。

企业应合理设计报告报送路径，确保企业管理会计报告及时、有效地送达报告对象。企业管理会计报告可以根据报告性质、管理需要进行逐级报送或直接报送。

企业应建立管理会计报告使用的授权制度，报告使用人应在权限范围内使用企业管理会计报告。

企业应对管理会计报告的质量、传递的及时性、保密情况等进行评价,并将评价结果与绩效考核挂钩。

企业应当充分利用信息技术,强化管理会计报告及相关信息集成和共享,将管理会计报告的编制、审批、报送和使用等纳入企业统一信息平台。

企业应定期根据管理会计报告使用效果以及内外部环境变化,对管理会计报告体系、内容及编制、审批、报送、使用等进行优化。

企业管理会计报告属内部报告,应在允许的范围内传递和使用。相关人员应遵守保密规定。

绩效管理岗位资源2:指标计算公式列示

具体见表7-15。

表7-15 指标计算公式

指标名称	目标值	实际值
净利润增长率	(本期目标净利润－上期实际净利润)÷上期实际净利润×100%	(本期实际净利润－上期实际净利润)÷上期实际净利润×100%
总资产周转率	本期目标收入÷[(期初实际总资产＋期末预计总资产)÷2]	本期实际收入÷[(期初实际总资产＋期末实际总资产)÷2]
净利润	预算净利润	实际净利润
净资产收益率	本期目标净利润÷[(期初净资产＋期末预计净资产)÷2]×100%	本期实际净利润÷[(期初净资产＋期末净资产)÷2]×100%
收入完成率	本期目标收入÷本期目标收入×100%	本期实际收入÷本期目标收入×100%
净利润完成率	本期目标净利润÷本期目标净利润×100%	本期实际净利润÷本期目标净利润×100%
客户满意度	目标满意客户÷全部目标客户×100%	实际满意客户÷实际全部客户×100%
订单完成率	本期目标订单量÷本期目标订单量×100%	本期实际订单量÷本期目标订单量×100%
订单增长率	(本期目标订单量－上期实际订单量)÷上期实际订单量×100%	(本期实际订单量－上期实际订单量)÷上期实际订单量×100%
市场份额	目标收入÷预计行业整体收入×100%	实际收入÷实际行业整体收入×100%
单位营业成本	目标营业成本÷目标单量	实际营业成本÷实际单量
送达准时率	预计及时送单订单÷预计全部订单×100%	实际及时送单订单÷实际全部订单×100%
送达准确率	预计准确送达单订单÷预计全部订单×100%	实际准确送达单订单÷实际全部订单×100%
培训计划完成率	预计完成培训计划员工÷预计全部参与培训员工×100%	实际完成培训计划员工÷实际全部参与培训员工×100%

（续表）

指标名称	目标值	实际值
员工满意度	预计满意员工÷预计调查员工×100%	实际满意员工÷实际调查员工×100%
员工保持率	预计工作满一年未离职员工÷预计工作满一年总员工数×100%	实际工作满一年未离职员工÷实际工作满一年总员工数×100%
总资产净利率	本期目标净利润÷[(期初实际总资产＋期末预计总资产)÷2]×100%	本期实际净利润÷[(期初实际总资产＋期末实际总资产)÷2]×100%
销售毛利率	(本期目标收入－本期目标营业成本)÷本期目标收入×100%	(本期实际收入－本期实际营业成本)÷本期实际收入×100%
销售净利率	本期目标净利润÷本期目标收入×100%	本期实际净利润÷本期实际收入×100%
资产负债率	期末预计总负债÷期末预计总资产×100%	期末实际总负债÷期末实际总资产×100%
应收账款周转率	本期目标收入÷[(期初实际应收账款＋期末预计应收账款)÷2]	本期实际收入÷[(期初实际应收账款＋期末实际应收账款)÷2]

岗位任务：绩效管理

岗位任务答案：绩效管理

第八章 管理会计信息系统与管理会计报告

案例导入

在可持续发展理论下，某集团从经济、环境和社会三个维度建立企业发展目标体系，通过整合企业的财务和非财务信息建立管理会计报告，为管理者进行正确的决策提供依据，实现经济、环境和社会的共同可持续发展。

一、经济效益维度下的管理会计报告

1. 经营战略报告

经营战略报告通过宏观政策、行业状况、自身经营情况和竞争对手情况四个方面进行分析。企业处于政治、经济和社会环境发展大环境中，管理会计报告分析和披露企业的内外部环境对其发展的影响，形成经营战略报告。

2. 财务预算报告

财务预算报告包括成本费用预算报告和资产负债预算报告，成本费用预算报告中对与安全、环境有关的费用化支出和资本化支出进行列示，资产负债表对与安全、环境有关的研发与开支、折旧、固定资产和待摊费用等进行列示，给企业管理者提供完整、翔实的报告信息，也为企业的生产安排、投资方向和绩效评价等提供依据。

二、环境效益维度下的管理会计报告。

1. 节能环保报告

节能环保报告包括环保设备监测维护预算、节能环保专项资金投入预算、非货币环境成本报告和水资源管理等。环保设备定价来源于生产基地当地的环保局，主要比对检测设备和在线运维设备，按照检测和维护的频率、设备数量和设备单价计算本年度预算成本，并与本年度实际成本比较后求得变动值。

2. 环保设施投资决策预算报告

进行投资决策时优先考虑为企业带来增值的项目，环境投资决策预算考虑费用化支出和资本化支出。环保设施投资决策信息包括环保项目的名称、选址、进度、效果、资金来源、投资金额及拨付等信息。

三、社会效益维度下的管理会计报告

1. 社会责任预算报告

截至 2022 年年底，该集团共有职工 4 万余人，企业积极承担社会责任，主要从职工、健康和安全、社会公益三方面展开。

2. 安全设施投资决策预算报告

集团每年进行安全设备投资活动，以预防和控制安全事故，消除生产过程中的安全隐患，兼顾集团的企业形象和给企业带来的经济效益，对安全设备投资预算进行综合决策。集团将安全设备投资预算分为新建项目和更新改造，对每个具体项目分别列示总投资额、本年实际金额、本年预算金额和上年累计投资,对差值进行计算统计。

资料来源 自编案例。

请思考 管理会计报告与一般对外财务报告相比,有哪些不同?要解决该问题,本章的管理会计报告的学习将帮你找到答案。

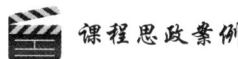
课程思政案例

数字化时代的管理会计报告

2021年3月13日,我国发布的《国民经济和社会发展第十四个五年规划和2035年远景目标纲要》第五篇强调"加快数字化发展,建设数字中国"。规划指出,迎接数字时代,激活数据要素潜能,推进网络强国建设,加快建设数字经济、数字社会、数字政府,以数字化转型整体驱动生产方式、生活方式和治理方式变革。推进产业数字化转型,深化研发设计、生产制造、经营管理、市场服务等环节的数字化应用。

在数字化时代,数据是关键生产要素,财务报告应提供全面、精准、实时的业财数据。加强数字经济和实体经济深度融合,加快推动企业数字化转型和智能化管理,是推进智慧企业管理的重要内容。作为市场主体的企业,其管理会计数字化和智能化是智慧企业的组成部分。通过新兴技能嵌入管理会计报告,为企业构建全新的智能管理会计报告体系。

目前,在数字技术的环境下,管理会计报告出现以下趋势:报告主体由内部需求者变成涉及内外众多利益相关者,报告出现个性化需求;财务数字化推动企业管理数字化进程,区块链等数字技术成为管理会计报告的技术框架;管理会计报告向场景化、实时化、自动化和智能化发展;管理会计报告包括非结构化数据,比现有会计报告信息更丰富;管理会计报告向可视化、个性化和移动化方向发展等。结合案例资料分析数字化转型对管理会计信息系统和管理会计报告将产生哪些影响?

美国注册会计师Charles Hoffman于2017年提出了智能数字财务报告,这是一种理解经济实体和业财融合的专家系统。智能管理会计中的智能是指利用人工智能等数字科技改进财务管理工作,从而提高效率和价值创造能力的智慧技术和思维。

智能管理会计报告运用的智能技术包括机器学习、自然语言处理、文本情绪分析、机器人流程自动控制、智能决策支持系统等。这些数字科技支持财务管理工作向自动化、共享化、可视化和智能化方向发展。

智能管理会计报告的应用场景包括:①智能机器人。利用自动化的信息识别和作业流程,处理大规模重复和规则的操作业务,并利用认知智能自主优化操作型业务,以代替人工流程。②智能财务助理。通过多模态人机交互,实现人机对话业务处理、编制报表和问答咨询等。③管理会计报告应用。模拟或加强人员的分析和决策能力,为管理决策提供智能支持,包括财务分析和风险管理等。④智慧企业大脑决策。智能管理会计的最高境界就是运用"区块链+人工智能"等数字科技,构建企业数字化管理平台,形成企业的智慧大脑。

资料来源

[1] 新华社. 中华人民共和国国民经济和社会发展第十四个五年规划和2035年远景目标纲要[EB/OL]. (2021-03-13)[2023-07-07]. https://www.gov.cn/xinwen/2021-03/

13/content_5592681.htm.

[2] 刘光强,干胜道.新经济背景下的智能管理会计报告——基于"区块链十人工智能"数字技能[J].财会月刊,2022,930(14).

请思考 数字化技术对管理会计信息系统的特点及流程等方面的影响是什么？数字化技术对管理会计报告的内涵、应用场景、技术框架、数据共享、生成路径与模式等方面的影响是什么？

知识目标

1. 了解管理会计信息系统的概念和应用环境。
2. 理解和掌握管理会计信息系统的内容和应用原则。
3. 理解和编制责任中心视角下的管理会计报告。
4. 理解和编制质量成本报告和质量绩效报告。

思政目标

1. 培养学生的信息收集和处理能力。
2. 培养学生分析问题、解决问题的能力。
3. 培养学生的沟通、协调、创新能力。

典型工作任务

1. 能编制责任中心视角下的管理会计报告。
2. 能编制质量成本报告和质量绩效报告。

第一节 管理会计信息系统

一、管理会计信息系统的概念

根据《管理会计应用指引第 802 号——管理会计信息系统》第二条,管理会计信息系统是指以财务和业务信息为基础,借助计算机、网络通信等现代信息技术手段,对管理会计信息进行收集、整理、加工、分析和报告等操作处理,为企业有效开展管理会计活动提供全面、及时、准确信息支持的各功能模块的有机集合。

二、管理会计信息系统的应用环境

企业建设管理会计信息系统,一般应具备以下条件:
(1) 对企业战略、组织结构、业务流程、责任中心等有清晰定义。
(2) 设有具备管理会计职能的相关部门或岗位,具有一定的管理会计工具方法的应用基础以及相对清晰的管理会计应用流程。
(3) 具备一定的财务和业务信息系统应用基础,包括已经实现了相对成熟的财务会计系统的应用,并在一定程度上实现了经营计划管理、采购管理、销售管理、库存管理等基础业务管理职能的信息化。

三、管理会计信息系统的内容

管理会计信息系统包括成本管理、预算管理、绩效管理、投资管理、管理会计报告以及其他功能模块,如图 8-1 所示。下面主要介绍前五个模块。

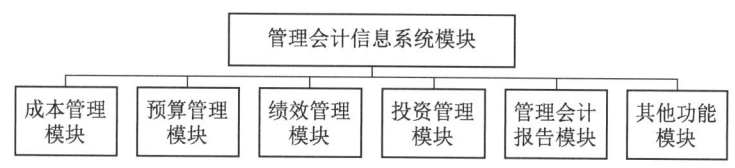

图 8-1 管理会计信息系统模块图

1. 成本管理模块

成本管理模块应实现成本管理的各项主要功能,一般包括对成本要素、成本中心、成本对象等参数的设置,成本核算方法的配置,从财务会计核算模块、业务处理模块以及人力资源等模块抽取所需数据,进行精细化成本核算,生成分产品、分批次(订单)、分环节、分区域等多维度的成本信息,以及基于成本信息进行成本分析,实现成本的有效控制,为企业成本管理的事前计划、事中控制、事后分析提供有效的支持。

2. 预算管理模块

预算管理模块应实现对企业预算参数设置、预算管理模型搭建、预算目标制定、预算编制、预算执行控制、预算调整、预算分析和评价等全过程的信息化管理。

3. 绩效管理模块

绩效管理模块主要实现业绩评价和激励管理过程中各要素的管理功能,一般包括业绩计划和激励计划的制定、业绩计划和激励计划的执行控制、业绩评价与激励实施管理等,为企业的绩效管理提供支持。

绩效管理模块应提供企业各项关键绩效指标的定义和配置功能,并可从其他模块中自动获取各业务单元或责任中心相应的实际绩效数据,进行计算处理,形成绩效执行情况报告及差异分析报告。

4. 投资管理模块

投资管理模块主要实现对企业投资项目进行计划和控制的系统支持过程,一般包括投资计划的制订和对每个投资项目进行的及时管控等。

投资管理模块应辅助企业实现投资计划的编制和审批过程。企业可以借助投资管理模块定义投资项目、投资程序、投资任务、投资预算、投资控制对象等基本信息;在此基础上,制定企业各级组织的投资计划和实施计划,实现投资计划的分解和下达。

投资管理模块应与成本管理模块、预算管理模块、绩效管理模块和管理会计报告模块等进行有效集成和数据交换。

5. 管理会计报告模块

管理会计报告模块应实现基于信息系统中财务数据、业务数据自动生成管理会计报告,支持企业有效实现各项管理会计活动。

管理会计报告模块应为用户生成报告提供足够丰富、高效、及时的数据源,必要时应建立数据仓库和数据集市,形成统一规范的数据集,并在此基础上,借助数据挖掘等商务智能工具方法,自动生成多维度报表。管理会计报告模块应为企业战略层、经营层和业务层提供丰富的通用报告模板。

【做中学 8-1】 (多选题)管理会计信息系统包括(　　)。
　　A. 成本管理模块　　　　　　　B. 预算管理模块
　　C. 绩效管理模块　　　　　　　D. 投资管理模块
　　E. 管理会计报告模块

四、管理会计信息系统的应用原则

1. 系统集成原则

管理会计信息系统各功能模块应集成在企业整体信息系统中,与财务和业务信息系统紧密结合,实现信息的集中统一管理及财务和业务信息到管理会计信息的自动生成。

2. 数据共享原则

企业建设管理会计信息系统应实现系统间的无缝对接,通过统一的规则和标准,实现数据的一次采集,全程共享,避免产生信息孤岛。

3. 规则可配原则

管理会计信息系统各功能模块应提供规则配置功能,实现其他信息系统与管理会计信息系统相关内容的映射和自定义配置。

4. 灵活扩展原则

管理会计信息系统应具备灵活扩展性,通过及时补充有关参数或功能模块,对环境、业务、产品、组织和流程等的变化及时作出响应,满足企业内部管理需要。

5. 安全可靠原则

管理会计信息系统应充分保障管理会计信息系统的设备、网络、应用及数据安全,严格权限授权,做好数据灾备建设,具备良好的抵御外部攻击能力,保证系统的正常运行并确保信息的安全、保密、完整。

【做中学 8-2】 (多选题)企业建设和应用管理会计信息系统,一般应遵循的原则有(　　)。
　　A. 系统集成原则　　　　　　　B. 数据共享原则
　　C. 规则可配原则　　　　　　　D. 灵活扩展原则
　　E. 安全可靠原则

第二节　管理会计报告

一、管理会计报告的概念

根据《管理会计应用指引第 801 号——企业管理会计报告》第二条,企业管理会计报告是指企业运用管理会计方法,根据财务和业务的基础信息加工整理形成的,满足企业价值管理和决策支持需要的内部报告。

二、管理会计报告的特征

管理会计报告与一般对外财务报告相比较,有以下五个特征:

第一,管理会计报告没有统一的格式和规范,根据企业内部的管理需要来提供。相对于报告形式,其更注重报告实质内容。

第二,管理会计报告遵循问题导向。其根据企业内部需要解决的具体管理问题来组织、编制、审批、报送和使用。

第三,管理会计报告提供的信息不仅包括财务信息,也包括非财务信息;不仅包括内部信息,也可能包括外部信息;不仅包括结果信息,也可以包括过程信息,更应包括剖析原因、提出改进意见和建议的信息。

第四,管理会计报告如果涉及会计业绩的报告,如责任中心报告,其主要的报告格式应该是边际贡献格式,而不是财务会计准则中规范的对外财务报告格式。

第五,管理会计报告的对象是一个组织内部对管理会计信息有需求的各个层级、各个环节的管理者。

【做中学8-3】 (多选题)下列各项中,属于管理会计报告的特征的有(   )。

A. 管理会计报告不具有统一的格式和规范
B. 管理会计报告遵循结果导向
C. 管理会计报告提供的信息不仅仅包括财务信息,也包括非财务信息
D. 管理会计报告如果涉及会计业绩的报告,其主要的报告格式应该是边际贡献格式
E. 管理会计报告的对象是管理者

三、管理会计报告体系的分类

以企业为例,管理会计报告体系可以按照多种标志进行分类,包括但不限于以下内容:

(1) 按照企业管理会计报告使用者所处的管理层级不同,管理会计报告可以分为战略层管理会计报告、经营层管理会计报告和业务层管理会计报告。

(2) 按照企业管理会计报告内容(整体性程度)不同,管理会计报告可以分为综合(整体)企业管理会计报告和专项(分部)管理会计报告。

(3) 按照管理会计功能不同,管理会计报告可以分为管理规划报告、管理决策报告、管理控制报告和管理评价报告。

(4) 按照责任中心,可以分为成本中心报告、利润中心报告和投资中心报告。

根据要解决的问题,管理会计报告的形式可以灵活多样,并没有形成统一的格式规范。所以,本教材仅仅对企业有一定共识基础的企业内部责任中心业绩报告和质量成本报告进行具体介绍。

四、内部责任中心业绩报告

企业内部责任中心可以划分为成本中心、利润中心和投资中心。责任中心的业绩评价和考核应该通过编制业绩报告来完成。业绩报告又称责任报告、绩效报告,是反映责任预算实际执行情况,揭示责任预算与实际结果之间差异的内部管理会计报告。它着重于对责任

中心管理者进行业绩评价,其本质是要得到一个结论:与预期的目标相比较,责任中心管理者的业绩如何。

业绩报告的主要目的在于将责任中心的实际业绩与其在特定环境下本应取得的业绩进行比较,并且应尽可能数量化。业绩报告应当传递出三种信息:一是关于实际业绩的信息;二是关于预期业绩的信息;三是关于实际业绩与预期业绩之间差异的信息。这也意味着合格业绩报告应具备三个主要特征:报告应与个人责任联系,实际业绩应与最佳标准比较,重要信息应予以突出显示。

(一) 成本中心业绩报告

成本中心的业绩考核指标通常为该成本中心的所有可控成本,即责任成本。成本中心的业绩报告通常是按成本中心可控成本的各明细项目,列示其预算数、实际数和成本差异数的三栏式表格。由于各成本中心是逐级设置的,所以其业绩报告也应自下而上,从最基层的成本中心逐级向上汇编,直至最高层次的成本中心。

8.1 责任中心的划分与考核——成本中心

每一级的业绩报告除最基层只有本身的可控成本外,都应包括本身的可控成本和下属部门转来的责任成本。例如,某企业制造部是一个成本中心,下属两个分厂,每个分厂设有两个车间。其成本业绩报告的编制及相互关系如表8-1所示。

表8-1 成本中心业绩报告　　　　　　　　　　　　　　　　　单位:元

制造部一分厂甲车间业绩报告			
项目	预算成本	实际可控成本	差异
工人工资	58 200	58 000	200(F)
原材料	33 000	34 000	1 000(U)
行政人员工资	6 500	6 500	
水电费	5 700	5 650	50(F)
折旧费	5 000	5 000	
设备维修费	2 000	1 900	100(F)
保险费	950	950	
合计	111 350	112 000	650(U)
制造部一分厂业绩报告			
项目	预算成本	实际可控成本	差异
管理费用	18 000	17 500	500(F)
甲车间	111 350	112 000	650(U)
乙车间	139 000	137 600	1 400(F)
合计	268 350	267 100	1 250(F)
制造部业绩报告			
项目	预算成本	实际可控成本	差异
管理费用	19 000	19 500	500(U)
一分厂	268 350	267 100	1 250(F)
二分厂	395 000	395 300	300(U)
合计	682 350	681 900	450(U)

注:F表示有利差异,U表示不利差异。

从表 8-1 可以看出,总体上看,在制造部,一分厂产生了有利差异;从一分厂内部看,其不利差异主要是甲车间引起的;从甲车间看,引起不利差异的主要原因是原材料成本超支了。

成本中心的各级经理人就其权责范围编制业绩报告并对其负责部门的成本差异负责。级别越低的成本中心从事的经营活动越具体,其业绩报告涉及的成本项目分类也越详细。根据成本绩效报告,责任中心的各级经理人可以针对成本差异寻找原因并对症下药,以便对成本费用实施有效的管理控制,从而提高业绩水平。

(二)利润中心业绩报告

利润中心的考核指标通常为该利润中心的边际贡献、部门经理边际贡献和该利润中心部门边际贡献。

利润中心的业绩报告,分别列出其可控的销售收入、变动成本、边际贡献、部门经理可控的固定成本、部门经理边际贡献、部门经理不可控但高层管理部门可控的固定成本、部门边际贡献的预算数和实际数;并通过实际与预算的对比,分别计算差异,据此进行差异的调查、分析产生差异的原因。

8.2 责任中心的划分与考核——利润中心

利润中心的业绩报告也是自下而上逐级汇编的,直至整个企业的息税前利润。利润中心的业绩报告的基本形式详见表 8-2。

表 8-2 利润中心业绩报告 单位:元

项目	预算	实际	差异
销售收入	250 000	248 000	2 000(U)
减:变动成本	120 000	117 000	3 000(F)
边际贡献	130 000	131 000	1 000(F)
部门经理可控的固定成本	24 000	24 800	800(U)
部门经理边际贡献	106 000	106 200	200(F)
部门经理不可控但高层管理部门可控的固定成本	16 000	16 100	100(U)
部门边际贡献	90 000	90 100	300(F)

注:F 表示有利差异,U 表示不利差异。

从表 8-2 可以看出,无论边际贡献、部门经理边际贡献,还是部门边际贡献都是有利差异,都超额完成了预算指标。

【做中学 8-4】(单选题)利润中心的考核指标,通常不包括下列各项中的(　　)。

A. 该利润中心边际贡献　　B. 部门经理边际贡献
C. 企业高管边际贡献　　　D. 部门边际贡献

(三)投资中心业绩报告

投资中心的主要考核指标是投资报酬率和剩余收益,补充考核指标是现金回收率和剩余现金流量。投资中心不仅需要对成本、收入和利润负责,而且还要对所占用的全部资产(包括固定资产和营运资金)的经营效益承担责任。投资中心的业绩评价指标除了成本、收入和利润指标外,主要还包括投资报酬率、

8.3 责任中心的划分与考核——投资中心

剩余收益等指标。

因此,对于投资中心而言,它的业绩报告通常包含上述评价指标。现举例说明如下。

【例 8-1】 某公司甲分公司为一投资中心,该公司规定的最低报酬率为 12%。现根据甲分公司的有关原始凭证等资料,编制出该投资中心的业绩报告,见表 8-3。

表 8-3 投资中心业绩报告　　　　　　　　金额单位:元

项目	预算	实际	差异
销售收入	575 000	590 000	15 000(F)
减:变动成本	245 000	250 000	5 000(U)
边际贡献	330 000	340 000	10 000(F)
可控固定成本	140 000	142 000	2 000(U)
部门可控利润	190 000	198 000	8 000(F)
分配的共同成本	13 000	14 000	1 000(U)
经营净利润	177 000	184 000	7 000(F)
经营资产:			
现金	15 000	17 000	2 000
应收账款	120 000	130 000	10 000
存货	80 000	82 500	2 500
固定资产	500 000	500 000	
总计	715 000	729 500	14 500
投资报酬率	24.76%	25.22%	0.46%(F)
要求的最低报酬率	12%	12%	
要求的最低投资收益	85 800	87 540	
剩余收益	91 200	96 460	5 260(F)

注:F 表示有利差异,U 表示不利差异。

从表 8-3 可知,甲分公司的实际投资报酬率与剩余收益均超过了预算数,说明该投资中心在本年度的经营业绩较好。

【做中学 8-5】 (多选题)投资中心的业绩报告中披露的考核指标有(　　)。

A. 投资报酬率

B. 剩余收益

C. 现金回收率

D. 剩余现金流量

五、质量成本报告

质量是企业生存和发展之本。质量包括两层含义,一是设计质量,即产品或劳务对顾客要求的满足程度;二是符合性质量,即产品或劳务的实际性能与其设计性能的符合程度。简单而言,前者是设计得怎样,是否满足顾客要求;后者是做得怎样,是否达到了设计要求。

(一) 质量成本及其分类

产品和服务的质量提升需要付出相应的成本,从市场的调研,产品服务标准的制定、执行到产品的测试检验以及不合格产品的淘汰,都需要企业付出相应的经济资源来保障。企业要想在市场竞争中占据有利地位,就必须拥有比竞争对手更高的效率,而质量管理的过程同样要强调其经济效益。

质量成本是指企业为了保证产品达到一定质量标准而发生的成本。普遍认为质量成本可划分为以下四类。

1. 预防成本

预防成本即为了防止产品质量达不到预定标准而发生的成本,是为防止质量事故的发生,最大限度地减少质量事故所造成的损失而发生的费用。一般而言,预防成本发生在产品生产之前的各阶段,包括:

(1) 质量工作费用。即质量管理体系中,为预防、保证和控制产品质量而制定的质量政策、目标、标准,开展质量管理所发生的办公费、宣传费、搜集情报费,以及编制手册、制定全面质量管理计划、开展 QC 小组活动、组织质量管理工作和工序能力研究等发生的费用。

(2) 标准制定费用。质量管理需要制定相应的质量标准,而质量标准的评估、标准的测试审查等环节都会产生一定的费用。

(3) 教育培训费用。质量管理的实施最后都要落实到管理者和员工身上。对企业员工进行质量管理方面知识的教育,对员工作业水平的提升以及相关的后续培训形成的一系列费用可视为预防成本中的教育培训费用。

(4) 质量奖励费用。即在生产或服务过程中,为了激励员工达到质量标准而实行的奖励措施所带来的费用。

2. 鉴定成本

即为了保证产品质量达到预定标准而对产品进行检测所发生的成本,如原材料或半成品的检测、作业的鉴定、流程验收、检测设备以及外部批准等方面发生的检验费用,具体可分为:

(1) 检测工作的费用。某些检验需要送到外部单位进行,此时需要支付一定的检测费用。

(2) 检测设备的折旧。这类费用不仅包括检测所需仪器的折旧或维护费用,还包括检测场所建筑的折旧或维护费用。

(3) 检测人员的费用。具体包括对原材料、产品或流程进行检验的员工的工资福利费用。

3. 内部失败成本

内部失败成本是指产品进入市场之前由于产品不符合质量标准而发生的成本,这部分成本包括废料、返工、修复、重新检测、停工整修或变更设计等。鉴定成本以及内部失败成本都发生在产品未到达顾客之前的所有阶段。

4. 外部失败成本

外部失败成本是指存在缺陷的产品流入市场以后发生的成本,如产品因存在缺陷而错失的销售机会,问题产品的退还、返修,处理顾客的不满和投诉发生的成本。外部失败成本一般发生在产品被消费者接受以后的阶段。

一般来说,企业能够控制预防成本和鉴定成本的支出,因此这两种成本属于可控质量成本;而无论是内部还是外部失败成本,企业往往无法预料其发生,并且一旦产生失败成本,其费用的多少往往不能在事前得到,因此失败成本属于不可控质量成本。

(二) 质量成本报告

质量成本报告是企业完善质量成本控制的必要措施。通过质量成本报告,企业的经理人可以全面地评价企业当前的质量成本情况。

质量成本报告按质量成本的分类详细列示实际质量成本,并向企业组织的经理人提供以下两个方面的重要信息:

(1) 显示各类质量成本的支出情况以及财务影响。

(2) 显示各类质量成本的分布情况,以便企业组织的经理人判断各类质量成本的重要性。

通过了解这些信息,企业的经营管理人员就可以更有针对性地控制质量成本,改善成本结构。

质量成本报告可以按各类质量成本项目分别列示。表 8-4 列示了某公司的质量成本报告范例。

表 8-4 质量成本报告　　　　　　　　　　　　　　　　　　　　　　　金额单位:元

质量成本项目	实际成本支出	占质量成本总额比例	占销售额比例
预防成本:			
质量培训	24 000	31.41%	6.23%
供应商评估	11 000	14.40%	2.86%
预防成本合计	35 000	45.81%	9.09%
鉴定成本:			
产品验收	18 000	23.56%	4.68%
包装物检查	1 000	1.31%	0.26%
鉴定成本合计	19 000	24.87%	4.94%
内部失败成本:			
返工	15 000	19.63%	3.90%
内部失败成本合计	15 000	19.63%	3.90%
外部失败成本:			

(续表)

质量成本项目	实际成本支出	占质量成本总额比例	占销售额比例
顾客投诉处理	7 400	9.69%	1.92%
外部失败成本合计	7 400	9.69%	1.92%
质量成本合计	76 400	100%	19.84%

注：实际销售额为 385 000 元。

根据表 8-4，各质量成本项目占质量成本总额的比例，有助于该公司的经理人了解各成本项目分布情况及其重要性；而各成本项目占销售额的比例，则可以帮助该公司的经理人了解质量成本的财务重要性。

从表 8-4 可以看出，该企业的预防成本无论是占总质量成本的比重，还是占销售额的比重都是最大的，其次是鉴定成本，再其次是内部失败成本，最后是外部失败成本，质量成本的结构还算合理。

（三）质量绩效报告

为了反映企业在质量管理方面所取得的进展及其绩效，企业还需要编制质量绩效报告。企业质量绩效报告包括中期报告、长期报告和多期质量趋势报告三种类型。

1. 中期报告

中期报告根据当期的质量目标列示质量管理的成效。企业实现产品"零缺陷"目标是一项长期任务，不可能一蹴而就。这就需要制定一些短期（通常为 1 年）应该达到的质量成本控制目标，一方面可供企业的经理人报告当期质量管理取得的成效，另一方面也可以增强员工的信心，为最终达到"零缺陷"目标继续努力。

企业期末编制质量绩效报告时，将实际质量成本与预算质量成本目标进行比较，确定其差异，分析差异产生的原因，明确应采取的改进措施。表 8-5 列示了某公司的中期质量绩效报告范例。

表 8-5　中期质量绩效报告　　　　　　　　　　　　单位：元

质量成本项目	预算成本	实际成本	差异
预防成本：			
质量培训	35 000	35 000	0
质量审核	75 000	75 000	0
产品设计方案评审	38 000	40 000	2 000(U)
预防成本合计	148 000	150 000	2 000(U)
鉴定成本：			
原料检验	41 000	40 000	1 000(F)
产品验收	18 000	18 000	0
流程验收	32 000	36 000	4 000(U)
鉴定成本合计	91 000	94 000	3 000(U)

(续表)

质量成本项目	预算成本	实际成本	差异
内部失败成本：			
返工	25 000	30 000	5 000(U)
废料	54 000	67 000	13 000(U)
内部失败成本合计	79 000	97 000	18 000(U)
外部失败成本：			
顾客投诉处理	32 000	32 000	0
保修	38 000	49 000	11 000(U)
外部失败成本合计	70 000	81 000	11 000(U)
质量成本合计	388 000	422 000	34 000(U)
质量成本占实际销售额比例（实际销售额为275万元）	14.11%	15.35%	1.24%(U)

注：F表示有利差异，U表示不利差异。

根据表8-5，该公司当期的质量管理成效并不理想。除原料检验这个项目属于有利差异外，其他项目的差异都属于不利差异。整体绩效与预期目标相差34 000元，该公司质量成本管理的改善空间还很大。

2. 长期报告

长期报告根据长期质量目标列示企业质量管理成效。表8-6列示了某公司的长期质量绩效报告范例。

表8-6　长期质量绩效报告　　　　　　　　　　　　单位：元

质量成本项目	2021年实际成本	2022年实际成本	差异
预防成本：			
质量培训	42 000	40 000	2 000(F)
质量审核	78 000	78 000	0
产品设计方案评审	33 000	31 500	1 500(F)
预防成本合计	153 000	149 500	3 500(F)
鉴定成本：			
原料检验	42 000	39 000	3 000(F)
产品验收	16 000	16 000	0
流程验收	37 000	34 500	2 500(F)
鉴定成本合计	95 000	89 500	5 500(F)
内部失败成本：			
返工	31 000	27 000	4 000(F)

(续表)

质量成本项目	2021年实际成本	2022年实际成本	差异
废料	60 000	60 000	0
内部失败成本合计	91 000	87 000	4 000(F)
外部失败成本:			
顾客投诉处理	34 000	31 500	2 500(F)
保修	48 000	44 000	4 000(F)
外部失败成本合计	82 000	75 500	6 500(F)
质量成本合计	421 000	401 500	19 500(F)
质量成本占实际销售额比例（实际销售额为275万元）	15.31%	14.60%	0.71%(F)

注：F表示有利差异，U表示不利差异。

根据表8-6，该公司2022年度的质量管理成效与2021年度相比，成本总额下降了19 500元，各项成本差异都表现为有利差异，说明该公司在质量管理方面取得了明显成效。

3. 多期质量趋势报告

多期质量趋势报告列示了企业实施质量管理以来所取得的成效。

多期质量趋势报告的编制必须以多个期间企业组织的质量成本相关数据为基础，并绘出质量趋势图。趋势图可以采用坐标分析图、柱形比较图等多种方式，旨在向企业的经理人员评估其发展趋势是否合理，质量成本控制是否有效，以便作出相应的决策。

图8-2为某企业的多期质量趋势折线图。该图显示该企业质量成本占销售额的百分比在逐年下降，2022年相比2018年下降了一半，说明该企业质量成本管理水平在不断提升。

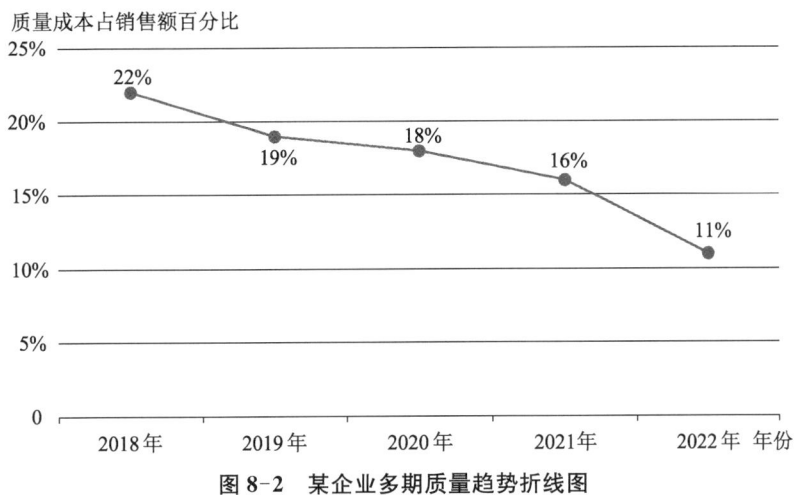

图8-2 某企业多期质量趋势折线图

在企业管理实践中，质量、成本与时间（工期或交货期）成为紧密相关的三个要素。提高质量，短期会增加成本，尤其是预防成本和鉴定成本，但长期会降低成本，给企业带来好的市场声誉和长期经济效益。严格控制质量，也会影响时间（工期或交货期）。很多企业为了赶时间(工期或交货期),损害了产品的质量,影响了企业声誉和市场份额。成本与时间(工期或交货期)也存在需要权衡的矛盾,工期或交货期紧会增加成本,如加班工资等。

总之,管理会计报告需要根据企业所面临的管理问题,运用管理会计的工具和方法,融合业务与财务,整合财务信息和非财务信息,形成对企业内部管理决策有用的报告信息。

本章小结

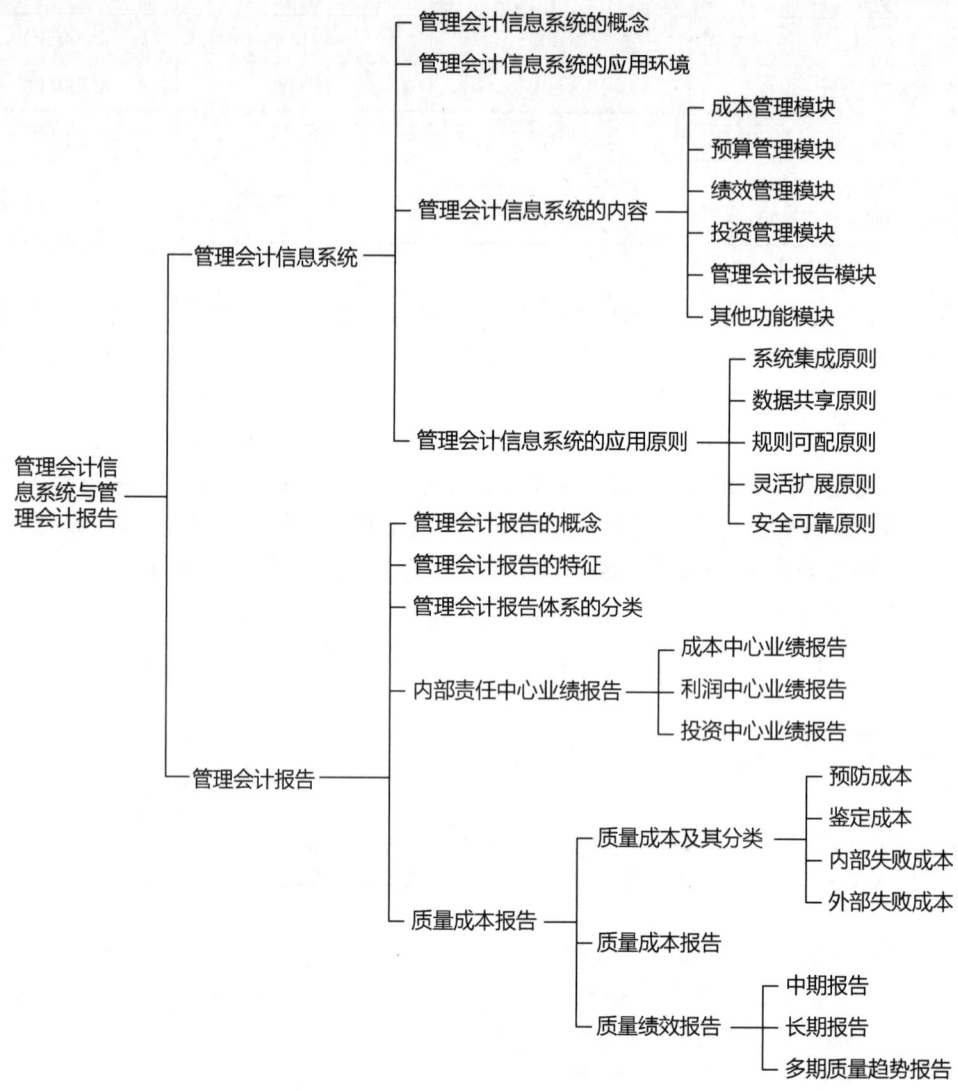

岗位·1+X证书·职称考试训练

一、单选题

1. 编制利润中心业绩报告时,适合采用的格式是( )。
   A. 净利润格式   B. 营业利润格式
   C. 边际贡献格式   D. 综合收益格式

2. 甲部门是一个利润中心。下列各项指标中,考核该部门经理业绩最适合的指标是( )。
   A. 部门边际贡献   B. 部门营业利润
   C. 部门税后利润   D. 部门可控边际贡献

3. 质量是企业生存和发展之本。产品或劳务的实际性能与其设计性能的符合程度指的是( )。
   A. 设计质量   B. 符合性质量
   C. 产品质量   D. 工作质量

4. 质量成本报告是企业组织完善( )的必要措施。
   A. 成本控制   B. 成本检查
   C. 质量成本检查   D. 质量成本控制

5. 下列各项中,属于内部失败成本的是( )。
   A. 处理顾客的不满和投诉发生的成本   B. 不符合质量发生的返工成本
   C. 检验员工的工资福利费   D. 质量管理的教育培训费用

6. 为了反映企业在质量管理方面所取得的进展及其绩效,企业还需要编制( )。
   A. 质量成本报告   B. 鉴定成本报告
   C. 预防成本报告   D. 质量绩效报告

二、多选题

1. 与一般对外财务报告相比较,下列各项中,属于管理会计报告特征的是( )。
   A. 管理会计报告没有统一的格式和规范
   B. 管理会计报告遵循结果导向
   C. 管理会计报告提供的信息不仅仅包括财务信息,也包括非财务信息
   D. 管理会计报告如果涉及会计业绩的报告,其主要的报告格式应该是边际贡献格式

2. 下列关于管理会计报告编制的说法中,正确的有( )。
   A. 每一级成本中心的业绩报告,除最基层只有本身的可控成本外,都应包括本身的可控成本和下属部门转来的责任成本
   B. 投资中心业绩报告的主要考核指标是投资报酬率和现金回收率,补充指标是剩余收益和剩余现金流量

C. 责任中心业绩报告应当与个人责任相联系,实际业绩应当与最佳标准相比较,重要信息应当予以突出显示

D. 业绩报告中应当传递出关于实际业绩和预期业绩的信息,以及实际业绩与预期业绩之间差异的信息

3. 下列各项质量成本中,不属于预防成本的有(　　)。

A. 对员工进行培训发生的费用

B. 检测所需仪器的维护费用

C. 停工整修发生的成本

D. 产品因存在缺陷而错失的销售机会

附录

复利终值系数表 (P/F, i, n)

n	1%	2%	3%	4%	5%	6%	7%	8%	9%	10%	11%	12%	13%	14%	15%	16%	17%	18%	19%	20%	25%	30%
1	1.010 0	1.020 0	1.030 0	1.040 0	1.050 0	1.060 0	1.070 0	1.080 0	1.090 0	1.100 0	1.110 0	1.120 0	1.130 0	1.140 0	1.150 0	1.160 0	1.170 0	1.180 0	1.190 0	1.200 0	1.250 0	1.300 0
2	1.020 1	1.040 4	1.060 9	1.081 6	1.102 5	1.123 6	1.144 9	1.166 4	1.188 1	1.210 0	1.232 1	1.254 4	1.276 9	1.299 6	1.322 5	1.345 6	1.368 9	1.392 4	1.416 1	1.440 0	1.562 5	1.690 0
3	1.030 3	1.061 2	1.092 7	1.124 9	1.157 6	1.191 0	1.225 0	1.259 7	1.295 0	1.331 0	1.367 6	1.404 9	1.442 9	1.481 5	1.520 9	1.560 9	1.601 6	1.643 0	1.685 2	1.728 0	1.953 1	2.197 0
4	1.040 6	1.082 4	1.125 5	1.169 9	1.215 5	1.262 5	1.310 8	1.360 5	1.411 6	1.464 1	1.518 1	1.573 5	1.630 5	1.689 0	1.749 0	1.810 6	1.873 9	1.938 8	2.005 3	2.073 6	2.441 4	2.856 1
5	1.051 0	1.104 1	1.159 3	1.216 7	1.276 3	1.338 2	1.402 6	1.469 3	1.538 6	1.610 5	1.685 1	1.762 3	1.842 4	1.925 4	2.011 4	2.100 3	2.192 4	2.287 8	2.386 4	2.488 3	3.051 8	3.712 9
6	1.061 5	1.126 2	1.194 1	1.265 3	1.340 1	1.418 5	1.500 7	1.586 9	1.677 1	1.771 6	1.870 4	1.973 8	2.082 0	2.195 0	2.313 1	2.436 4	2.565 2	2.699 6	2.839 6	2.986 0	3.814 7	4.826 8
7	1.072 1	1.148 7	1.229 9	1.315 9	1.407 1	1.503 6	1.605 8	1.713 8	1.828 0	1.948 7	2.076 2	2.210 7	2.352 6	2.502 3	2.660 0	2.826 2	3.001 2	3.185 5	3.379 3	3.583 2	4.768 4	6.274 9
8	1.082 9	1.171 7	1.266 7	1.368 6	1.477 5	1.593 8	1.718 2	1.850 9	1.992 6	2.143 6	2.304 5	2.476 0	2.658 4	2.852 6	3.059 0	3.278 4	3.511 5	3.758 9	4.021 5	4.299 8	5.960 5	8.157 3
9	1.093 7	1.195 1	1.304 8	1.423 3	1.551 3	1.689 5	1.838 5	1.999 0	2.171 9	2.357 9	2.558 0	2.773 1	3.004 0	3.251 9	3.517 9	3.803 0	4.108 4	4.435 5	4.785 4	5.159 8	7.450 6	10.604 5
10	1.104 6	1.219 0	1.343 9	1.480 2	1.628 9	1.790 8	1.967 2	2.158 9	2.367 4	2.593 7	2.839 4	3.105 8	3.394 6	3.707 2	4.045 6	4.411 4	4.806 8	5.233 8	5.694 7	6.191 7	9.313 2	13.785 8
11	1.115 7	1.243 4	1.384 2	1.539 5	1.710 3	1.898 3	2.104 9	2.331 6	2.580 4	2.853 1	3.151 8	3.478 6	3.835 9	4.226 2	4.652 4	5.117 3	5.624 0	6.175 9	6.776 7	7.430 1	11.641 5	17.921 6
12	1.126 8	1.268 2	1.425 8	1.601 0	1.795 9	2.012 2	2.252 2	2.518 2	2.812 7	3.138 4	3.498 5	3.896 0	4.334 5	4.817 9	5.350 3	5.936 0	6.580 1	7.287 6	8.064 2	8.916 1	14.551 9	23.298 1
13	1.138 1	1.293 6	1.468 5	1.665 1	1.885 6	2.132 9	2.409 8	2.719 6	3.065 8	3.452 3	3.883 3	4.363 5	4.898 0	5.492 4	6.152 8	6.885 8	7.698 7	8.599 4	9.596 4	10.699 3	18.189 9	30.287 5
14	1.149 5	1.319 5	1.512 6	1.731 7	1.979 9	2.260 9	2.578 5	2.937 2	3.341 7	3.797 5	4.310 4	4.887 1	5.534 8	6.261 3	7.075 7	7.987 5	9.007 5	10.147 2	11.419 8	12.839 2	22.737 4	39.373 8
15	1.161 0	1.345 9	1.558 0	1.800 9	2.078 9	2.396 6	2.759 0	3.172 2	3.642 5	4.177 2	4.784 6	5.473 6	6.254 3	7.137 9	8.137 1	9.265 5	10.538 7	11.973 7	13.589 5	15.407 0	28.421 7	51.185 9
16	1.172 6	1.372 8	1.604 7	1.873 0	2.182 9	2.540 4	2.952 2	3.425 9	3.970 3	4.595 0	5.310 9	6.130 4	7.067 3	8.137 2	9.357 6	10.748 0	12.330 3	14.129 0	16.171 5	18.488 4	35.527 1	66.541 7
17	1.184 3	1.400 2	1.652 8	1.947 9	2.292 0	2.692 8	3.158 8	3.700 0	4.327 6	5.054 5	5.895 1	6.866 0	7.986 1	9.276 5	10.761 3	12.467 7	14.426 5	16.672 2	19.244 1	22.186 1	44.408 9	86.504 2
18	1.196 1	1.428 2	1.702 4	2.025 8	2.406 6	2.854 3	3.379 9	3.996 0	4.717 1	5.559 9	6.543 6	7.690 0	9.024 3	10.575 2	12.375 5	14.462 5	16.879 0	19.673 3	22.900 5	26.623 3	55.511 2	112.455 4
19	1.208 1	1.456 8	1.753 5	2.106 8	2.527 0	3.025 6	3.616 5	4.315 7	5.141 7	6.115 9	7.263 3	8.612 8	10.197 4	12.055 7	14.231 8	16.776 5	19.748 4	23.214 4	27.251 6	31.948 0	69.388 9	146.192 0
20	1.220 0	1.485 9	1.806 1	2.191 1	2.653 3	3.207 1	3.869 7	4.661 0	5.604 4	6.727 5	8.062 3	9.646 3	11.523 1	13.743 5	16.366 5	19.460 8	23.105 6	27.393 0	32.429 4	38.337 6	86.736 2	190.049 6
25	1.282 4	1.640 6	2.093 8	2.665 8	3.386 4	4.291 9	5.427 4	6.848 5	8.623 1	10.834 7	13.585 5	17.000 1	21.230 5	26.461 9	32.919 0	40.874 2	50.657 8	62.668 6	77.388 1	95.396 2	264.697 8	705.641 0
30	1.347 8	1.811 4	2.427 3	3.243 4	4.321 9	5.743 5	7.612 3	10.062 7	13.267 7	17.449 4	22.892 3	29.959 9	39.115 9	50.950 2	66.211 8	85.849 9	111.064 7	143.370 6	184.675 3	237.376 3	807.793 6	2 619.995 6

复利现值系数表 $(P/F, i, n)$

n	1%	2%	3%	4%	5%	6%	7%	8%	9%	10%	11%	12%	13%	14%	15%	16%	17%	18%	19%	20%	25%	30%
1	0.9901	0.9804	0.9709	0.9615	0.9524	0.9434	0.9346	0.9259	0.9174	0.9091	0.9009	0.8929	0.8850	0.8772	0.8696	0.8621	0.8547	0.8475	0.8403	0.8333	0.8000	0.7692
2	0.9803	0.9612	0.9426	0.9246	0.9070	0.8900	0.8734	0.8573	0.8417	0.8264	0.8116	0.7972	0.7831	0.7695	0.7561	0.7432	0.7305	0.7182	0.7062	0.6944	0.6400	0.5917
3	0.9706	0.9423	0.9151	0.8890	0.8638	0.8396	0.8163	0.7938	0.7722	0.7513	0.7312	0.7118	0.6931	0.6750	0.6575	0.6407	0.6244	0.6086	0.5934	0.5787	0.5120	0.4552
4	0.9610	0.9238	0.8885	0.8548	0.8227	0.7921	0.7629	0.7350	0.7084	0.6830	0.6587	0.6355	0.6133	0.5921	0.5718	0.5523	0.5337	0.5158	0.4987	0.4823	0.4096	0.3501
5	0.9515	0.9057	0.8626	0.8219	0.7835	0.7473	0.7130	0.6806	0.6499	0.6209	0.5935	0.5674	0.5428	0.5194	0.4972	0.4761	0.4561	0.4371	0.4190	0.4019	0.3277	0.2693
6	0.9420	0.8880	0.8375	0.7903	0.7462	0.7050	0.6663	0.6302	0.5963	0.5645	0.5346	0.5066	0.4803	0.4556	0.4323	0.4104	0.3898	0.3704	0.3521	0.3349	0.2621	0.2072
7	0.9327	0.8706	0.8131	0.7599	0.7107	0.6651	0.6227	0.5835	0.5470	0.5132	0.4817	0.4523	0.4251	0.3996	0.3759	0.3538	0.3332	0.3139	0.2959	0.2791	0.2097	0.1594
8	0.9235	0.8535	0.7894	0.7307	0.6768	0.6274	0.5820	0.5403	0.5019	0.4665	0.4339	0.4039	0.3762	0.3506	0.3269	0.3050	0.2848	0.2660	0.2487	0.2326	0.1678	0.1226
9	0.9143	0.8368	0.7664	0.7026	0.6446	0.5919	0.5439	0.5002	0.4604	0.4241	0.3909	0.3606	0.3329	0.3075	0.2843	0.2630	0.2434	0.2255	0.2090	0.1938	0.1342	0.0943
10	0.9053	0.8203	0.7441	0.6756	0.6139	0.5584	0.5083	0.4632	0.4224	0.3855	0.3522	0.3220	0.2946	0.2697	0.2472	0.2267	0.2080	0.1911	0.1756	0.1615	0.1074	0.0725
11	0.8963	0.8043	0.7224	0.6496	0.5847	0.5268	0.4751	0.4289	0.3875	0.3505	0.3173	0.2875	0.2607	0.2366	0.2149	0.1954	0.1778	0.1619	0.1476	0.1346	0.0859	0.0558
12	0.8874	0.7885	0.7014	0.6246	0.5568	0.4970	0.4440	0.3971	0.3555	0.3186	0.2858	0.2567	0.2307	0.2076	0.1869	0.1685	0.1520	0.1372	0.1240	0.1122	0.0687	0.0429
13	0.8787	0.7730	0.6810	0.6006	0.5303	0.4688	0.4150	0.3677	0.3262	0.2897	0.2575	0.2292	0.2042	0.1821	0.1625	0.1452	0.1299	0.1163	0.1042	0.0935	0.0550	0.0330
14	0.8700	0.7579	0.6611	0.5775	0.5051	0.4423	0.3878	0.3405	0.2992	0.2633	0.2320	0.2046	0.1807	0.1597	0.1413	0.1252	0.1110	0.0985	0.0876	0.0779	0.0440	0.0254
15	0.8613	0.7430	0.6419	0.5553	0.4810	0.4173	0.3624	0.3152	0.2745	0.2394	0.2090	0.1827	0.1599	0.1401	0.1229	0.1079	0.0949	0.0835	0.0736	0.0649	0.0352	0.0195
16	0.8528	0.7284	0.6232	0.5339	0.4581	0.3936	0.3387	0.2919	0.2519	0.2176	0.1883	0.1631	0.1415	0.1229	0.1069	0.0930	0.0811	0.0708	0.0618	0.0541	0.0281	0.0150
17	0.8444	0.7142	0.6050	0.5134	0.4363	0.3714	0.3166	0.2703	0.2311	0.1978	0.1696	0.1456	0.1252	0.1078	0.0929	0.0802	0.0693	0.0600	0.0520	0.0451	0.0225	0.0116
18	0.8360	0.7002	0.5874	0.4936	0.4155	0.3503	0.2959	0.2502	0.2120	0.1799	0.1528	0.1300	0.1108	0.0946	0.0808	0.0691	0.0592	0.0508	0.0437	0.0376	0.0180	0.0089
19	0.8277	0.6864	0.5703	0.4746	0.3957	0.3305	0.2765	0.2317	0.1945	0.1635	0.1377	0.1161	0.0981	0.0829	0.0703	0.0596	0.0506	0.0431	0.0367	0.0313	0.0144	0.0068
20	0.8195	0.6730	0.5537	0.4564	0.3769	0.3118	0.2584	0.2145	0.1784	0.1486	0.1240	0.1037	0.0868	0.0728	0.0611	0.0514	0.0433	0.0365	0.0308	0.0261	0.0115	0.0053
25	0.7798	0.6095	0.4776	0.3751	0.2953	0.2330	0.1842	0.1460	0.1160	0.0923	0.0736	0.0588	0.0471	0.0378	0.0304	0.0245	0.0197	0.0160	0.0129	0.0105	0.0038	0.0014
30	0.7419	0.5521	0.4120	0.3083	0.2314	0.1741	0.1314	0.0994	0.0754	0.0573	0.0437	0.0334	0.0256	0.0196	0.0151	0.0116	0.0090	0.0070	0.0054	0.0042	0.0012	0.0004

$i(\%)$

年金终值系数表（$F/A, i, n$）

n	1%	2%	3%	4%	5%	6%	7%	8%	9%	10%	11%	12%	13%	14%	15%	16%	17%	18%	19%	20%	25%	30%
1	1.0000	1.0000	1.0000	1.0000	1.0000	1.0000	1.0000	1.0000	1.0000	1.0000	1.0000	1.0000	1.0000	1.0000	1.0000	1.0000	1.0000	1.0000	1.0000	1.0000	1.0000	1.0000
2	2.0100	2.0200	2.0300	2.0400	2.0500	2.0600	2.0700	2.0800	2.0900	2.1000	2.1100	2.1200	2.1300	2.1400	2.1500	2.1600	2.1700	2.1800	2.1900	2.2000	2.2500	2.3000
3	3.0301	3.0604	3.0909	3.1216	3.1525	3.1836	3.2149	3.2464	3.2781	3.3100	3.3421	3.3744	3.4069	3.4396	3.4725	3.5056	3.5389	3.5724	3.6061	3.6400	3.8125	3.9900
4	4.0604	4.1216	4.1836	4.2465	4.3101	4.3746	4.4399	4.5061	4.5731	4.6410	4.7097	4.7793	4.8498	4.9211	4.9934	5.0665	5.1405	5.2154	5.2913	5.3680	5.7656	6.1870
5	5.1010	5.2040	5.3091	5.4163	5.5256	5.6371	5.7507	5.8666	5.9847	6.1051	6.2278	6.3528	6.4803	6.6101	6.7424	6.8771	7.0144	7.1542	7.2966	7.4416	8.2070	9.0431
6	6.1520	6.3081	6.4684	6.6330	6.8019	6.9753	7.1533	7.3359	7.5233	7.7156	7.9129	8.1152	8.3227	8.5355	8.7537	8.9775	9.2068	9.4420	9.6830	9.9299	11.2588	12.7560
7	7.2135	7.4343	7.6625	7.8983	8.1420	8.3938	8.6540	8.9228	9.2004	9.4872	9.7833	10.0890	10.4047	10.7305	11.0668	11.4139	11.7720	12.1415	12.5227	12.9159	15.0735	17.5828
8	8.2857	8.5830	8.8923	9.2142	9.5491	9.8975	10.2598	10.6366	11.0285	11.4359	11.8594	12.2997	12.7573	13.2328	13.7268	14.2401	14.7733	15.3270	15.9020	16.4991	19.8419	23.8577
9	9.3685	9.7546	10.1591	10.5828	11.0266	11.4913	11.9780	12.4876	13.0210	13.5795	14.1640	14.7757	15.4157	16.0853	16.7858	17.5185	18.2847	19.0859	19.9234	20.7989	25.8023	32.0150
10	10.4622	10.9497	11.4639	12.0061	12.5779	13.1808	13.8164	14.4866	15.1929	15.9374	16.7220	17.5487	18.4197	19.3373	20.3037	21.3215	22.3931	23.5213	24.7089	25.9587	33.2529	42.6195
11	11.5668	12.1687	12.8078	13.4864	14.2068	14.9716	15.7836	16.6455	17.5603	18.5312	19.5614	20.6546	21.8143	23.0445	24.3493	25.7329	27.1999	28.7551	30.4035	32.1504	42.5661	56.4053
12	12.6825	13.4121	14.1920	15.0258	15.9171	16.8699	17.8885	18.9771	20.1407	21.3843	22.7132	24.1331	25.6502	27.2707	29.0017	30.8502	32.8239	34.9311	37.1802	39.5805	54.2077	74.3270
13	13.8093	14.6803	15.6178	16.6268	17.7130	18.8821	20.1406	21.4953	22.9534	24.5227	26.2116	28.0291	29.9847	32.0887	34.3519	36.7862	39.4040	42.2187	45.2445	48.4966	68.7596	97.6250
14	14.9474	15.9739	17.0863	18.2919	19.5986	21.0151	22.5505	24.2149	26.0192	27.9750	30.0947	32.3926	34.8827	37.5811	40.5047	43.6720	47.1027	50.8180	54.8409	59.1959	86.9495	127.9125
15	16.0969	17.2934	18.5989	20.0236	21.5786	23.2760	25.1290	27.1521	29.3609	31.7725	34.4054	37.2797	40.4175	43.8424	47.5804	51.6595	56.1101	60.9653	66.2607	72.0351	109.6868	167.2863
16	17.2579	18.6393	20.1569	21.8245	23.6575	25.6725	27.8881	30.3243	33.0034	35.9497	39.1899	42.7533	46.6717	50.9804	55.7175	60.9250	66.6488	72.9392	79.8502	87.4421	138.1085	218.4722
17	18.4304	20.0121	21.7616	23.6975	25.8404	28.2129	30.8402	33.7502	36.9737	40.5447	44.5008	48.8837	53.7391	59.1176	65.0751	71.6730	78.9792	87.0680	96.0218	105.9306	173.6357	285.0139
18	19.6147	21.4123	23.4144	25.6454	28.1324	30.9057	33.9990	37.4502	41.3013	45.5992	50.3959	55.7497	61.7251	68.3941	75.8364	84.1407	93.4056	103.7403	115.2659	128.1167	218.0446	371.5180
19	20.8109	22.8406	25.1169	27.6712	30.5390	33.7600	37.3790	41.4463	46.0185	51.1591	56.9395	63.4397	70.7494	78.9692	88.2118	98.6032	110.2846	123.4135	138.1664	154.7400	273.5558	483.9734
20	22.0190	24.2974	26.8704	29.7781	33.0660	36.7856	40.9955	45.7620	51.1601	57.2750	64.2028	72.0524	80.9468	91.0249	102.4436	115.3797	130.0329	146.6280	165.4180	186.6880	342.9447	630.1655
25	28.2432	32.0303	36.4593	41.6459	47.7271	54.8645	63.2490	73.1059	84.7009	98.3471	114.4133	133.3339	155.6196	181.8708	212.7930	249.2140	292.1049	342.6035	402.0425	471.9811	1054.7912	2348.8033
30	34.7849	40.5681	47.5754	56.0849	66.4388	79.0582	94.4608	113.2832	136.3075	164.4940	199.0209	241.3327	293.1992	356.7868	434.7451	530.3117	647.4391	790.9480	966.7122	1181.8816	3227.1743	8729.9855

年金现值系数表($P/A, i, n$)

$i(\%)$

n	1%	2%	3%	4%	5%	6%	7%	8%	9%	10%	11%	12%	13%	14%	15%	16%	17%	18%	19%	20%	25%	30%
1	0.9901	0.9804	0.9709	0.9615	0.9524	0.9434	0.9346	0.9259	0.9174	0.9091	0.9009	0.8929	0.8850	0.8772	0.8696	0.8621	0.8547	0.8475	0.8403	0.8333	0.8000	0.7692
2	1.9704	1.9416	1.9135	1.8861	1.8594	1.8334	1.8080	1.7833	1.7591	1.7355	1.7125	1.6901	1.6681	1.6467	1.6257	1.6052	1.5852	1.5656	1.5465	1.5278	1.4400	1.3609
3	2.9410	2.8839	2.8286	2.7751	2.7232	2.6730	2.6243	2.5771	2.5313	2.4869	2.4437	2.4018	2.3612	2.3216	2.2832	2.2459	2.2096	2.1743	2.1399	2.1065	1.9520	1.8161
4	3.9020	3.8077	3.7171	3.6299	3.5460	3.4651	3.3872	3.3121	3.2397	3.1699	3.1024	3.0373	2.9745	2.9137	2.8550	2.7982	2.7432	2.6901	2.6386	2.5887	2.3616	2.1662
5	4.8534	4.7135	4.5797	4.4518	4.3295	4.2124	4.1002	3.9927	3.8897	3.7908	3.6959	3.6048	3.5172	3.4331	3.3522	3.2743	3.1993	3.1272	3.0576	2.9906	2.6893	2.4356
6	5.7955	5.6014	5.4172	5.2421	5.0757	4.9173	4.7665	4.6229	4.4859	4.3553	4.2305	4.1114	3.9975	3.8887	3.7845	3.6847	3.5892	3.4976	3.4098	3.3255	2.9514	2.6427
7	6.7282	6.4720	6.2303	6.0021	5.7864	5.5824	5.3893	5.2064	5.0330	4.8684	4.7122	4.5638	4.4226	4.2883	4.1604	4.0386	3.9224	3.8115	3.7057	3.6046	3.1611	2.8021
8	7.6517	7.3255	7.0197	6.7327	6.4632	6.2098	5.9713	5.7466	5.5348	5.3349	5.1461	4.9676	4.7988	4.6389	4.4873	4.3436	4.2072	4.0776	3.9544	3.8372	3.3289	2.9247
9	8.5660	8.1622	7.7861	7.4353	7.1078	6.8017	6.5152	6.2469	5.9952	5.7590	5.5370	5.3282	5.1317	4.9464	4.7716	4.6065	4.4506	4.3030	4.1633	4.0310	3.4631	3.0190
10	9.4713	8.9826	8.5302	8.1109	7.7217	7.3601	7.0236	6.7101	6.4177	6.1446	5.8892	5.6502	5.4262	5.2161	5.0188	4.8332	4.6586	4.4941	4.3389	4.1925	3.5705	3.0915
11	10.3676	9.7868	9.2526	8.7605	8.3064	7.8869	7.4987	7.1390	6.8052	6.4951	6.2065	5.9377	5.6869	5.4527	5.2337	5.0286	4.8364	4.6560	4.4865	4.3271	3.6564	3.1473
12	11.2551	10.5753	9.9540	9.3851	8.8633	8.3838	7.9427	7.5361	7.1607	6.8137	6.4924	6.1944	5.9176	5.6603	5.4206	5.1971	4.9884	4.7932	4.6105	4.4392	3.7251	3.1903
13	12.1337	11.3484	10.6350	9.9856	9.3936	8.8527	8.3577	7.9038	7.4869	7.1034	6.7499	6.4235	6.1218	5.8424	5.5831	5.3423	5.1183	4.9095	4.7147	4.5327	3.7801	3.2233
14	13.0037	12.1062	11.2961	10.5631	9.8986	9.2950	8.7455	8.2442	7.7862	7.3667	6.9819	6.6282	6.3025	6.0021	5.7245	5.4675	5.2293	5.0081	4.8023	4.6106	3.8241	3.2487
15	13.8651	12.8493	11.9379	11.1184	10.3797	9.7122	9.1079	8.5595	8.0607	7.6061	7.1909	6.8109	6.4624	6.1422	5.8474	5.5755	5.3242	5.0916	4.8759	4.6755	3.8593	3.2682
16	14.7179	13.5777	12.5611	11.6523	10.8378	10.1059	9.4466	8.8514	8.3126	7.8237	7.3792	6.9740	6.6039	6.2651	5.9542	5.6685	5.4053	5.1624	4.9377	4.7296	3.8874	3.2832
17	15.5623	14.2919	13.1661	12.1657	11.2741	10.4773	9.7632	9.1216	8.5436	8.0216	7.5488	7.1196	6.7291	6.3729	6.0472	5.7487	5.4746	5.2223	4.9897	4.7746	3.9099	3.2948
18	16.3983	14.9920	13.7535	12.6593	11.6896	10.8276	10.0591	9.3719	8.7556	8.2014	7.7016	7.2497	6.8399	6.4674	6.1280	5.8178	5.5339	5.2732	5.0333	4.8122	3.9279	3.3037
19	17.2260	15.6785	14.3238	13.1339	12.0853	11.1581	10.3356	9.6036	8.9501	8.3649	7.8393	7.3658	6.9380	6.5504	6.1982	5.8775	5.5845	5.3162	5.0700	4.8435	3.9424	3.3105
20	18.0456	16.3514	14.8775	13.5903	12.4622	11.4699	10.5940	9.8181	9.1285	8.5136	7.9633	7.4694	7.0248	6.6231	6.2593	5.9288	5.6278	5.3527	5.1009	4.8696	3.9539	3.3158
25	22.0232	19.5235	17.4131	15.6221	14.0939	12.7834	11.6536	10.6748	9.8226	9.0770	8.4217	7.8431	7.3300	6.8729	6.4641	6.0971	5.7662	5.4669	5.1951	4.9476	3.9849	3.3286
30	25.8077	22.3965	19.6004	17.2920	15.3725	13.7648	12.4090	11.2578	10.2737	9.4269	8.6938	8.0552	7.4957	7.0027	6.5660	6.1772	5.8294	5.5168	5.2347	4.9789	3.9950	3.3321

主要参考文献

[1] 《管理会计应用指引(2019年版)》[M]. 上海：立信会计出版社,2019.
[2] 杜学森,王娜. 管理会计实务[M]. 北京：高等教育出版社,2017.
[3] 高翠莲. 管理会计基础[M]. 北京：高等教育出版社,2019.
[4] 丁增稳,牛秀粉. 管理会计实务[M]. 北京：高等教育出版社,2019.
[5] 财政部会计资格评价中心. 中级财务管理[M]. 北京：中国财经出版传媒集团,经济科学出版社,2021.
[6] 中国注册会计师协会. 财务成本管理[M]. 北京：中国财经出版传媒集团,中国财政经济出版社.
[7] 陈兴述,李勇. 管理会计[M]. 2版. 北京：高等教育出版社,2019.
[8] 胡元林,杨锡春. 管理会计[M]. 上海：立信会计出版社,2018.
[9] 马元兴. 管理会计[M]. 上海：立信会计出版社,2016.